Caminando por la Paz

~ un camino interior ~

Título de la obra original en inglés:
Walking for Peace, an inner journey
ISBN 978-1-61434-710-1

Traducción: Alberto Agraso y Juan José Candón
Revisión: Ana María Castañeda Varo
Gráficos de la cubierta: Mony Dojeiji y Alberto Agraso
Diseño de portada: Todd Engel y Alberto Agraso
Copyright © 2013 Mony Dojeiji y Alberto Agraso

Primera Edición en español
ISBN 978-0-9878762-1-8

Publicado en los Estados Unidos de América por Walking for Peace Publishing, Nepean, Canadá.

Impreso en los Estados Unidos de América en papel libre de ácidos.

Walking for Peace Publishing.
2013

Caminando por la Paz

~ un camino interior ~

Mony Dojeiji
Alberto Agraso

Premios

Ganador
2012 Global Ebook Awards
«Acción/Aventura»

Finalista
2012 National Indie Excellence Book Awards
«Aventuras»

Finalista
2012 Global Ebook Awards
«Nueva Era»

Mención Honorífica
2012 Global Ebook Awards
«Religión/Fe»

A aquellos que sin miedo siguen a sus corazones,
y para los que realizan el trabajo de la paz, tanto interior como exterior,
a pesar de las probabilidades en contra.

No estáis solos.

Agradecimientos

Nuestro primer agradecimiento debe ser para todas aquellas personas que, a través de sus extraordinarios actos de bondad, nos ayudaron a seguir caminando. Esta historia no hubiera sido posible sin su generosidad de espíritu. Allá donde estéis, sabed que todos ocupáis un lugar especial en nuestro corazón. Gracias. *Grazie, huala, faleminderit, efharisto, tashekkur, shukran, toda, thank you.*

Para fray Ante Logara, nuestro ángel de Croacia. *Huala, za moj dragi prijatelj.*

Para Johanna van Fessem y Jeannette Albers, mis oráculos de Holanda, *hartelijk dank!*

A nuestras queridas familias y amigos, muchos de los cuales no entendían lo que estábamos haciendo, pero que, aun así, nos mostraron su apoyo incondicional y su cariño a lo largo de esta gran aventura.

Para Diana Shaw-Malvern, Lesley Gilbert y todos aquellos que contribuyeron aportando sus opiniones y sugerencias a lo largo del proceso de creación de la historia, gracias.

Nuestro más sincero agradecimiento a Sue Kenney, autora y peregrina del Camino, quien, con la ayuda de Bruce Pirrie, nos guio a través de las primeras versiones de este libro y cuyo hábil asesoramiento me ayudó a encontrar mi propia voz como escritora.

Para nuestra amiga Lucy No, cuyas ideas de edición dieron el toque final a la historia. ¡Gracias, *Snoopy*!

A Ana Castañeda por su cuidada revisión de la obra en castellano y a Juan José Candón por su inestimable trabajo en el borrador inicial de la traducción.

Finalmente, a mi esposo, compañero de camino y escritura, Alberto Agraso; este libro no sería lo que es hoy si no fuera por tu empeño en que fuese auténtico. *I love you.*

Mony

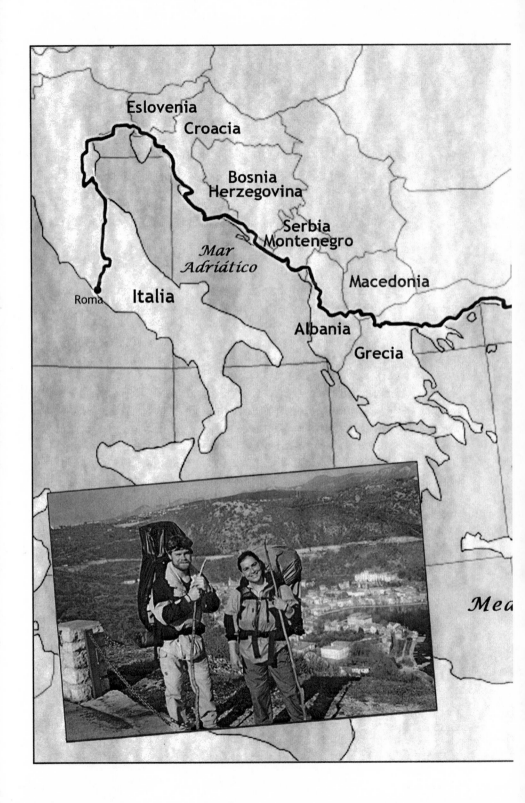

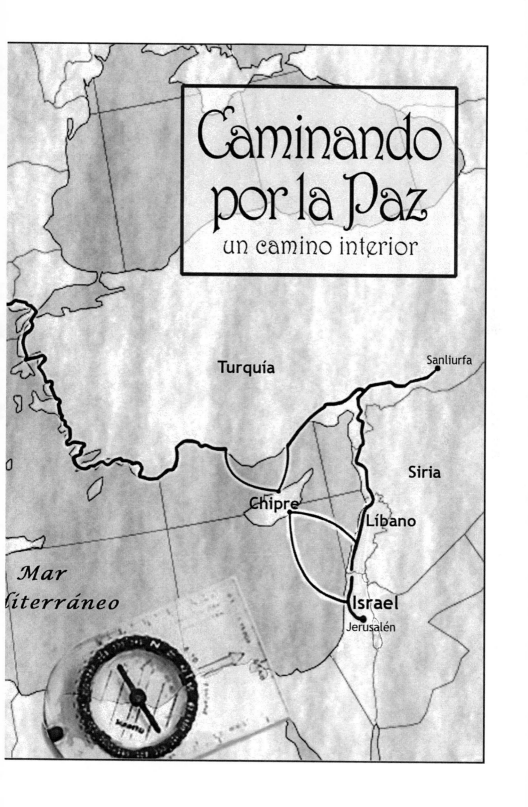

Caminando por la Paz

un camino interior

Turquía

Sanliurfa

Siria

Chipre

Líbano

Israel

Jerusalén

Mar
iterráneo

—¿Por qué caminar? ¿No sería más fácil tomar un tren o un avión?

—Sí, lo sería. Pero de esa manera jamás te habría conocido.

Índice

Introducción

Cuando comenzamos a escribir este libro nos apoyábamos básicamente en nuestros diarios. En las primeras versiones, detallábamos cada ciudad, cada persona, cada kilómetro y cada experiencia, de tal forma que cuanto más escribíamos, más nos parecía estar redactando una crónica de viajes y aventuras que no reflejaba el verdadero espíritu de nuestro camino, ni lo más importante: la poderosa fuerza que estaba detrás de todas esas experiencias.

Fue en esta etapa cuando me bloqueé. Prefería hablar de los lugares y las personas que habíamos conocido mientras guardaba en mi intimidad la mayor parte de nuestro aprendizaje. La razón de esta actitud residía en mis temores más profundos, curiosamente los mismos con los que entré en Jerusalén y que ahora se mostraban con mayor intensidad. ¿Qué pensaría la gente si revelaba mis inseguridades y mis prejuicios, si me atrevía a hacer público lo que realmente sentía? ¿Y si les contase que las decisiones más importantes de mi vida las tomé atendiendo a señales y sincronicidades? ¿Cómo reaccionarían si supiesen que no reflexionaba necesariamente en cada situación sino que, más bien, me lanzaba al vuelo extendiendo mis alas y confiando en que el Universo me guiaría? ¿Pensarían, especialmente mis seres queridos, que me había vuelto loca? ¿Creerían que me había convertido en una fanática religiosa si mencionaba que mi viaje había sido espiritual, una odisea para encontrarme a mí misma? Cuantas más vueltas le daba al asunto, más vulnerable me sentía, así que me opuse cuanto pude.

Sin embargo, las fuerzas del Universo se mostraron implacables y no cesaron de incitarme a hablar desde el corazón, a tener el coraje de contar mi odisea interior; pero yo no estaba preparada. Luché contra ellas, contra mí misma y, sobre todo, contra Alberto. En cada página, él trataba de razonar conmigo, de explicarme, de persuadirme... Intentaba por todos los medios que expresase lo que había ocurrido *tras el velo*, como él solía decir. Y cuando por fin lo lograba, se mostraba ante mí la belleza de la experiencia desde una perspectiva que no había considerado antes. En esos momentos, me sentía especialmente inspirada, o quizá guiada, y las palabras parecían fluir a través de mí, como un arroyo de agua cristalina. Con el tiempo dejé de resistirme, y permití que esa corriente siguiera su curso.

Los personajes y acontecimientos que aparecen en este libro son reales. En algunas situaciones, hemos cambiado los nombres para no ofender, sin pretenderlo, a alguna de las personas implicadas. Tuvimos, además, que omitir un gran número de historias que, en un futuro, también estarán disponibles. Mientras tanto, podéis visitar nuestra página web www.walkingforpeace.com para conocer nuestra ruta exacta, día tras día, acompañada de fotos, relatos y entrevistas que concedimos a lo largo del camino.

Como coautores, tener que aunar criterios en cada aspecto de la obra no fue tarea fácil. En muchos sentidos, su elaboración también ha sido toda una aventura. Puede que este libro no sea el que cada uno hubiese escrito por sí solo, pero el resultado final ha superado todas nuestras expectativas. Es una creación nueva y auténtica, no un compromiso restrictivo de sus fuentes originales. Nada se ha perdido, por el contrario, ambas visiones se han ampliado.

Quizá este libro, en cierta medida, pueda servir de ejemplo de lo que se puede lograr cuando se intenta unir y trascender diferentes perspectivas en lugar de mantenerlas separadas. Quizá pueda mostrar un camino hacia una paz duradera.

Vivimos en tiempos de grandes cambios en los que una nueva conciencia de paz está emergiendo y tomando forma. En este estado incipiente en el que se encuentra, es aún frágil y fácil de tildar de utópica, pero todos los grandes viajes empiezan con un solo paso y, no importa lo vacilantes que estos primeros pasos puedan parecer, todos ellos conducen, inevitablemente, a su destino. Uno que tal vez incluso nos sorprenda.

Te invito a dar ese primer paso conmigo ahora.

Mony

Prólogo

—Me encantaría que os unieseis a mí en este camino por la paz a Jerusalén —dije entusiasmada.

—¿Cómo? Si aún me estoy recuperando del Camino de Santiago —bromeó Hannah.

La luz de las velas alumbraba aquella cálida noche de otoño en la que tres compañeros del Camino celebraban un rencuentro inesperado. Me hallaba en el salón del apartamento de Hannah, en Bonn, Alemania, después de que Alberto y ella me hubieran recogido esa misma tarde en la estación de tren. La inminente puesta en marcha de mi nuevo proyecto, una peregrinación por la paz de Roma a Jerusalén, junto a la buena nueva de la relación romántica que había surgido entre ellos dos, era también motivo especial de celebración, y dotaba a aquella cena íntima entre peregrinos de un encanto difícil de igualar.

—Gracias, de todas formas, Mony —continuó Hannah mientras acariciaba distraídamente la mano de Alberto que reposaba entre las suyas—, pero no puedo ausentarme tan pronto de mi puesto de trabajo.

Volví entonces la mirada hacia Alberto.

—Bueno, si te interesa, tú también estás invitado a venir —le ofrecí con amabilidad. Él me miró a los ojos visiblemente conmovido.

El momento pasó, y continuamos conversando hasta bien entrada la madrugada. No obstante, Alberto aún se veía triste cuando nos dimos las buenas noches.

Al despertarme la mañana siguiente, me encontré con una pareja ansiosa por hablar conmigo. Los ojos de Hannah estaban rojos e hinchados.

—Ayer, cuando nos preguntaste... —Pero Hannah no pudo continuar y se echó a llorar cubriéndose el rostro con las manos. Alberto la rodeó con sus brazos y me miró con gesto grave.

—Creo que debo caminar contigo —dijo.

—Oh —contesté—. Eso es estupendo, ¿no?

—Yo no puedo ir. Acabo de reincorporarme a la empresa. —explicó Hannah entre lágrimas al tiempo que yo trataba de entender la razón de tanto dolor.

—Mony —dijo Alberto mirándome con firmeza—. Desde que llegué a Alemania he estado recibiendo señales, sincronicidades que me anunciaban que algo importante estaba a punto de ocurrir: un gran salto en mi camino interior, pero, cuando llegaste ayer, estas señales se intensificaron para indicarme, con toda claridad, que tengo que ir contigo a Jerusalén.

Hannah sollozó mientras sacudía la cabeza y Alberto la miró con preocupación.

—Me siento feliz aquí con Hannah e ilusionado con nuestros planes de futuro —continuó—. Sin embargo, ayer noche las señales eran constantes. Traté de ignorarlas y convencerme de que solo eran un reflejo inconsciente de mis deseos de aventura, pero no cesaron. Finalmente, opté por considerar la posibilidad de caminar contigo si me lo pedías directamente. Y anoche lo hiciste.

—Sí, pero... —tartamudeé—, me refería a que caminaras conmigo un par de semanas, no todo el camino.

—Aun así, mi señal fue clara —insistió Alberto.

—¿Y qué me dices de nuestros planes? —objetó Hannah—. ¿Qué pasará ahora? ¿Cuánto tiempo estarás fuera? No puedo esperar por ti. Te necesito aquí. ¿Y si oyes hablar de otra peregrinación dentro de dos años? ¿Vas a marcharte cada vez que recibas esas señales? No puedo vivir así. Necesito saber que estarás conmigo.

—Todavía no he tomado mi decisión final, Hannah, pero no podría darte ese tipo de garantía. Nadie puede —dijo Alberto mientras miraba a los ojos de Hannah buscando comprensión en ellos—. Tú también tienes la opción de acompañarnos, odias tu trabajo —añadió.

—¿Qué quieres que haga? —replicó ella—. ¿Que renuncie a mi carrera y no piense en mi futuro? ¿De dónde vendrá el dinero? ¿Qué haremos cuando volvamos? Tendríamos que empezar de cero otra vez.

—Pero Hannah —insistió Alberto—, ¿cuántas veces hemos dicho que, cuando seguimos un sueño o una llamada, recibimos todo aquello que necesitamos? No se trata de una bonita idea propia de un cuento de hadas. Es verdad. Yo lo he vivido y tú también.

Un denso silencio se impuso. No sabía qué hacer o decir, así que me quedé sentada con la esperanza de que aquella agonía llegara a su fin.

—Voy a cumplir cuarenta años, Alberto —dijo Hannah finalmente—. Quiero formar una familia. Quiero un hombre esperándome cuando llegue a casa. No creo que sea mucho pedir.

—Solo intento vivir aquello en lo que creo —respondió Alberto con suavidad. Hannah lo miró con tristeza.

—Yo no siento ninguna atracción por Jerusalén —susurró—. No es mi llamada.

Hannah y Alberto continuaron hablando entre ellos en español, así que abandoné la estancia en busca de aire fresco. Había previsto caminar a Jerusalén sola y no estaba segura de mis sentimientos ahora que tenía compañía. Alberto parecía bastante agradable, pero sabía poco de él. Solo habíamos pasado juntos unos días y siempre con Hannah, que hacía las veces de intérprete cuando mi escaso español y sus básicas nociones de inglés nos fallaban. ¿Cómo íbamos a comunicarnos sin ella? Aunque compartíamos puntos de vista similares sobre la paz en general, él no parecía interesado en el conflicto de Israel. Ignoraba qué otras diferencias revelaría el tiempo, o si yo deseaba descubrirlas. Este era mi camino y quería hacerlo a mi manera.

Tan pronto como respiré el aire de la noche, mis furtivos pensamientos comenzaron a sosegarse y los susurros de mi intuición a cobrar fuerza. Lo que estaba ocurriendo no era una coincidencia. Todos habíamos convergido en una red de circunstancias cuyo propósito no entendía ni podía controlar por más que lo desease. Necesitaba confiar y permitir que ocurriera aquello que estaba gestándose. Decidida a hacerlo o, por lo menos, a intentarlo, regresé al salón y encontré a Alberto a solas, esperándome.

—Iré contigo —anunció—. Solo necesito unos días para prepararme.

—Yo salgo mañana para Roma. Podrás darme el encuentro cuando estés listo —respondí.

—Tengo que enseñarte algo —dijo Alberto, y extendió su mano abierta en la que brillaba un colgante de plata con la forma de un águila—. Este fue mi tótem hasta hace muy poco tiempo. Te traerá suerte en el camino.

Tomé el colgante mientras trataba de contener mi asombro. En ese momento, comprendí que mi encuentro con Alberto estaba predestinado y que, efectivamente, teníamos un viaje que emprender juntos.

1. Destino

Había conocido a Alberto y a Hannah en el *fin del mundo*, en Finisterre, una ciudad costera del norte de España que se había convertido para muchos peregrinos en la meta final de la famosa ruta de peregrinación, de ochocientos kilómetros de distancia, conocida como el Camino de Santiago. Llegué allí por casualidad o, tal vez, por designio divino. Dos años antes de aquel encuentro, me había sumergido en un agujero negro emocional, del que no sabía cómo emerger. Mi realidad de entonces, la que tanto trabajo me había costado afianzar, se derrumbó en torno a mí cuando, tras siete años de matrimonio, mi marido anunció que me dejaba por otra mujer. No habíamos terminado siquiera de desembalar las últimas cajas en nuestra nueva casa, aquella que siempre habíamos soñado. Por más que lo intentaba, no encontraba sentido a lo ocurrido. ¿Qué había hecho yo para merecer esto? Había jugado según las reglas de la sociedad en que vivía y realizado todo aquello que de mí se esperaba. Disponía de un máster en gestión de empresas, una carrera formidable en una reconocida multinacional de software, dinero y amigos. Disfrutaba del respeto y la consideración de la gente, pagaba mis impuestos... ¿Por qué tuvo que pasarme esto a mí?

Mi búsqueda me llevó a visitar a todo tipo de profesionales, desde psicólogos hasta clarividentes. No obstante, fueron las secciones de espiritualidad y auto-ayuda de las librerías de mi localidad las que obraron el milagro. Ellas me abrieron los ojos a una nueva visión de la realidad que mi alma anhelaba adoptar. Ante mí, se abría todo un universo por descubrir en el que yo era la creadora de mis circunstancias y no su víctima, donde las personas y las experiencias llegaban a mi vida para ayudarme a crecer tanto emocional como espiritualmente, y en el que, para cambiar el mundo, tenía que cambiarme a mí misma en primer lugar. Aquellas ideas resonaban en mi interior profundamente. Pero, ¿cómo podía vivirlas mientras me movía en un entorno tan competitivo como el de los negocios? ¿Cómo responder con amor cuando me gritaba un cliente? ¿Cómo sentir la paz cuando los plazos de entrega me acosaban uno tras otro? Me sentía cada vez más descontenta e insatisfecha, incapaz de reconciliar mis nuevas creencias con mi trabajo diario. Así que, finalmente, lo dejé. Fue en agosto del año 2000.

Justo el día en que me marchaba, mientras recogía mis objetos personales en la oficina, recibí una invitación para asistir a un taller dedicado a ayudar a la gente a descubrir su verdadera vocación, aquella que más les inspiraba. Los creadores de esta técnica, los Walker, viajaban constantemente con su programa de seminarios, pero, debido a un error de imprenta en su folleto publicitario, ese día lo tenían libre de compromisos y ofrecían una sesión en su casa que distaba apenas dos horas en coche de la mía. Cuando llamé, solo quedada una plaza disponible. Me apunté sin dudarlo un segundo, pues di por hecho que se trataba de una señal.

Lo que surgió de esta intensa sesión fue una mujer que ansiaba la paz desesperadamente y que quería dedicar su vida a ella. Los Walker comentaron que no solo mi rostro entero se iluminó cuando hablé sobre la paz, sino que la claridad de un área central de mi frente destacó sobre el resto con la forma de una estrella de seis puntas. Lo más curioso fue que aseguraban haber oído el canto de un águila durante el proceso, lo que, según admitieron, era algo nada habitual. Sabían que vivía un ejemplar en las montañas vecinas, pero solo lo habían visto en una ocasión. Esto lo tomaron como un importante augurio, una invitación a aceptar al águila como mi tótem o animal de poder, así como mi guía en las próximas etapas de mi vida.

Tras un descanso, me senté junto al río para reflexionar sobre lo insólito de los últimos acontecimientos. Todo me parecía tan atractivo como enigmático, pero una parte de mí se resistía a aceptar tan poderoso tótem. Según tenía entendido, el águila simbolizaba la visión espiritual, la elevación hacia reinos superiores de conciencia. A fin de cuentas, ¿quién era yo para aspirar a algo así?

De repente escuché a varias personas exclamar. Me giré y, ante mi atónita mirada, vi pasar un águila en pleno vuelo, planeando a baja altura sobre las aguas mientras cortaba el aire, lenta y poderosamente, con sus majestuosas alas hasta desaparecer sobre el horizonte herido de montañas. Durante esos eternos segundos, me quedé sin habla. ¿Era aquello una señal? ¿Se había comunicado el águila conmigo directamente?

Me esforcé por dar sentido a este encuentro pero, al final, me convencí de que no lo tenía, de que el águila no había acudido a mí personalmente, y de que aquello no había sido más que una feliz coincidencia. Seguí con ese convencimiento hasta dos meses más tarde, cuando regresé al lugar y, para mi asombro, la misma águila se posó a tan solo unos metros de donde yo estaba, mirándome fijamente a los ojos, desafiándome a ignorar su llamada. Esta vez me fue imposible hacerlo y, desde ese día, acepté al águila como mi tótem.

Sin embargo, aún me asaltaban muchas preguntas sobre mi vida y sobre cómo vivirla. Quería poner en práctica los principios espirituales que estaba aprendiendo y pensé que un largo viaje me ayudaría a conseguirlo. Con ahorros suficientes para viajar indefinidamente, compré un billete de avión con la fecha de vuelta abierta durante un año y comencé mi aventura en Egipto, donde escalé las pirámides en la oscuridad de la noche y cabalgué por el día a través del desierto. Así mismo, me detuve a meditar en las cuevas de la Capadocia de Turquía y, en Estambul, recibí el abrazo de dos continentes. También me relajé, y dejé discurrir las horas en las playas del Mediterráneo. Cada lugar que visitaba susurraba sus secretos y me ofrecía seductoras pistas, pero fue en el Camino de Santiago donde finalmente se reveló mi destino.

El día había sido duro. Tras caminar por las áridas planicies de la Meseta, esperaba con ganas el momento de acostarme y recuperar fuerzas. Me senté a masajear mis pies en un banco del albergue donde me hospedaba mientras escuchaba hablar a un grupo de peregrinos sobre lo que les había deparado el día.

—He oído que al Camino de Santiago se le conoce como *el Camino de la Espada* —dijo uno de ellos—. Es aquí donde enfrentas a tus miedos y demonios y encuentras tu fuerza —acerqué más el oído para escuchar con atención—. Existe otra peregrinación a Roma que se conoce como *el Camino del Corazón*, del amor —continuó—. Y por último, está el camino a Jerusalén, llamado *el Camino del Alma*, el viaje del alma hacia Dios.

Mi corazón dio un vuelco. Jerusalén, Israel, la tierra de la estrella de seis puntas. Aunque nací en Canadá, mis padres son libaneses por lo que el conflicto en Oriente Próximo siempre lo tuve muy presente. De niña, mientras que las mujeres de la casa se reunían en la cocina, yo me sentaba en silencio junto a los hombres para oírles analizar y debatir los últimos sucesos acaecidos en la zona. Me fascinaba la antigüedad y la complejidad del conflicto, sus múltiples giros y recovecos, el amigo que de un día a otro se transformaba en enemigo. Había escuchado toda clase de teorías conspirativas, la mayoría de las cuales deshumanizaban a los israelíes y a sus aliados occidentales, y veían en ellos la raíz de todos los problemas de la región. Crecí convencida de que la lucha armada era una forma legítima y justificada de combatir la tiranía y la opresión, y que la única vía para lograr la paz era a través de la justicia.

No obstante, tras mi despertar espiritual, luchar contra la injusticia ya no parecía ser la manera ideal de lograr una paz duradera, pero ¿cómo alcanzar esta última sin combatir la primera? Tales pensamientos me asaltaban con frecuencia hasta que ese desconocido peregrino afirmó que el Camino del Alma conducía a Jerusalén. Entonces supe que emprendería ese mismo camino para conocer mi alma, comprender el verdadero significado de la paz y llevarla a aquella tierra dividida. Dos meses después, los sucesos del 11 de Septiembre afianzarían aun más mi plan. Caminaría a Jerusalén por la paz.

Una vez decidida, navegué por internet en busca de antiguas rutas a Israel, sin obtener resultados, pero lo que sí encontré fue a una mujer holandesa llamada Johanna van Fessem, que el año anterior había caminado a Jerusalén desde La Haya. Viajé hasta allí para reunirme con la que se convertiría en mi oráculo, antes de emprender mi odisea. Ella entendió mi llamada y me aconsejó que confiara en el camino y que tuviera fe en que las mismas fuerzas que me animaban a ir a Jerusalén me servirían también de guías y protectores.

Me despedí de Johanna sintiéndome más poderosa que nunca y con el propósito de comenzar mi viaje en Roma. Mi providencial decisión de visitar a Hannah en Alemania traería a Alberto de nuevo a mi vida, y cambiaría el curso de mi camino de una manera que no podía imaginar.

2. Caminando sola

Llegué a Roma lista para empezar a caminar. Llevaba conmigo lo que creía esencial para el invierno: un saco de dormir, una tienda de campaña, un jersey de lana, mallas térmicas, un gorro, guantes, un par de calcetines extra, una camisa, ropa interior y artículos básicos de aseo. Llevaba también un detallado mapa de carreteras de Italia central y uno de toda el área del Mediterráneo. A lo largo del camino, ya conseguiría otros mapas.

El Vaticano, destino final del Camino del Corazón, fue mi punto de partida. Un lugar sagrado, imbuido de las esperanzas, los sueños y la fe de tantos peregrinos. Para mí, esta era una energía real que quería llevar conmigo para que me sustentara en el Camino del Alma a Jerusalén.

Pasé esa noche en la habitación del hotel haciendo y deshaciendo mi mochila obsesivamente. Sin comida ni agua, mi equipaje pesaba alrededor de diecisiete kilos. Jamás había cargado tanto peso y me preocupaba cómo respondería mi cuerpo.

Terminados los pormenores físicos, volví mi mirada hacia mi interior con la intención de prepararme mental y emocionalmente para el viaje que tenía por delante. Encendí una vela pequeña y me senté en la cama con las piernas cruzadas. Mi respiración era lo único que podía oír. Tardé bastante tiempo en relajarme y más aún en aquietar mi mente.

«Gracias por traerme aquí», susurré. «Gracias por ofrecerme la oportunidad de usar así mi vida. Ayúdame a permanecer abierta, ayúdame a rendirme a tu voluntad y a confiar. Sé que, de esta manera, podré llegar a Jerusalén. Ahora, muéstrame el camino».

* * *

Acariciada por una cálida y soleada tarde romana, di mis primeros pasos en dirección a Tierra Santa el 21 de noviembre de 2001.

Mi mapa indicaba que la Vía Flaminia, paralela al río Tevere, era la principal carretera para salir de la ciudad. Conducía al corazón de Italia extendiéndose sobre los Apeninos hasta llegar a la ciudad de Rímini, ya en la costa. La ruta estaba cargada de historia y, sin saberlo ni planearlo, mis pasos me conducirían a través de las ciudades y pueblos que conforman este recorrido desgastado por el tiempo.

Anduve despacio, sintiendo el peso de mi mochila tensar mis rodillas y tobillos. Mi destino era un *camping* que distaba unos diez kilómetros. Me resistía a la tentación de alojarme en un hostal la primera noche, ya que deseaba confrontar mi mayor miedo al viajar de esta manera: el de ser agredida, violada o incluso asesinada. Era una mujer sola en la carretera y presa fácil para cualquier coche que pasara. Ni yo misma conocía mi ruta exacta. Nadie me esperaba al finalizar el día ni llamaría para saber si había llegado bien. Si desapareciese, nadie se enteraría.

Acampé esa noche y la pasé sola y a oscuras en mi pequeña tienda de campaña, sin incidente alguno. Al despertarme a la mañana siguiente, no daba crédito al comprobar que, ese mismo día, estaban cerrando el *camping* por fin de temporada. Si me hubiera retrasado tan solo una jornada no habría podido pasar la noche allí. Si hubiese llegado tan solo un día antes no habría sido testigo de la asombrosa coincidencia. Entonces comprendí, en profundidad, que no estaba sola, que mi camino estaba siendo facilitado por una mano invisible y que lo único que necesitaba hacer era caminar.

Mi plan consistía en ir hacia el norte en dirección a Venecia para luego bajar por las orillas de la antigua Yugoslavia hacia el otro lado del Mar Adriático y, finalmente, bordear la costa mediterránea hasta llegar a Jerusalén. Los primeros días fueron difíciles. Nada que ver con el Camino de Santiago y sus senderos bien señalados. Estas eran carreteras rápidas muy transitadas con arcenes estrechos o inexistentes. Caminaba de cara al tráfico sin dejar de sentir, durante todo el día, el azote del viento y el asfixiante humo de los coches. No terminaba de encontrar el ritmo adecuado y desperdiciaba una gran cantidad de energía cuidándome de los camiones y vehículos que pasaban por mi lado a toda velocidad. La gente tocaba el claxon enojada y me hacía gestos para que abandonara la carretera. Terminaba exhausta al final de cada jornada.

La situación mejoró cuando encontré las apacibles vías rurales. Allí, a los pies de los montes Sabinos, comencé a relajarme. Huertos vibrantes pintados de colores otoñales se extendían hasta donde llegaba la vista. La gente trabajaba el campo, afanada en la recolección de los restos de la temporada mientras yo les observaba balancearse sobre largas e inestables escaleras para recoger a mano los frutos de sus ramas. Aspiré el aroma a fruta madura y sonreí ante el animado conversar de los trabajadores. Mis sensaciones se agudizaban en estos parajes en armonía con la naturaleza, y fue en ellos donde empecé realmente a disfrutar de mi camino.

A diario recorría un promedio de diez a quince kilómetros en un terreno que cada vez era más montañoso. Dormí en hostales y conventos y, una noche, en el suelo de un restaurante frente al fuego de una chimenea. Algunas personas me invitaban, curiosas, a tomar café y poder así conocer a la mujer que habían visto caminar por la carretera. En alguna ocasión, un coche aminoró su velocidad a mi paso y su ocupante masculino se ofreció a llevarme, invitación que rechacé cortésmente, pero con firmeza. A pesar de que esos incidentes eran escasos, no podía evitar que me atemorizaran. Sin embargo, por lo general, la gente se mostraba respetuosa y servicial cuando me dirigía a ella.

Mi mayor obstáculo era la comunicación. Para mi sorpresa, la mayoría de las personas con las que me topaba solo hablaban italiano. Yo hablaba inglés, árabe, un francés aceptable y podía hacerme entender en español. Mi italiano se limitaba al vocabulario que había aprendido en la televisión. No pasaba de *ciao, grazie y buongiorno.* Conocía, por supuesto, palabras como *spaghetti, lasagna y vino,* así que estaba segura de que, al menos, no pasaría hambre ni sed. Cuando coincidía con alguien que hablaba inglés le preguntaba cómo decir expresiones básicas tales como: «Mi nombre es Mony», «¿Hay algún hostal por aquí?», «¿Dónde está esto?», «¿Cuántos kilómetros hay hasta la próxima localidad?» y «Estoy caminando a Jerusalén por la paz». Anotaba estas frases y las memorizaba mientras caminaba.

Lo cierto era que podía pedir comida y preguntar direcciones, pero no era capaz de explicar lo que estaba haciendo, y cuando podía, la gente sonreía educadamente o cambiaba de conversación. Deseaba que los demás apoyaran esta noble iniciativa de caminar por la paz y me sentía terriblemente insegura cuando no lo hacían. Me di cuenta de lo solitaria que era la senda que había elegido y me pregunté si había acertado con mi decisión.

Era ya mi quinto día de andadura cuando me detuve a descansar en un pequeño café en la ciudad de Nazzano, situada en lo alto de una gran colina. Había sido un día muy duro emocionalmente y las dudas me acosaban más que nunca. Me tomé un té y, sin ganas, pregunté al camarero por el hotel más cercano. Un señor mayor, que estaba sentado cerca, se aproximó a mí y se presentó con el nombre de Franco.

—¿Hablas español? —preguntó.

—¡Sí! —respondí con entusiasmo, como si lo hablase de toda la vida.

—¿Qué te trae por aquí? —prosiguió en español.

—Estoy caminando de Roma a Jerusalén por la paz —musité.

Franco me miró profundamente a los ojos mientras los suyos se humedecían y, a continuación, las lágrimas se precipitaron por su rostro. Lo miré en estado de *shock*, y sentí cómo las mías también empezaban a brotar.

—Por favor, déjame que te pague el almuerzo —dijo Franco mientras se enjugaba las lágrimas con un pañuelo y me llevaba de la mano hasta una mesa—. Debes de estar cansada, sedienta, hambrienta...

No pude resistirme a su sentido gesto y permití que aquel buen hombre cuidase de mí. Franco extendió sus manos hasta posarlas sobre las mías y dijo:

—Creo que lo que estás haciendo es grandioso y muy importante. La humanidad necesita miles de personas como tú. Gente que siga su corazón para hacer del mundo un lugar mejor. Puede que algunos piensen que lo que haces es una locura, pero no les prestes atención. Confía en ti misma.

Ese día, Franco me proporcionó un apoyo moral que todavía yo no podía darme. Recordar sus palabras y saber que siempre debía mirar dentro de mí para cubrir mis necesidades emocionales, sería uno de los mayores retos de mi camino interior.

Pero, por ahora, estaba preparada para seguir adelante. Alberto llamó esa misma tarde para decirme que estaba listo para reunirse conmigo, y acordamos encontrarnos en la ciudad de Rieti. Cuando llegué allí, unos días después, lo hice con una grata sensación de triunfo. Solo había caminado ciento veinte kilómetros en doce días; pero lo había hecho por mi cuenta y riesgo, y en condiciones muy diferentes a las que nunca antes había experimentado. Ahora sabía que, si las circunstancias lo requiriesen, podría continuar sola hasta Jerusalén.

3. Caminando con Alberto

—Todo se ha ido desarrollando a las mil maravillas desde que decidí acompañarte —exclamó Alberto alegremente en mi habitación de hotel en Rieti—. Una familia me regaló su tienda y su material de acampada para apoyar nuestro proyecto, obtuve más dinero del que imaginaba al vender algunos de mis libros, e incluso los trenes y autobuses que me trajeron hasta aquí fueron extraordinariamente puntuales.

Aunque aún albergaba dudas, me alegraba de ver a Alberto y de tener con quién compartir la caminata que, a veces, se hacía muy solitaria.

Alberto decidió buscar otro hospedaje esa noche, ya que el precio de mi hotel le pareció excesivo. Cuando, más tarde, nos reunimos en un café, le noté desanimado.

—Los hoteles, como todo en Italia, son más caros de lo que pensaba —confesó—. Tengo dinero suficiente para comida y cosas esenciales, pero no puedo alojarme en pensiones ni comer en restaurantes todos los días.

—¿Y qué vas a hacer? —pregunté.

—Ya que se trata de una peregrinación, un camino espiritual —contestó Alberto—, he pensado que, tal vez, podría dormir en iglesias y monasterios. En el Camino de Santiago, conocí a un peregrino que no tenía dinero y solicitaba ayuda en las iglesias. Ellos le daban normalmente refugio y comida. Yo no pediré ni comida ni dinero ni tan siquiera una cama. Un techo sobre mi cabeza es todo lo que necesito. Puedo dormir en el suelo, en mi saco de dormir, y si me rechazan, siempre podría dormir en mi tienda.

—No sé —apunté con escepticismo.

—Ya sé que estás acostumbrada a dormir en hostales —añadió Alberto, firme en sus palabras—, y no quiero que dejes de hacerlo. No te preocupes por mí. Encontraré la forma.

No me gustaba la idea de pedir ayuda cuando no la necesitaba, pero tampoco era capaz de imaginarme entre las cálidas sábanas de un hotel mientras Alberto dormía sobre el frío suelo, Dios sabe dónde. Si quería caminar con él, estaba claro que yo tendría que hacer ciertas concesiones.

—Vuelve a tu hotel —me insistió—. Ya encontraré algo por mi cuenta.

—Te ayudaré a buscarlo —ofrecí.

—Estaré bien —aseguró—. En este mismo momento estoy recibiendo señales. Voy a seguirlas para ver a dónde me llevan.

—¿Qué tipo de señales? —pregunté mirando a mi alrededor.

—No puedo explicártelo con sencillez ya que solo tienen sentido para mí, en mi manera de ver las cosas, en la relación que tienen con experiencias pasadas, con mi intuición. Pero confío en ellas como tú confías en las tuyas.

—¿Y si te pago el hostal esta noche?

—Gracias, pero no —replicó Alberto con decisión—. Encontraré mi propio camino.

Acepté de mala gana pero, tan solo una hora después, Alberto llamó por teléfono a mi habitación.

—¿Dónde estás? —pregunté al oír risas de fondo.

—Estoy en un monasterio franciscano a cinco kilómetros del hostal —respondió feliz.

—Suenas como si estuvieras en una fiesta.

—No —dijo Alberto riéndose—. Estos monjes son asombrosos. Les encanta lo que estamos haciendo. Me han dado una habitación con agua caliente y me han invitado a cenar con ellos. Me han dicho que los franciscanos suelen ayudar a los peregrinos. ¿No es genial? Con tantos monasterios de su orden en Italia, creo que mis problemas de alojamiento están resueltos. ¿Qué tal tú? ¿Estás a gusto esta noche?

Examiné mi sencilla habitación con mi ropa esparcida por el suelo y la mesa escritorio sobre la que se encontraba mi exigua cena: un trozo de queso parmesano y una pieza de pan.

—Oh, estoy bien —respondí con tono despreocupado—. ¿Nos vemos por la mañana, no?

—Por supuesto —rio—. Será nuestro primer día caminando juntos. No me lo perdería.

Colgué el auricular deseando poder estar allí con él en esos momentos y me pregunté si había descartado demasiado pronto su propuesta. Cuando preparaba mi mochila, sonó mi móvil, una combinación de teléfono y procesador de textos que utilizaba también para escribir mi diario. Una alterada Hannah me esperaba al otro lado de la línea.

—Alberto tiene que llamar inmediatamente a su casa —declaró—. Su padre ha sido diagnosticado con cáncer terminal. No esperan que viva mucho tiempo.

Me quedé profundamente impresionada, incapaz de comprender por qué algo tan terrible tenía que ocurrir en la víspera de nuestra partida. No podía ponerme en contacto con Alberto y pasé la noche angustiada sin saber cómo le comunicaría esta dura noticia a la mañana siguiente.

* * *

Me agarré al brazo de Alberto y le conduje hasta un rincón tranquilo del vestíbulo.

—Hannah llamó ayer noche —susurré—. Tu padre está muy enfermo. Tienes que llamar a casa ahora mismo.

Alberto dejó caer su mochila en el suelo, cogió mi teléfono y salió al exterior. A través de los ventanales del hotel, le observé pasear arriba y abajo, deteniéndose ocasionalmente para mirar al cielo o hacia algún punto invisible del terreno que pisaba. Su rostro transmitía la gravedad de la situación. Cuando regresó al vestíbulo, me preparé para lo peor.

—Mi padre había perdido mucho peso en las últimas semanas y se quejaba de dolores en el estómago —dijo con preocupación, sentado a mi lado—. Fue a hacerse un chequeo y descubrieron que tiene cáncer. Está extendido por todo su cuerpo. No saben cuánto tiempo vivirá. Pueden ser meses, semanas, o tal vez días. —Tomé su mano, y le dije cuánto lo lamentaba—. Mi hermano y mi madre quieren que vuelva a casa de inmediato. Dicen que me necesitan.

El vestíbulo bullía de actividad mientras Alberto y yo permanecíamos sentados, aislados en nuestra propia burbuja de turbulentos sentimientos.

—¿Puedo ver el mapa? —mencionó, por fin—. Hay una ciudad grande llamada Terni a unos cincuenta kilómetros al norte de aquí. Podríamos llegar allí en tres días.

Asentí, confirmando que era posible. Alberto examinó el mapa un poco más, entonces lo dobló con cuidado y me lo devolvió con aire ausente.

—Creo que me gustaría caminar a Terni, y meditar sobre si regreso a casa o no —anunció con calma—. Si decido hacerlo, probablemente, haya autobuses y trenes que pueda tomar desde allí.

Estaba sorprendida por su decisión, pues esperaba que volviera con su familia, pero no dije nada. Ya habían pasado las primeras horas de la mañana y teníamos por delante quince kilómetros que recorrer por las montañas. Con las mochilas colgadas en nuestras espaldas, salimos finalmente del hotel. El cinco de diciembre de 2001, quince días después de mi comienzo en Roma, Alberto y yo dimos nuestros primeros pasos como compañeros de camino.

* * *

Avanzábamos a un ritmo cómodo pero constante, que Alberto me alentó a seguir. Nuestra ruta serpenteaba por los pintorescos valles y colinas de los Apeninos, con sus cumbres coronadas por la blanca nieve.

—¿Sabías que estamos recorriendo los caminos que frecuentaba San Francisco de Asís? —preguntó Alberto, tras detenerse en un tramo tranquilo de la carretera.

Su cara se iluminó cuando le pedí que me explicara con más detalle. Era la primera chispa de luz que veía en él en lo que llevábamos de día.

—Es mi santo favorito —afirmó con entusiasmo—. Abandonó la comodidad de su privilegiada vida para vivir en la sencillez y seguir lo que para él fue un llamado de Dios. Era un místico que veía la divinidad en todas las cosas y que predicaba que el hombre y todas las criaturas, incluidos los elementos, somos hermanos. Es famoso por su cántico de alabanza al *hermano sol* y a la *hermana luna*.

—¿Cómo es que sabes tanto sobre él?

—Cuando era más joven —contestó—, quería ser sacerdote. Desde muy niño mi madre me había infundido su amor, no tanto por la Iglesia Católica sino por las figuras de María y Jesús que, según me contaba, eran mis mejores amigos y confidentes. Durante tres años, estudié en un seminario a setecientos kilómetros de distancia de mi hogar. Con el tiempo me di cuenta de que esa vida no era para mí. Tenía dieciséis años y había demasiadas reglas y restricciones y, por supuesto, nada de chicas, así que lo dejé.

Continuamos nuestro ascenso mientras disfrutábamos de las espectaculares vistas y de un tiempo sensacional. El terreno se complicaba, pero pude arreglármelas gracias a una larga vara que encontré en el campo y que utilicé a modo de cayado. Finalmente, tras tomar otra curva cuesta arriba nos detuvimos un momento para coger aire.

—¡Creo que es San Francisco! —exclamó Alberto. Miré a donde señalaba. Enmarcado por el más azul de los cielos y el intenso verde del bosque, un grupo de estatuas de mármol blanco nos contemplaba desde lo alto de la formación de rocas que les servían de base. En el centro se alzaba una figura con los brazos extendidos.

Seguí a un alborozado Alberto hacia la puerta de entrada de aquel monasterio y, al poco tiempo, un fraile salió a recibirnos ataviado con la que más tarde reconocería como la vestimenta típica de los franciscanos: un hábito marrón oscuro ceñido por una cuerda, y sandalias abiertas. Nos confirmó que, efectivamente, la estatua representaba a San Francisco y que nos encontrábamos en el monasterio de La Foresta, uno de los principales santuarios de la zona donde el santo, a menudo, solía retirarse a rezar y meditar. A continuación, nos acompañó en un recorrido por aquellos parajes sosegados.

El lugar ofrecía, entre otros atractivos, una encantadora colección de colgantes con la Tau, la última letra del alfabeto hebreo. Acaricié la Tau tallada a mano que llevaba colgada al cuello, junto con el águila de Alberto, y que había sido un regalo de un amigo del Camino. Regresaron a mi memoria sus palabras acerca de lo que representaba: fraternidad y servicio.

—Esta es la cruz de San Francisco —explicó el fraile—. Se persignaba con ella antes de comenzar cada tarea, la pintaba en los muros y puertas de los lugares donde se alojaba y la utilizaba como su firma. Es el símbolo de los franciscanos. Estos colgantes los tallamos usando la madera de los olivos que nos rodean.

Alberto examinó muy de cerca cada Tau y, finalmente, escogió una.

—Saber todo esto me hace sentir más próximo, si cabe, a San Francisco —comentó, y con reverencia colocó la elegida alrededor de su cuello—. Me siento honrado por llevar su cruz —dijo con una entrañable sonrisa. Yo también le sonreí con afecto, contenta de verle de nuevo feliz, y divertida ante el hecho de que empezábamos a parecer hermanos.

Casi al final de la jornada, una tenue niebla descendió suave extendiéndose hasta cubrir el valle por completo. Asomado en lo alto de una cima se veía un hermoso pueblo en cuyas cercanías, habíamos oído, existía otro monasterio franciscano. Tras haber aprendido tanto sobre San Francisco, esperaba con afán la ocasión de pasar la noche en una de sus congregaciones, lugares que imaginaba impregnados de su espíritu. Después de una última y fatigosa subida, llegamos a las puertas del monasterio, cansados y hambrientos, pero llenos de ilusión. Un monje de mediana edad respondió a nuestra llamada y nos miró con aire de sospecha. Traté de no sentirme intimidada.

—*Noi siamo pellegrinos caminato a Jerusalem por la pace* —dije mientras hacía la señal de la «V» con los dedos.

—Necesitamos techo —añadió Alberto en español desplazando las manos hacia atrás y hacia delante, sobre su cabeza.

—Tenemos comida y dinero —continué—. *Per favore, ¿ayudare?*
Su desconfiado escrutinio empezó a irritarme y luché contra el impulso de darme la vuelta y buscar un hotel. Alberto miró al monje

directamente a los ojos y sonrió con amabilidad. No estoy segura de lo que pasó en ese intercambio silencioso. El caso es que el monje abrió la puerta y nos pidió que le siguiéramos. Atravesamos oscuros corredores de piedra y bajamos un largo tramo de escaleras que nos llevó a otro pasillo apenas iluminado para detenernos, finalmente, en una sala llena de camas y mantas. El monje nos explicó que los lavabos y las duchas estaban al fondo. Dicho esto y tras excusarse, desapareció de nuestra vista.

Me quedé de pie junto a Alberto en la enorme y fría habitación, lidiando una batalla interior de emociones encontradas. Aliviada por disponer de un refugio pero decepcionada al mismo tiempo, incluso furiosa, por el trato despectivo del clérigo. Me di cuenta, para mi mayor disgusto, de los excrementos de ratón que se hallaban desperdigados por todo el piso y, aún peor, por encima de las camas, y así se lo hice ver a Alberto.

—El turista exige —me recordó, citando un conocido refrán del Camino de Santiago—, el peregrino agradece.

Le lancé una mirada impaciente, cogí mi toalla y la ropa limpia, y me dirigí al cuarto baño, que, para mi tranquilidad, encontré aseado. En el trascurso de nuestro peregrinaje de cinco mil kilómetros, llegaría a apreciar el lujo que disfrutamos aquella noche. Me di una ducha rápida y regresé al dormitorio a esperar la misma invitación para cenar que había recibido Alberto el día anterior. Revisé mi cama atentamente y, una vez comprobado que no había rastro de roedores o de sus residuos, me senté sobre ella a escribir en mi diario. Alberto, después de ducharse, hizo lo mismo.

Una hora más tarde, quedó claro que no recibiríamos ningún aviso para la cena. Saqué mi barra de chocolate y mis almendras y las deposité sobre la cama. Alberto añadió el pan y el queso y, sin mediar palabra, comimos nuestra comida de peregrinos mientras yo intentaba digerir mi decepción.

«¿He cometido un error al seguir la iniciativa de Alberto?», me pregunté.

4. Un suceso inesperado

Nos sentamos en la abandonada residencia de policía de Labro, nuestro hogar aquella noche, para estudiar detenidamente nuestro mapa de la Europa mediterránea. Éramos huéspedes del sorprendido pero complaciente párroco del pueblo que, además de conseguirnos cobijo, nos confió las llaves del edificio. No disponíamos de calefacción ni agua corriente pero sí de camas. Intenté ser el peregrino agradecido.

Tratábamos de estimar el tiempo que tardaríamos en llegar a Jerusalén. Si bordeábamos ambos lados del Adriático y atajábamos luego hacia el este por Grecia y Turquía para dirigirnos, por último, hacia el sur a través de Siria y el Líbano, calculamos que recorreríamos alrededor de cinco mil kilómetros. Con una media de veinte kilómetros al día, dedujimos que podríamos culminarlo en nueve meses. No obstante, también consideramos que a medida que nuestros cuerpos se volvieran más resistentes, podríamos avanzar más rápido y alcanzar los treinta kilómetros al día. De esta manera, lograríamos llegar a nuestra meta en seis meses. Guardamos el mapa, seguros de nuestros planes y de nuestra habilidad para llevarlos a cabo en el tiempo estimado. Un año después, nos daríamos cuenta de la futilidad de tratar de programar un viaje de estas características.

Al día siguiente, aceleramos el paso con la intención de llegar a Terni, pero el esfuerzo me dejó con los músculos agarrotados y temblores en las rodillas. Obligados a detenernos en Marmore, a diez kilómetros de nuestro destino, dormimos en el suelo de baldosas de la sala de juegos de la iglesia local. Aunque contábamos con calefacción, de los grifos solo salía agua helada. Era mi segundo día sin ducharme. Me sentía agradecida, pero también sucia.

Sin apenas haber dormido, arrastré como pude mis cansadas piernas por las empinadas y tortuosas carreteras que, finalmente, nos llevaron a Terni. En la primera iglesia que encontramos nos sugirieron que volviéramos más tarde, cuando el cura estuviese disponible. Empleamos ese tiempo para aprovisionarnos de comida y disfrutar de un agradable picnic en una de las atractivas plazas del centro urbano.

Numerosas personas pasaban por delante de nosotros en aquella tarde soleada. La mayoría nos ignoraba, pero advertí algunas miradas despectivas. Con las mochilas a un lado y nuestra ropa un tanto sucia y descuidada, era fácil confundirnos con vagabundos. Sentí que mi miedo al ridículo salía a la superficie y quise gritar: «¡Oídme, soy normal. Hago esto por decisión propia!». Pero aquello me habría dado una apariencia incluso más estrafalaria. Permanecí callada, e intenté sobrellevar la amargura de saber que la opinión de la gente me importaba más de lo debido.

Como hacía cada vez más frío, decidimos buscar refugio en la estación de tren próxima a la plaza. Nos sentamos en la cafetería, e inhalamos el excesivo humo de segunda mano de los fumadores mientras contemplábamos el ir y venir de los viajeros. Dos hombres estaban sentados cerca de nosotros con dos mochilas y una funda de guitarra a sus pies. Sus ropas estaban raídas y su aspecto desaliñado. Fumaban sin parar y podía percibir desde nuestra mesa el olor a licor que desprendían. De vez en cuando nos dirigían la mirada, pero yo desviaba la mía. Alberto les sonrío. Ellos le saludaron y le preguntaron de dónde éramos. Yo esperaba que les diese la respuesta más breve posible, pero escuché con consternación cómo les explicaba nuestro peregrinaje. Entusiasmados, los dos hombres aproximaron sus sillas a nuestra mesa, ansiosos por escuchar más. Temiendo, más que nunca, el ser confundida con uno de ellos, y sin saber cómo manejar esta incómoda situación, me recosté sobre el respaldar de mi silla y crucé los brazos sobre el pecho.

—Nosotros viajamos también de país en país —dijo el más alto, mientras acariciaba distraídamente al perro, que llamaban Vagabundo, arrimado a sus pies. Su voz ronca y áspera evidenciaba los muchos años de fumar y beber en exceso—. Yo toco la guitarra y mi amigo vende sus pinturas.

—Encantada —dije, tratando de suavizar el desdén de mi voz y consciente de que no lo conseguía.

Alberto tomó las riendas de la conversación, hablando de la importancia de seguir los sueños y vivir nuestra verdad.

—¿Sabes? La gente me mira y piensa que soy un fracasado, un don nadie —dijo el guitarrista en un momento dado—. En cambio, yo les veo correr de un lugar a otro, estresados y preocupados por sus vidas y sé que no son felices. Yo estoy haciendo exactamente lo que me gusta hacer. Estoy en la calle con mi guitarra y mis canciones. Algunos días tengo dinero para comer y otros no, pero siempre tengo lo suficiente y nunca me preocupo de lo que traerá el mañana. Vivo el presente. La gente me llama vagabundo, pero lo que soy es un hombre libre.

Dio una generosa calada a su cigarrillo y añadió:

—Así que, ¿quién es el fracasado?

Aquel encuentro dejó una huella profunda en mí. Me había apresurado a juzgar a estas dos personas, creyendo ser de alguna manera superior a ellas, y comportándome de igual forma que aquellas a las que, horas antes, había acusado de hacer lo mismo. Sentí vergüenza al percatarme de la profundidad de mis prejuicios y del trabajo que aún tenía por delante si quería liberarme de ellos.

Alberto salió fuera para llamar a su familia y regresó a los pocos minutos con el rostro lívido y la mirada perdida.

—Mi padre murió esta madrugada —murmuró antes de alejarse.

Me quedé atónita, incapaz de asimilar la magnitud de lo ocurrido. Vagamos en silencio y sin rumbo fijo por las calles de la ciudad. El sol había comenzado a ponerse y el aire de la noche a tornarse frío cuando regresamos a ver al sacerdote. Antes de poder terminar mi presentación ya estaba cerrándonos la puerta.

—Vayamos a un hotel, por favor —le supliqué—. Considéralo un obsequio. Hemos tenido un día muy difícil y necesitamos descansar. Un gesto de su cabeza fue todo lo que necesité. Un transeúnte nos señaló el hotel más cercano y, una vez allí, nos instalamos en una habitación con dos camas dobles y las comodidades que cabe esperar en un establecimiento de tres estrellas. Nada más entrar, Alberto dejó su equipaje en el suelo y se desplomó sobre la cama. Lo primero que hice fue meterme en la ducha y observé con disgusto la estela de parda suciedad que se perdía por el desagüe después de tres días sin ducharme. El agua donde lavé mi ropa quedó igual de turbia.

Al salir del baño encontré a Alberto tal y como lo había dejado. Colgué mi ropa en el radiador para secarla mientras él, finalmente, se incorporaba y se metía en la ducha. Hice un pedido al servicio de habitaciones, que llegó justo cuando Alberto salía del cuarto de baño. Ya con mejor aspecto, al menos físicamente, se sentó a mi lado y nos dispusimos a comer.

—Mi padre era un buen hombre —comentó con suavidad mientras cenábamos—. Tímido, callado, sensible. Una persona profunda aun cuando apenas hablaba. Yo sentía que estaba atrapado en su propia vida, como un pájaro en una jaula, obligado por las circunstancias. Al ir creciendo, no fui capaz de comprenderle, así que construí un muro invisible entre nosotros. Creo que él pensaba que merecíamos un padre mejor, pero no era cierto. Sabía cuánto nos quería por la manera en que nos miraba. —Alberto hizo una pausa, sumido en sus recuerdos— Cuando comencé a explorar mi espiritualidad supe que tenía que decirle que lo respetaba y lo amaba. Un día las palabras fluyeron de mi boca como un torrente. Le dije que le quería y que estaba orgulloso de ser su hijo; que era un buen padre, y que, ahora que lo miraba con los ojos de un adulto, le comprendía mejor, tanto a él como a las decisiones que había tomado a lo largo de su vida.

Aparté la vista para disimular mis lágrimas.

—Mi padre no supo qué decir —continuó—. Me miró fijamente, lleno de emoción y le abracé. Entonces él me abrazo también y lloramos por largo tiempo. Fue el momento más íntimo y sincero que jamás compartimos. —Su voz se quebró impidiéndole hablar. Extendí mi mano y la posé sobre su hombro, confortándole—. Quién podía imaginar que, tres meses más tarde, ya no estaría entre nosotros —susurró—. Me siento dichoso de haber pronunciado esas palabras que a los dos nos liberaron.

Su mirada melancólica volvió a perderse en el vacío.

—Sé que no fue una coincidencia que habláramos aquel día. Mi padre camina a mi lado y está aquí ahora mismo, consciente de mis pensamientos. Lo siento más cerca que nunca —dijo apretando mi mano con la suya—. He decidido continuar adelante, contigo.

Lo miré asombrada.

—¿Estás seguro? —pregunté vacilante.

—Es el mejor tributo que le puedo hacer a mi padre —replicó—. Sé que él querría que siguiese mis sueños.

A juzgar por lo poco que sabía de Alberto, su decisión no debería haberme sorprendido tanto. Cuando nos conocimos, aquel mágico día, en Finisterre, solo veía en él a un peregrino, un buscador como yo, que trataba de vivir una vida con sentido y poner en práctica sus creencias espirituales. Aunque entonces ignoraba la profundidad de las mismas.

Alberto había conocido a Hannah en el trayecto final que llevaba desde Santiago de Compostela a Finisterre. Yo decidí saltarme ese tramo y recorrerlo en autobús. Había caminado la mayor parte del Camino con Hannah y nos habíamos convertido en buenas amigas. Ella era fuerte, divertida e infinitamente generosa. Nos llevábamos a las mil maravillas. Una mujer alta y rubia junto a otra morena y menuda. Yo estaba encantada de verla tan feliz en Finisterre, y de saber que había encontrado el amor en el Camino.

Alberto se había mudado con ella a Alemania, poco después de conocerse para continuar con su romance. La alegría de ambos era evidente cuando me reuní con ellos en Bonn, mi última parada antes de partir hacia Roma, dispuesta a comenzar mi aventura por la paz. Hablaban de su futuro y de los muchos proyectos que esperaban realizar juntos. Vislumbré entonces, por primera vez, lo profunda que era la espiritualidad de Alberto, y descubrí que conocía muchos de los libros que yo había leído y que había sido influido por los mismos maestros. Pude ver que apreciaba su libertad por encima de todo, y que su compromiso con su desarrollo espiritual no mermaba con sus relaciones sentimentales. Alberto nos reveló cuánto le había costado romper con las expectativas que sus familiares y amigos tenían de él y ser fiel a sí mismo y a su camino interior. Lo había demostrado cuando dejó atrás a Hannah y lo estaba volviendo a hacer ahora.

5. Mensajeros

La oscuridad descendió. Misteriosas formas y siluetas comenzaron a moverse en el espeso bosque que nos circundaba mientras el gélido viento silbaba sin descanso. Me estremecí.

—No debimos escuchar a esa mujer —me quejé—. Para estos italianos todo está a diez minutos.

Nos encontrábamos demasiado lejos de San Gemine para dar marcha atrás, así que continuamos subiendo el sinuoso tramo que, según nos aseguraron, llevaba a una encantadora ermita en la que residía un monje hospitalario conocido como padre Bernardino.

«¡Vaya una idea desquiciada, seguirle la pista a un ermitaño!», pensé. «Deberíamos habernos quedado en el bar».

Pusimos todo nuestro empeño por no salirnos del estrecho y mal señalado sendero, mientras, los gastados carteles que divisábamos de vez en cuando nos confirmaban que todavía no nos habíamos extraviado. A veces pisábamos sobre tierra compacta, otras sobre afloramientos rocosos, ramas y troncos caídos. La senda era tan empinada en determinados trechos que cuando paraba, sentía el peso de la mochila arrastrarme hacia atrás, despegando mis pies del suelo. Más de una vez, Alberto tuvo que agarrar mi mano y tirar de mí para evitar que rodara colina abajo. Estaba muy asustada, pero traté de ocultarlo para no preocupar más a Alberto. Cuando me miraba consternado, yo le aseguraba que podía lograrlo aunque, en realidad, lo dudaba seriamente. Incluso si hubiéramos querido acampar allí mismo, hubiera sido imposible, debido a la inclinación del terreno.

Tras lo que nos pareció una eternidad, el sendero se niveló. Los árboles desaparecieron dejando al descubierto un extenso claro y lo que parecía ser una pequeña fortaleza medieval en la distancia. Sus altos muros de piedra custodiaban varios edificios pequeños, uno de los cuales albergaba una luz resplandeciente. Aquella visión nos hizo gritar de alegría y, aunque estábamos exhaustos, aceleramos la marcha tanto como nos lo permitieron nuestras cansadas piernas.

Llegamos a la nudosa puerta de madera e hicimos sonar la rústica campanilla. Nadie respondió. Lo volvimos a hacer, esta vez con más intensidad. Nada. Tocamos la campana y golpeamos la puerta una y otra vez mientras exclamábamos *¡Buona Sera!* con todas nuestras fuerzas, pero el aullido del viento se llevaba nuestras voces con él, y la puerta permanecía cerrada. Rodeamos el edificio en busca de otras entradas, pero fue en vano. Apoyé mi cabeza contra la puerta sintiendo mi garganta dolorida y mi espíritu derrotado.

De improviso, por una esquina aparecieron varios perros que, en silencio, pronto nos rodearon meneando la cola amistosamente. Cada uno era de un tono diferente de blanco y, en la oscuridad, parecían ángeles sonrientes. Se acercaron y se frotaron contra nosotros, llevando sus cabezas y rostros a nuestras manos en busca de cariño. Acariciamos sus lomos mientras repetíamos el nombre «Bernardino» con la esperanza de que los canes nos llevaran hasta el ermitaño. Pero estos parecían más interesados en juguetear entre ellos que en ayudar a dos peregrinos ateridos de frío. Con nuestros nuevos amigos pegados a los talones, recorrimos los alrededores del edificio, una vez más, en busca ahora de algún acceso para perros que tampoco fuimos capaces de hallar.

—Ve a la entrada principal y no pares de tocar la campanilla —sugirió Alberto—. Voy a tirar unas piedras a la ventana de la luz encendida.

—Le vas a provocar un ataque al corazón a quienquiera que esté ahí —le regañé.

—¿Tienes alguna idea mejor? —dijo, devolviéndome la reprimenda.

Negué con la cabeza con gesto cansado y me dirigí lentamente hacia mi puesto. Tras varias voces y repetidas llamadas, finalmente, la puerta empezó abrirse con un chirrido. Retrocedí sorprendida. Una figura emergió de la oscuridad, bajo el umbral. En esos momentos Alberto apareció a mi lado con una amplia sonrisa.

—*Buona sera* —saludó el hombre mayor que sonreía con divertida curiosidad. Estaba vestido con un hábito franciscano muy gastado, una cuerda por cinturón y unas sandalias abiertas. Sus amables ojos y gentil presencia inmediatamente me infundieron confianza, aunque no pude evitar dejar escapar una risa ante su pelo crispado y la imagen de Albert Einstein que me evocaba.

—Somos peregrinos —comencé, pero él me interrumpió e hizo gestos para que entráramos. Seguimos al presunto padre Bernardino al patio interior del complejo mientras le explicábamos que estábamos caminando a Jerusalén por la paz.

—¿*Gerusalemme*? —exclamó—. *Benne, benne.*

Continuamos por corredores oscuros hasta que llegamos a una sencilla puerta de madera.

—*No luz. No agua* —nos explicó entrecortadamente mientras entraba en la habitación y encendía varias velas—. Cuando estéis preparados, venid a comer —dijo entre palabras y gestos.

Tras darle las gracias, Alberto fue con el padre Bernardino a sacar agua del pozo para el baño al tiempo que yo encendía unas velas más y exploraba los alrededores. En la pequeña cocina del recinto había una estufa de gas antigua, un fregadero y unas viejas alacenas llenas de platos, tazas y cubiertos que no casaban unos con otros. Con una vela en la mano, accedí a una habitación contigua que me produjo la sensación de haber entrado en una cueva. El techo era bajo y abovedado, las paredes blancas de roca natural estaban holladas por infinidad de pequeños nichos y grietas que alojaban los restos de velas a medio derretir. Varias sillas y mesas rústicas, junto a unas camas pequeñas cubiertas de mantas, completaban el íntimo espacio.

Encendí cada vela que pude encontrar, y las coloqué en los huecos disponibles. Suaves sombras comenzaron a bailar sobre los muros de piedra. Poco a poco, me sentí embargada de una energía cálida y amorosa que desafiaba las palabras. Todo mi cuerpo se relajó y, a pesar de haber recorrido numerosos kilómetros en tan difíciles condiciones, me sentí extrañamente revitalizada.

Oí a Alberto dar las gracias al padre Bernardino y, luego, asearse en el baño. Yo preferí refrescarme con toallitas húmedas, al imaginar cómo debía sentirse el agua helada de la montaña.

—Ese cuarto de baño también es bastante primitivo —bromeó Alberto al entrar en la habitación—. Por cierto, el agua está congelada.

Solté una carcajada ante su comentario y terminé de ponerme mis calcetines limpios.

—Tu idea de tirar piedras a la ventana fue buena después de todo —dije bromeando. Alberto se echó a reír.

—Estaba a punto de lanzar las piedras como te comenté, pero luego pensé que podría romper el cristal y asustarle aún más. Afortunadamente, encontré un lugar elevado no muy lejos de la ventana desde el que podía divisar al fraile y me quedé allí, agitando los brazos con la esperanza de que me viera. Y lo hizo. Pensé que se moriría del susto, pero en lugar de eso, me miró con expresión divertida. Así que esbocé la mejor de mis sonrisas y volví a saludarlo. Esta vez, me devolvió el saludo, y me indicó con gestos que le esperara. Todavía estoy sorprendido por la serenidad con la que reaccionó.

La cena estaba servida sobre la mesa cuando llegamos al hogar de nuestro anfitrión, así que nos dispusimos a saborear cada bocado de aquellos platos calientes. Aquel espacio íntimo nos provocaba sensaciones similares a las que sentíamos en nuestra cueva. Estaba lleno de estanterías con gruesos volúmenes encuadernados en cuero, cubiertos de una capa de polvo que imploraba ser limpiada. Pilas de cartas y libros abiertos habían sido desplazadas a un lado de la mesa para dejar sitio a los inesperados visitantes de esa noche.

Además de italiano, el sacerdote hablaba alemán, ya que había estudiado teología en Alemania. El rudimentario alemán de Alberto, combinado con nuestro pobre italiano y el lenguaje de gestos, nos permitió explicar lo que estábamos haciendo, para el creciente asombro del padre Bernardino. A pesar de nuestros problemas de comunicación, nos pudimos entender perfectamente.

En un momento dado, señaló a nuestros colgantes y dijo:

—Ambos lleváis la Tau. Este símbolo tiene una historia larga y mística.

Una inexplicable ráfaga de energía recorrió mi cuerpo, y sentí cómo se me erizaba la piel.

—La Tau es una letra sagrada —continuó el padre Bernardino en su mezcla de idiomas—. Es una señal de Dios. Las letras de todas las lenguas son sagradas y son símbolos divinos, pero la primera y la última letra, son las más importantes. En este caso, la Tau es la que concluye el alfabeto hebreo, como la letra Omega, por ejemplo, lo hace en el griego. Aquellos que llevan la Tau están bendecidos y protegidos en su camino, porque son mensajeros de Dios.

Sacó una biblia de entre los libros amontonados sobre la mesa, la hojeó hasta encontrar el pasaje que buscaba, y después dijo:

—Aquí, en el libro del Apocalipsis, lo podéis apreciar. Se habla de *los elegidos*, los servidores de Dios; una fuerza para el bien en el mundo. Ellos llevan una señal en la frente. Es el nombre de Dios, la Tau.

Alberto me había dicho, durante nuestro caminar, que creía que el Universo nos estaba usando como instrumentos para trasmitir el mensaje que aquellos que se cruzaban en nuestro camino necesitaban recibir. Estuve de acuerdo con él en que nuestro mensaje de paz tocaría el corazón de muchas personas, una vez descubriéramos en qué consistía dicho mensaje, pero yo veía esa influencia personal como una consecuencia del alcance global que este iba a tener. En algunos momentos de mi pasado, había podido comprobar como ciertas personas habían llegado a mi vida para guiarme, pero nunca había considerado la posibilidad de llegar a ser un guía para otros, o a disponer siquiera de algo digno que ofrecerles. No me sentía lo suficientemente especial para ser una elegida, y mucho menos una mensajera, y así se lo dije a Alberto, una vez estuvimos a solas en nuestra habitación.

—Cuando digo que somos mensajeros —me respondió—. No estoy hablando del mensaje de Mony y Alberto. Nosotros somos como los distribuidores de paquetes a domicilio. El mensaje viene del Universo, de la divinidad. Lo único que nos hace especiales es nuestra voluntad de realizar este trabajo.

Tras una noche de sueño profundo y reparador, desperté sintiéndome renovada como si nuestra ardua caminata del día anterior jamás hubiese tenido lugar. Alberto comentó que, para su sorpresa, también él se sentía como nuevo. No podíamos explicar la razón.

Después de un copioso desayuno, el padre Bernardino se ofreció a acompañarnos hasta la carretera principal y, cuando salíamos, se entretuvo en mostrarnos un cedro libanés que, curiosamente, se erguía próximo a la entrada de la ermita. Según nos dijo, el árbol había sido plantado allí trescientos años atrás por unos navegantes italianos que regresaban de aquella tierra. Después añadió, también en relación con mis raíces, que la ciudad de San Gemine fue bautizada en honor a un apreciado monje sirio que residió en la localidad. «¿Habrá algún misterioso mensaje en esta otra rara coincidencia?», pensé, sin llegar a conclusión alguna.

Con los perros correteando a nuestro alrededor, el padre Bernardino nos llevó por un ancho y bien señalado sendero que afirmó era el camino principal para llegar a la ermita, y se maravilló al considerar cómo habíamos sido capaces de encontrarle a través de la ruta que habíamos recorrido, ya que llevaba abandonada mucho tiempo.

Mientras descendíamos, no pude evitar pensar que una fuerza superior había conspirado para traernos a este lugar escondido en las montañas, con el fin de servir a un misterioso y trascendental propósito para el que, de alguna manera, estábamos predestinados.

Al pie de la montaña, el padre Bernardino se giró hacia nosotros y, con una mirada paternal llena de ternura, nos dijo:

—Todas las semanas tengo una reunión en la ciudad, a la que nunca falto, pero por alguna razón, la pasada noche fue cancelada de improviso. Ahora me doy cuenta de que fue así porque teníamos que encontrarnos.

Cuando colocó sus manos sobre nuestras cabezas y comenzó a rezar en italiano, sentí como si recibiéramos una bendición directamente de *los cielos*, no solo para nosotros, sino para este camino de paz que habíamos elegido transitar.

6. El mensaje de paz

La antigua Vía Flaminia nos llevó por las pintorescas colinas y valles de la región de Umbría, a través de pueblos como Acquasparta, Massa Martana y Bevagna. Fuimos bienvenidos en cada iglesia y monasterio a cuya puerta llamamos, y aceptamos agradecidos todo lo que nos ofrecieron. Desde rústicas mesas de madera en vestíbulos sin calefacción hasta acogedoras camas y duchas calientes. Todo formaba parte del camino de la paz. Pese a que cada vez me sentía menos incómoda al pedir ayuda, todavía luchaba con la sensación de estar tomando algo que no necesitaba de personas que, presentía, asumían que éramos devotos católicos.

—Somos peregrinos caminando por la paz —me recordó más de una vez Alberto—. Compartimos las mismas intenciones que la Iglesia: paz, amor, hermandad. Como ella, también creemos en una amorosa inteligencia superior. No veo conflicto por ningún lado.

Me hubiera gustado verlo de esa manera.

En Massa Martana, la hospitalidad franciscana se desplegó completamente ante nuestros ojos. Los monjes, además de ofrecernos habitaciones privadas, nos invitaron a cenar con ellos. Era nuestra primera comida caliente en días y la devoré con entusiasmo. La conversación fluía con tanta facilidad como el vino y la comida, y fui consciente de cómo se desvanecía, poco a poco, mi reticencia habitual bajo sus cuidadas atenciones y el entusiasmo que nuestro peregrinaje les provocaba. Aun así, como no quería mentir ni tampoco ofenderles, me contuve a la hora de expresar mis opiniones, pues no sabía cómo reaccionarían ante mi espiritualidad libre de dogmas.

Alberto, sin embargo, no parecía tener esas reservas y expuso con pasión sus ideas. Escuché con interés y aprendí mucho, pero apenas participé en el diálogo. Llegados a este punto, Alberto se interesó por una cruz que colgaba de la pared, y que mostraba una figura de Jesús pintada a mano, rodeada de otras imágenes que completaban la escena. El estilo me recordaba a las pinturas iconográficas de la Iglesia ortodoxa griega en la que me había criado.

—Es la cruz de San Damián —respondió un monje—. San Francisco recibió su misión de Dios para reconstruir la Iglesia mientras rezaba ante ella. Al principio, pensó que se trataba de restaurar la capilla de San Damián, donde se encontraba, pero más adelante comprendió que se refería a la Iglesia católica de entonces.

—Me encanta esta cruz pintada —dijo Alberto —. Es la única que he visto que no muestra un Jesús muerto o sufriente. Tiene sus brazos abiertos al mundo de par en par, ofreciéndole su amor. Pienso que se ha puesto demasiado énfasis en su sufrimiento y no la suficiente atención a su mensaje; aquel que predicó y vivió hasta el final de sus días. Sí, murió por él, pero creo que deseaba que lo recordáramos por su vida, no por su muerte. Y, ni mucho menos, que pasáramos nuestra existencia sintiéndonos culpables e indignos debido a lo que le hicieron. Fue un hombre valiente, un revolucionario incluso, no una pobre víctima.

Miré a Alberto horrorizada. Jamás le había escuchado expresar sus creencias en torno al cristianismo; ni siquiera sabía que tuviera alguna, dado que nuestras discusiones se centraban normalmente en asuntos espirituales o místicos. Nunca habíamos ahondado en una religión concreta y asumí que él había descartado de su vida las enseñanzas católicas. Yo no había recibido ninguna instrucción religiosa formal, aunque no la necesitaba para entender que lo que había dicho resultaba controvertido. En el silencio que siguió, me preparé para la reprimenda que, estaba segura, le caería encima. Pero para mi sorpresa, la mayoría sonreía.

—Lo que dices me recuerda a las palabras de San Francisco —dijo el monje superior con aprobación—. Él también sostenía opiniones que chocaban con los fundamentos de la Iglesia de su tiempo. El comprendió que el amor, no las leyes humanas, fue la mayor enseñanza de Jesús.

La conversación continuó hasta bien entrada la noche, y me dejó con mucho para reflexionar. Aunque respetaba las creencias religiosas, quería mantener la religión fuera de mi comunicado de paz, ante el temor de que cualquier mención de la palabra «Dios» o «Jesús» nos marginara y pusiera en peligro el mensaje que aún estaba formulando. No quería ser etiquetada de fanática religiosa y esperaba que mi inesperado compañero de camino sintiera lo mismo.

* * *

Alberto y yo comenzamos a disfrutar, más relajados, de una cómoda rutina. Tras un tranquilo desayuno, empezábamos a andar a alrededor de las ocho y media de la mañana, nos tomábamos varios descansos breves, y parábamos antes de que oscureciera. Yo caminaba delante para poder ver la carretera que se extendía ante mis ojos. Decidíamos nuestra ruta juntos, pero yo era quien llevaba el mapa, lo que me confería cierta sensación de seguridad. A pesar de que ambos dominábamos pobremente el italiano, yo lideraba nuestras conversaciones con los sacerdotes, sintiendo una mayor confianza en mi habilidad para expresarme que en la de Alberto, que me parecía tímido. Además, llegamos a la conclusión de que una mujer pidiendo ayuda tendría más probabilidades de obtenerla que un hombre.

Por recomendación del padre Bernardino, nos detuvimos en el hotel-monasterio de Santa Maria degli Angeli, a las puertas de Asís, donde fuimos tratados como invitados de honor. Nos instalaron en un apartamento de dos habitaciones con cocina-comedor, y tras una larga ducha caliente y una cena compuesta de un buen plato de pasta que preparamos juntos, nos sentamos a la mesa para poner al día nuestros diarios.

—¿Qué te parece, entonces, lo de llevar un cartel sobre la paz? —preguntó Alberto.

Habíamos hablado sobre la posibilidad de llevarlo desde el día en que nos reunimos en Rieti. Incluso habíamos comprado, allí mismo, papel adhesivo de un intenso color amarillo para formar con él las letras. Quería hacerlo, pero tenía dudas. En parte, por los altibajos emocionales de los primeros días con Alberto, aunque, honestamente, debía admitir que la causa principal era el miedo a anunciar al mundo mis creencias sobre una paz que aún estaba por descubrir.

—Nuestro encuentro con don Bernardino me hizo ver que ha llegado el momento —continuó Alberto—. Somos mensajeros de paz. Cada día cientos de personas nos ven caminar al lado de la carretera. Imagina la inspiración que podrían recibir al ver nuestro cartel. Además, mañana entraremos en Asís, conocida como la Ciudad de la Paz.

—Estoy de acuerdo en que el momento es el idóneo —respondí—. Pero no quiero decirle a la gente que somos mensajeros. Suena presuntuoso. ¿Quiénes somos nosotros para anunciar algo así? Solo sé que quiero que mi mensaje sea simple y directo, algo con lo que la gente pueda conectar. Yo estoy caminando a Jerusalén por la paz. Esa es mi contribución, pero cada uno puede hacer lo que sienta. Quiero que las personas se den cuenta de que el poder para cambiar su mundo está en sus propias manos. Que no tienen que esperar a que otros lo hagan por ellas. Ni tampoco sentirse obligadas a embarcarse en grandes proyectos para conseguirlo. Todo acto que sale del corazón crea la paz, puesto que la paz verdadera comienza en el interior.

—Estoy de acuerdo —dijo Alberto—. La paz externa es el resultado natural de la paz interna. Un pensamiento de paz o un acto de bondad produce un efecto de onda expansiva, como cuando tiras una piedra al agua. Estoy caminando por la paz, tanto interior como exterior, y no solo en Jerusalén sino en el mundo. Para mí, la paz es solo una consecuencia de algo mucho mayor: el amor. Cuando tenemos amor es cuando experimentamos una paz duradera. En realidad, estamos caminando por amor.

—De ninguna manera voy a pasearme por ahí con un letrero que diga que caminamos por amor —repliqué con firmeza—. Quizás deberíamos ponernos flores en el pelo también. No. Ya es más que difícil con la palabra «paz».

—Lo sé. Yo tampoco estoy preparado para portar ese mensaje, especialmente con flores en el pelo —bromeó Alberto.

—Me alegro —dije chistosa—. Porque ya estaba dispuesta a dejarte aquí mismo.

Después, tras una pausa, añadí:

—Quiero que mi mensaje diga que estoy caminado a Jerusalén por la paz.

—Quiero que el mío diga que estoy caminando por la paz. Nada más —respondió Alberto.

—De acuerdo —dije, y nos dimos la mano.

Entonces, Alberto comenzó el arduo proceso de dibujar cada letra en el papel amarillo para recortarlas a continuación. Despegó el papel y adhirió cada una de forma ordenada sobre los protectores de plástico para la lluvia que cubrían nuestras mochilas. Dos horas más tarde, Alberto dio unos pasos para atrás y contempló, orgulloso, su trabajo. En letras grandes y bien visibles, se leía en mi letrero: *Camminando verso Gerusalemme per la Pace*, mientras que el suyo rezaba: *Camminando per la Pace*.

—¿Cómo te sientes? —preguntó Alberto.

—Nerviosa —respondí—. Las letras son muy grandes. Una cosa es hablar sobre la paz y otra cosa es ser una valla publicitaria andante.

—Todo lo que necesitamos hacer es caminar —afirmó—. Siempre podemos quitarnos los carteles más adelante.

Me abría al mundo y no sabía cómo iba a afrontar las críticas. Normalmente las recibía mal, pero, en este camino de paz, esperaba hacerlo con la tolerancia, la paciencia y, por encima de todo, la paz que estaba proclamando.

7. El Sendero de la Paz

El abundante tráfico que encontramos por la mañana, dirección Asís, avanzaba lenta y perezosamente junto a nosotros. De vez en cuando, miraba de reojo a los coches con la intención de adivinar la reacción de sus ocupantes ante nuestros carteles. Vi muchos gestos de confusión y numerosas muestras de sorpresa. Algunos conductores tocaron el claxon en nuestro apoyo; otros nos saludaron; unos cuantos nos dieron el visto bueno alzando el dedo pulgar, lo que me infundió ánimos para continuar con los letreros, al menos, por el momento.

Por fin, entramos en Asís y avanzamos a través del laberinto de estrechas calles empedradas que conforma esta ciudad medieval hasta llegar al convento que nos habían indicado, en el que fuimos recibidos calurosamente y alojados en las amplias habitaciones de lo que nos pareció un lugar bastante solitario. Una vez instalados, fuimos a dar un paseo con la intención de sumergirnos en la magia de esta santa Ciudad de la Paz, pero las oscuras nubes, la persistente lluvia y los escaparates cerrados le daban al lugar un aire más siniestro que mágico. Aun así, durante varias horas, no cejamos en nuestro empeño hasta que, finalmente, llegamos a la conclusión de que la magia que buscábamos no la encontraríamos allí, por lo que, con poco más que hacer, decidimos abandonar la ciudad al día siguiente.

Ya de mañana, a la hora del desayuno, nos sorprendió encontrar a otro huésped en el comedor, pero lo más asombroso fue descubrir que era angloparlante. Nuestra conversación con aquella estadounidense se desplazó rápidamente al ámbito personal. Nos reveló que se encontraba en un momento crítico en el que trataba de determinar cuales serían sus próximos pasos en la vida. Alberto y yo hablamos largo y tendido sobre nuestras experiencias, las decisiones tomadas en el pasado y los riesgos y recompensas de seguir el dictado de nuestros corazones. Ella agradeció nuestra sinceridad y añadió que creía que nuestro encuentro había sido providencial pues, según confesó, le había servido de mucho.

—Somos mensajeros —soltó Alberto con una sonrisa pícara cuando volvíamos a nuestra habitación tras despedirnos.

No dije nada. Preferí ocuparme del folleto que la mujer nos había regalado, donde se detallaba la ubicación de todos los monasterios de Italia.

—¡Alberto, aquí hay cincuenta mil liras! —exclamé—. Eso es casi cuarenta dólares.

—Sí. Vi los billetes entre las páginas cuando nos dio el folleto.

—¿Por qué no dijiste nada? —le acusé.

—Obviamente, ella no quería que nos diésemos cuenta en ese momento —contestó con cautela.

—¡No necesitamos el dinero! —declaré sin pensar. Alberto me miró fijamente.

—Podemos usar ese dinero para emergencias —sugirió.

«¿Cuántas otras concesiones debo hacer?», grité en silencio. «Primero, pidiendo ayuda a la Iglesia cuando no la necesito. Ahora, aceptando caridad. De ser una mujer independiente en una misión de paz, he pasado a convertirme en un pobre peregrino en busca de refugio. Todo por culpa de Alberto».

—Vale, guárdalo tú —dije, y le entregué el dinero.

Pusimos en orden nuestras mochilas en medio de un incómodo silencio, que rompimos solo cuando acordamos que visitaríamos la tumba de San Francisco antes de dejar Asís.

El sepulcro estaba situado bajo la basílica principal. Una vez dentro, necesité unos segundos para que mis ojos se acostumbrasen a la tenue iluminación de la estancia. La intimidad del lugar me cautivó al instante. Como ocurrió en la ermita de don Bernardino, las paredes de piedra natural y el bajo techo de bóveda me causaron la sensación de hallarme en el interior de una cueva. Parecía el escenario perfecto para alguien que pasó en ellas tanto tiempo.

Curiosamente, una parte de mí solo deseaba reír. Esperaba sentir respeto y solemnidad, sin embargo, estaba sorprendida por la felicidad que me embargaba. Podía sentir la humildad de San Francisco, un hombre que parecía conocer su lugar en el orden universal y que vivía en armonía con este. Pero, por encima de todo, sentía paz.

Saqué una tarjeta postal que había comprado el día anterior, y que llevaba impresa la *Oración de la Paz* de San Francisco. En una voz apenas superior a un susurro, musité las palabras.

Señor, haz de mí un instrumento de tu paz.
Que donde haya odio, siembre yo el amor.
Donde haya ofensa, el perdón.
Donde haya duda, la fe.
Donde haya desesperación, la esperanza.
Donde haya tinieblas, la luz.
Donde haya tristeza, la alegría.

Oh, Divino Maestro, concédeme que yo no busque tanto
ser consolado, como consolar.
Ser comprendido, como comprender.
Ser amado, como amar.
Ya que es dando como recibimos.
Perdonando como somos perdonados.
Y muriendo como nacemos a la vida eterna.

Mis ojos se llenaron de lágrimas. Sentí el poder de aquellas inspiradas palabras que expresaban, de manera tan hermosa, el estado de ser que anhelaba. Palabras que, al exhalarlas, disipaban mi confusión, y dejaban espacio para que esta paz floreciese.

* * *

Al salir de Asís, tomamos una carretera secundaria, ya que la autovía principal era demasiado peligrosa para andar por ella. Un cartel al borde de la calzada indicaba que estábamos ahora en el Sendero Franciscano de la Paz, el mismo que San Francisco utilizaba para ir a Gubbio, lugar famoso por su leyenda del lobo. Encontrarme de nuevo en una ruta tan significativa, sin haberlo planeado siquiera, me dejó fascinada, y despertó aún más mi curiosidad por aquellos parajes. Pregunté a Alberto si conocía la leyenda.

—Es probablemente una de las historias más populares de San Francisco —explicó—. Había sido un invierno duro y Gubbio estaba aterrorizada por un lobo que atacaba con frecuencia incluso a la gente del pueblo. San Francisco fue a buscar al lobo al interior del bosque y le dijo que entendía que estuviera hambriento, pero que estaba mal atacar a las personas. Le ofreció que el pueblo lo alimentase con la condición de que no dañara a ningún ser humano o animal nunca más. Se dice que cuando San Francisco le tendió la mano, el lobo inclinó su cabeza y posó su zarpa sobre ella. Hermano Lobo se fue a vivir entre la gente de Gubbio, y jamás volvió a perjudicar a criatura viviente alguna, y hasta protegía a los lugareños cuando era necesario. La gente llegó a amarlo tanto que, cuando este murió, lo lamentaron profundamente y lloraron su pérdida.

—Bonita historia —dije.

—Lo que más me gusta es el mensaje que conlleva —añadió Alberto—. El miedo veía al lobo como a un monstruo y mantenía vivo el conflicto. El amor lo vio como a un hermano necesitado y lo acogió entre sus brazos. El amor es el sanador más poderoso.

Sonreí ante la manera casi infantil que tenía Alberto de explicar las cosas, y admiré, al mismo tiempo, la profundidad de sus palabras.

Nuestra marcha de aquel día fue espléndida. El sendero nos condujo a lo largo de colinas suavemente onduladas, y a través de bosques, huertos y olivares, cubiertos todos por una fina capa de nieve. A pesar del viento helado, un sentimiento mágico impregnaba el aire y nos impulsaba a caminar casi sin esfuerzo. Un regalo maravilloso cuya procedencia no dudé en atribuir al entrañable espíritu de San Francisco.

Pasamos, al día siguiente, Valfabbrica para llegar a una ermita que, según nos habían contado, se ubicaba por aquella zona. El día se hizo largo, y la caminata muy solitaria. Cuando empezaba a preguntarme si nos habíamos perdido, nos topamos, una vez más, con el Sendero Franciscano de la Paz. Poco a poco, las hojas crujientes remplazaron al duro asfalto; y los sonidos de la naturaleza, a los de la vida moderna. El sol poniente arrojaba un resplandor cálido sobre las escasas hojas que todavía se atrevían a hacer frente al frío invernal. Podía ver el vaho de mi respiración y sentir el descenso del sudor por mi espalda, pero estaba disfrutando aquella travesía por el bosque. Finalmente, lo encontramos: un hermoso edificio de piedra, situado en la cima de una simple planicie, emergía de entre las colinas circundantes con el ardiente vestigio de la puesta de sol como telón de fondo.

Entusiasmados, nos acercamos al lugar y llamamos a la puerta principal. Un hombre de aspecto austero, vestido con un hábito negro con capucha, nos examinó con recelo. En la creciente oscuridad, se veía francamente amenazador. Esbocé una sonrisa con la esperanza de que mi rostro no revelase mi nerviosismo, y comencé a explicarle nuestras necesidades.

—¿Sois católicos? —interrumpió.

—Bueno, fui bautizada en la Iglesia ortodoxa griega —dije, tropezando con las palabras.

—Yo crecí en una familia católica —respondió Alberto con amabilidad—. Sin embargo, hoy día tengo una visión abierta y considero que todos los caminos y religiones llevan a un mismo Dios.

—¡Sí, un mismo Dios, pero hay tan solo un Jesucristo! —replicó con indignación.

Lancé a Alberto una mirada de advertencia, consciente de que en el equilibrio de su respuesta residía nuestro sino para aquella noche, y si dormiríamos o no a la intemperie.

Alberto sonrió con indulgencia y respondió en un tono conciliador:

—Sí, así es.

La mirada del clérigo apenas se suavizó tras la respuesta, y me pregunté si, tal vez, habría oído que estábamos caminando por la paz. Pasó delante de nosotros, y nos indicó que le siguiéramos hasta un segundo edificio de piedra magníficamente restaurado, situado junto a la ermita. Abrió el portón y encendió las luces. Me vi en una cocina rústica y espaciosa, encantada por el orden y la limpieza que me rodeaba, especialmente en el cuarto de baño. Disponíamos de calefacción y agua caliente, y el amplio dormitorio estaba lleno de camas individuales y mantas.

—Hay comida en la despensa —anunció el cura formalmente—. Usad cuanto necesitéis.

Desapareció de nuestra vista antes de que pudiéramos decir nada, y regresó al rato, con latas de conservas, queso, pan y fruta. Yo ya no sabía qué pensar de él, así que le invité a cenar con nosotros para mostrarle nuestra gratitud.

—Soy un ermitaño —afirmó, con un atisbo de sonrisa emergiendo de sus labios—. Como solo.

—Pero nos hemos alojado anteriormente con otro ermitaño, y comió con nosotros —insistió Alberto con gentileza.

—¿Sí? —inquirió— ¿Con quién?

—Don Bernardino —respondí.

—¡Bah! —espetó al tiempo que agitaba las manos con desdén—. No es un verdadero ermitaño.

Imploré para mis adentros que Alberto dejara de insistir, ya que no me apetecía pasar más tiempo del necesario con aquel quisquilloso monje.

—Por cierto —dijo mientras se esforzaba claramente por controlar sus emociones y parecer amable—. Hay algunos libros en las estanterías que explican cómo ser un buen peregrino. Os animo a que los leáis. Buenas noches.

Se fue, una vez más, dejándonos perplejos. Entonces, aprovechamos para curiosear por la habitación. Miramos en algunas alacenas y cajones y, en el armario del dormitorio, vimos sábanas limpias que olían a gloria.

—¿Crees que le importará que las usemos? —preguntó Alberto.

—Estoy segura de que para eso están ahí —contesté mientras vestía mi cama con uno de los juegos de sábanas—. No dijo que no pudiéramos.

Comimos bien aquella noche y, bajo el calor de las suaves sábanas y mantas, descansamos plácidamente. Por la mañana, hicimos las camas, empaquetamos nuestras ropas y fuimos a despedirnos. Encontramos al monje frente a la iglesia, con aparente buen humor, y le agradecimos su hospitalidad.

—¿Dormisteis en vuestros sacos de dormir? —preguntó.

Le explicamos que nos habíamos duchado la noche anterior y que le habíamos dejado las sábanas usadas dobladas sobre una silla. El sacerdote sacudió la cabeza con enojo. Sus labios fruncidos y su rostro grave mostraban su descontento. Caminó apresurado hasta la puerta, la abrió y aguardó de pie junto a ella, como si de un centinela se tratase. Pasé por su lado, gruñendo un «gracias». Alberto se detuvo frente a él y le tendió la mano.

—Gracias nuevamente por su hospitalidad —pronunció con más calidez y humanidad de la que yo hubiese sido capaz de reunir en ese momento.

De manera casi imperceptible, el rostro del monje se suavizó. Devolvió a Alberto la mirada y la mantuvo por unos momentos. Sus labios se curvaron en una tenue sonrisa y, finalmente, estrechó su mano.

—De nada —respondió con suavidad.

—Estoy asombrada de lo bien que le trataste —dije cuando ya estábamos fuera de su alcance.

—He conocido antes a personas como él —respondió pensativo—, atrapadas en sus ideas de lo que está bien y lo que está mal, en el cómo deberían ser las cosas. A menudo resultaron ser maravillosos seres humanos una vez que llegué a conocerlos, y me enseñaron a no juzgar tan rápidamente lo que veo en la superficie. No es una lección que haya aprendido del todo, pero hoy siento más compasión que resentimiento hacia ellos.

Intelectualmente, por supuesto, estaba de acuerdo con él; pero me resultaba difícil no albergar expectativas respecto a los sacerdotes ya que, para mí, su vocación llevaba consigo la obligación de ayudar. Había juzgado y desestimado a este, al no cumplir con mis expectativas, de la misma manera que él nos había desestimado a nosotros por no representar su ideal de perfectos peregrinos. Admiré a Alberto por tener el coraje, en ese momento, de buscar la humanidad del ermitaño y conectar con su corazón, tal como San Francisco hiciera una vez con el hermano lobo. Aquel día de camino a Gubbio, en el Sendero Franciscano de la Paz, renové mi decisión de mirar más allá de las apariencias y actuar siempre desde ese lugar de amor.

8. Ángeles de Navidad

Pasamos una noche tranquila en Gubbio, descansando en el suelo de una sala de la iglesia, y nos adentramos aún más en los Montes Apeninos. El frío, el viento y la nieve se convirtieron en nuestros fieles compañeros, sin olvidarnos de las, cada vez, más desafiantes subidas. Llevaba puesto encima todo lo que podía llevar. Unos días antes, habíamos enviado a casa algunos de nuestros utensilios de acampada, pero conservamos la tienda de dos plazas de Alberto, para usarla en caso de necesidad. Con nuestras mochilas más ligeras y nuestros cuerpos más resistentes, avanzábamos ahora con mayor facilidad.

Apretamos el paso y dejamos atrás Scheggia en dirección a Cantiano. La Vía Flaminia, la antigua calzada de peregrinos, parecía encontrarnos siempre. A veces, me preguntaba si éramos nosotros los que hacíamos uso de ella o, sí en realidad, era ella la que nos conducía, conspirando en secreto para no llevarnos a donde queríamos ir, sino a donde necesitábamos llegar.

Cuando llegamos a Cantiano, aguardamos el regreso del párroco dentro de la iglesia y, como de costumbre, dejamos las mochilas cerca de la entrada, con el letrero a la vista, para que la gente pudiese leer el mensaje.

Alborotadas risas llenaron el recinto cuando un grupo de niños se acercaron a preguntarnos si éramos nosotros los que caminaban a Jerusalén. Respondimos que sí.

—¿Cuántos kilómetros andáis al día? ¿Qué coméis? ¿Dónde dormís? ¿No os cansáis? ¡Tenéis que ser muy fuertes!

Sus gritos de deleite se intensificaban con cada respuesta, y resonaban por toda la iglesia.

Una niña de unos diez años de edad, con el cabello largo hasta los hombros, y ojos grandes y castaños, se nos acercó aún más. Aquellos ojos me cautivaron.

—¿Sois cristianos? —susurró con dulzura mientras me miraba fijamente para, luego, hacer lo mismo con Alberto.

Mi mente salió disparada en busca de una respuesta que no decepcionase a aquellos expectantes ojos que me observaban sin vacilar, pero no la encontró. Miré a Alberto y vi en su rostro el reflejo de la misma lucha. Tras lo que me pareció un silencio eterno, Alberto sonrió a la niña con afecto y dijo:

—Sí, lo somos.

—Lo sabía —dijo, entusiasmada.

El párroco llegó por fin y, con amabilidad, disolvió a la jubilosa multitud. Seguimos a nuestro amigable anfitrión hasta el lugar donde nos alojaríamos esa noche. Mientras nos instalábamos en nuestro modesto cuarto, le pregunté a Alberto por qué le había dicho a la niña que éramos cristianos.

—Me miraba con tanta inocencia y con tanta fe, que no pude decirle lo contrario. ¿Cómo explicarle que la paz, el amor, trasciende todas las religiones? Que, de alguna manera, me siento cristiano, pero también budista, musulmán y judío; puesto que todos compartimos las mismas intenciones de paz y la misma creencia en una inteligencia superior. También lo leí en tus ojos. Tú tampoco querías defraudarla.

—Solamente no supe qué decirle —exhalé con frustración.

Desenrollamos nuestros sacos de dormir sobre los catres y subimos al máximo la potencia del calefactor en una noche especialmente fría. Me metí en el saco con la ropa puesta, incluidos el gorro, la bufanda y mis calcetines dobles. Alberto hizo lo mismo.

—¿Mentiríamos si dijésemos que somos cristianos? —musitó—. Es más, ¿qué significa ser cristiano? Si se trata de admirar a Jesús como maestro y conectar con su mensaje, no puedo decir que no lo sea.

—Pero no sigues sus enseñanzas en exclusiva —clarifiqué—. Tú también lees otros textos espirituales y participas de muchas de sus creencias. Técnicamente, podemos decir que somos cristianos, ya que estamos bautizados; pero no es toda la verdad. Trato con todas mis fuerzas de que no me etiqueten y ahora incluso los niños lo hacen.

—Pero no nos presentamos como cristianos o católicos —respondió.

—Lo sé, pero siento que la gente asume que lo somos. Si vamos a continuar pidiendo ayuda a la Iglesia, necesitamos encontrar una manera de clarificar esto.

—Presentarnos a nosotros mismos como no cristianos tampoco está más cerca de la verdad —respondió Alberto—. Esa niña pequeña quería ver que no éramos diferentes a ella, y lo hizo en la única manera que sabía. ¿Acaso decirle que soy un librepensador espiritual la habría ayudado?

No le respondí. Alberto inspiró profundamente y añadió:

—No tengo una fórmula, Mony. Trato de hacer lo mejor que puedo en cada momento, escuchar a mi corazón, porque es ahí donde creo que reside la sabiduría.

* * *

Las calles brillaban con las luces y colores de la Navidad. Los villancicos cantaban aquella música tan familiar a la vuelta de cada esquina, aunque entonada ahora con palabras italianas. Era todo tan hermoso que me hizo añorar aún más a mi familia y amigos. Siempre había encontrado una manera de llegar a casa por Navidad con independencia del lugar en que me encontrase, pero este año no sería así. Me imaginé a mi madre cocinando con semanas de antelación, y a mi padre preparando mis platos libaneses favoritos. Me imaginé a mi hermano y hermanas reunidos en la casa, tomando una copa, ansiosos por abrir los regalos a medianoche, una tradición arrastrada desde nuestra infancia, cuando éramos incapaces de aguardar hasta la mañana del día 25.

Noté que Alberto también estaba melancólico, sin duda tenía a su padre en mente. No hablábamos mucho durante esos días, salvo para reforzar la idea de que continuar con nuestro camino era lo que debíamos hacer. Como si fuese consciente de nuestra soledad y necesidades, el Universo continuaba trayendo personas y anécdotas maravillosas a nuestra vida para darnos ánimos y recordarnos que no estábamos solos.

La buena voluntad nos acompañaba allá donde íbamos. La gente nos invitaba a bebidas calientes en las cafeterías o nos ofrecía palabras de aliento. Algunos nos obsequiaban incluso con vino y *panettone*, el pan dulce navideño típico de Italia. Algo se había puesto en marcha, que convirtió en inolvidables aquellos mágicos días de andadura.

Nos apresuramos en dejar atrás Acqualagna y Urbino, con la intención de pasar la Nochebuena en el pueblo de San Salvatore; pero, llegado el día de la víspera de Navidad, por alguna razón, nuestro mapa no se correspondía con las señales de tráfico y terminamos perdidos en las montañas durante varias horas. Finalmente, volvimos a hallar la carretera principal, pero me dolían tanto los pies y las espinillas que tuvimos que parar en Coriano, la primera ciudad con que nos topamos.

Nos sorprendió encontrar la sala del párroco llena de gente. Todo el mundo nos saludó con cortesía, pero la curiosidad se dibujaba en sus rostros. La multitud se disolvió poco a poco, hasta que solo quedó frente a nosotros una pareja de mediana edad que nos sonreía con calidez. Le devolvimos la sonrisa, y el intercambio acabó ahí. El cura reapareció y nos preguntó en qué podía servirnos. Tras plantearle nuestras necesidades, se disculpó por solo poder ofrecernos una sala sin calefacción en el vestíbulo de la iglesia. Ofrecimiento que, por supuesto, estuvimos encantados de aceptar.

La sonriente pareja se acercó a hablar con el sacerdote mostrando entusiasmo. Hablaban en un italiano demasiado rápido para nuestra comprensión, pero estaba segura de que se referían a nosotros ya que no dejaban de mirarnos. Por fin, el párroco dijo *Benne, benne*, antes de conducirlos a su oficina y cerrar la puerta tras ellos. Cuando salieron, la joven pareja nos pidió que les siguiéramos.

—Por favor, nos gustaría que pasarais la Nochebuena en nuestra casa —dijo la mujer.

Controlé como pude mis lágrimas que amenazaban con brotar, y les di las gracias. «¿Qué pasa conmigo?», pensé. «Necesito dominar mejor mis emociones o de lo contrario no llegaré a Jerusalén».

Nuestros generosos anfitriones, Seraphino y Loretta, nos invitaron a recorrer en su coche la corta distancia que nos separaba de su casa.

Nada más llegar, ella entró en la vivienda principal mientras él nos acompañaba hasta una puerta lateral del domicilio.

—Este es un apartamento que solemos alquilar en verano —explicó.

Pasamos dentro y, en la oscuridad, noté que estábamos en una estancia sin muebles, presidida por una chimenea. Podía ver los interruptores de la luz, pero no había lámparas ni bombillas. Una puerta daba a una pequeña cocina y otra a un pasillo que imaginé conducía a otras habitaciones.

—Lamento que no haya calefacción ni agua caliente —se disculpó Seraphino—, pero voy a traer leña para la chimenea y una luz. Podemos acercar las camas aquí para que no paséis frío y os podéis lavar en nuestra casa.

Seraphino y Alberto salieron a traer la madera. Yo había estado conteniendo mis lágrimas desde nuestro encuentro y, por primera vez, disponía de unos minutos a solas. Abrumada a todos los niveles, caí de rodillas y comencé a llorar.

«Querido Dios, gracias. Gracias por conducirnos hasta estas bellas personas. Gracias por abrir sus corazones y permitir que su bondad ilumine a estos dos extraños en esta fría noche de Navidad. Gracias, gracias, gracias».

Escuché a los hombres subir las escaleras y me puse de pie mientras me secaba las lágrimas a toda prisa. Seraphino me ofreció algunas velas para encender y, a continuación, se ocupó de prender los troncos en la chimenea. Alberto conectó también una pequeña lámpara y ayudó a nuestro anfitrión a traer dos camas desde otro cuarto. Terminadas las preparaciones, teníamos a nuestra disposición un espacio cómodo, cálido y acogedor.

—La cena está preparada —dijo Seraphino—. Por favor, venid con nosotros.

Seguí a los dos hombres en silencio, sin saber si sería capaz de mantener mi compostura por mucho más tiempo. Llevamos con nosotros la botella de vino y el *panettone* que nos habían regalado durante la jornada y pronto estuvimos sentados en una acogedora mesa de cocina, llena de deliciosos alimentos y aromas, como si fuéramos parte de la familia; y oyendo una y otra vez aquellas cariñosas palabras que tanto llegaríamos a apreciar durante nuestra estancia en Italia: *¡Mangea, mangea!; ¡Come, come!*

Me las arreglé para controlar mis emociones durante la velada, pero el cariño y las atenciones que recibimos aquella mágica Nochebuena han quedado grabadas en mi memoria hasta nuestros días. Gracias, Loretta y Seraphino, nuestros ángeles de Navidad.

9. Gente extraordinaria

El día de Navidad nos encontró en San Salvatore, a escasos diez kilómetros de Coriano, acompañados por el mismo buen ánimo que marcaba la fiesta. Muchos conductores, incluso más de los que habitualmente solían hacerlo, detuvieron sus vehículos para saludarnos. Niños, ancianos y amas de casa salieron a la calle a desearnos un buen viaje, y muchos nos ofrecieron bebidas y alimentos. Llegué al pueblo en volandas, casi a la espera de un desfile de bienvenida. En la iglesia, un señor de aspecto amable nos informó de que el cura ya había salido, así que le explicamos a él nuestras necesidades.

—Oh, debéis ir a San Lorenzo —dijo con entusiasmo—. Allí hay un párroco fantástico llamado don Giovanni. Estoy seguro de que os ayudará.

Consultamos nuestro mapa. San Lorenzo estaba de camino a Rímini, a unos dos kilómetros. En un principio, ni siquiera lo habíamos considerado, pues al ver que era un poblado tan pequeño dimos por sentado que no tendría iglesia. Sin dudarlo un momento más, pusimos rumbo hacia nuestro nuevo destino.

El sol brillaba en el cielo y sus cálidos rayos invitaban a aminorar la marcha, y así lo hice. Me coloqué detrás de Alberto, y disfruté de cada paso sin apresurarme lo más mínimo. El camino rural serpenteó entre los sembrados, que habían ofrecido su cosecha hacía tiempo, hasta dejarnos en la misma escalinata de la parroquia. Allí, supimos que el padre Giovanni no volvería hasta bien adentrada la noche y nos animaron a esperarlo en un bar vecino. Una vez en el local, vimos que disponía de cabinas telefónicas y decidimos llamar a nuestras familias.

—¡Hola, Mo! —exclamó mi madre— ¡Qué alegría escuchar tu voz! ¿Dónde estás ahora?

Le puse al día en relación a nuestro paradero y le aseguré que estaba sana y bien alimentada, y a salvo de cualquier peligro; sus mayores preocupaciones. Me extendí en las muchas muestras de bondad que habíamos recibido e ignoré las experiencias más difíciles. No quería preocuparla más de lo que ya estaba.

—Le he hablado a varias personas de tu camino. ¿He hecho bien?

—Por supuesto —reí.

—Bueno —continuó con vacilación—, algunos piensan que estás en una secta y que te han lavado el cerebro para que hagas esto.

—No formo parte de ninguna secta —dije, irritada—. Si quieren conocer mis razones, diles simplemente que intento hacer algo positivo por la paz.

—Trato de entenderte, de verdad —respondió—. Es todo tan diferente a lo que hiciste hasta ahora. Solo cuídate, ¿vale? Te quiero.

Mi padre expresó las mismas inquietudes, al ponerse al teléfono, mientras yo trataba de tranquilizarlo de igual manera.

—¿Por qué no vienes a casa por estas fiestas? —me preguntó—. Sería como tomar unas vacaciones.

Podía escuchar la ansiedad tras sus palabras y comprendí su deseo de tenerme en casa a buen recaudo. No me gustaba ver sufrir a mis padres por mi causa, pero yo sabía que no iba a regresar.

—No puedo —repliqué con firmeza—. Tengo que hacer esto ahora.

Hablamos un poco más y colgué con tristeza. De vuelta a la mesa, encontré a Alberto desanimado. Me preguntó por mis padres.

—Están encantados de que camine junto a un hombre —respondí—. Lo cual es irónico si tenemos en cuenta lo tradicionales que son.

Alberto se echó a reír.

—Hannah se alegra de nuestras buenas experiencias —dijo—, pero se siente sola. Mi madre, como puedes imaginar, está aún en estado de *shock*, pero, para mi asombro, entiende por qué estoy caminando. Me ha pedido que rece por mi padre.

Una vez vencida la puesta de sol y acabadas nuestras bebidas, convenimos en que había llegado el momento de regresar a la iglesia para solicitar ayuda. Me preocupaba que el párroco no nos abriera la puerta al haber anochecido, y quedé más que sorprendida cuando nos abrió de inmediato y, con gran simpatía, nos invitó a entrar. El padre Giovanni, un hombre corpulento de mediana edad, irradiaba paz y alegría. Escuchó con deleite nuestras explicaciones asintiendo maravillado con la cabeza mientras nos conducía a una habitación llena de literas.

—Tenéis agua caliente para ducharos —aseguró—, y comida en la cocina. Serviros lo que os apetezca. Tengo que atender algunos asuntos, pero me reuniré con vosotros en breve.

Los armarios de la cocina estaban repletos de pasta y latas de conserva. Sin más dilación, devoramos sobre la marcha unas rebanadas de pan crujiente con queso, aceitunas y unos irresistibles pasteles caseros. Más tarde, una vez aseados y acompañados de buen vino, preparamos con tranquilidad un abundante plato de pasta.

—Si te parece bien, me gustaría hacer una pequeña oración de agradecimiento antes de cenar —dijo Alberto.

No podía pensar en una ocasión mejor para dar las gracias e inmediatamente acepté su propuesta. A continuación, cerramos los ojos.

—Gracias por esta comida y por toda la abundancia que estamos recibiendo —dijo Alberto en voz baja—. Que el espíritu que ha llenado esta mesa, llene también los corazones de toda la humanidad. Amén.

—Amén.

—Cuando era niño —continuó Alberto mientras comía—, solía celebrar en este día de Navidad, como todos los cristianos, el nacimiento de Jesucristo que, según me enseñaron, era nuestro salvador. Por esta razón quería estar hoy en San Salvatore, o «San Salvador» en mi idioma. Es curioso que, al final, nos alojemos en San Lorenzo ya que, en España, al sol se le llama familiarmente con ese nombre, lo que significaría que estamos en el *santo sol*, que para mí también es un símbolo de Dios. Todos y cada uno de nosotros somos rayos de luz de ese Sol, y esa luz que brilla en nuestro interior es la Consciencia Crística, el amor de Dios. También se la conoce como Consciencia Búdica, o Kríshnica..., dependiendo de la religión o sendero espiritual que cada uno siga. Me gusta recordar que esa luz vive dentro de mí, y celebrar ese hecho tanto como el nacimiento de Jesús.

Los libros espirituales que había leído empleaban términos como el «ser interior», la «chispa divina», o el «yo superior» para describir nuestra esencia; pero nunca había oído tales ideas aplicadas al cristianismo, ni mucho menos relacionadas con Jesús, quien me había parecido siempre una figura remota e inalcanzable. La manera en la que Alberto lo describía lo hacía parecer más atractivamente humano. Y así se lo hice ver.

—Creo que eso es lo que ofende a algunos cristianos —dijo—. Piensan que estoy haciendo de Jesús algo menor de lo que es, convirtiéndole en un simple mortal. Pero en realidad, lo que hago es elevarnos a nosotros, a toda la humanidad, a su misma categoría divina. El propio Jesús nos enseñó que todos somos como él.

El padre Giovanni regresó cuando terminábamos de limpiar y nos invitó a tomar una bebida en su estudio. Lo que más me impresionó esa velada fue la forma tan práctica y directa en la que nos habló sobre sus muchos proyectos, especialmente los que promovían la integración de los inmigrantes en su pequeña comunidad. Libros sobre budismo, hinduismo, islam y otras creencias compartían espacio junto a los títulos cristianos más tradicionales. Nos explicó que él prefería buscar lo que unía a las religiones en lugar de lo que las separaba y que, en última instancia, la paz que buscábamos en el mundo comenzaba en el corazón de cada ser humano. No pude estar más de acuerdo con este hombre de paz.

A continuación, el padre Giovanni nos puso un vídeo de la representación navideña que realizaban en la localidad. Esperando ver una sencilla obra teatral infantil, me quedé sorprendida cuando vi a todo el pueblo transformado en una escena de la antigua Palestina, con trajes de la época, letreros árabes en los escaparates de las tiendas, herreros con sus forjas, mujeres tejiendo lana, mendigos en la calle y cerdos en el asador. Naturalmente, José y María eran la principal atracción. Con un bebé recién nacido entre sus brazos, María atravesaba el pueblo sobre una mula mientras José llamaba a cada puerta en busca de un lugar donde dormir.

—Como nosotros todos los días, pero sin la mula, claro —bromeé—.

La velada entera fue inolvidable, y me hizo apreciar al extraordinario ser humano que se sentaba con nosotros. Él fue una de las muchas personas que conocimos a lo largo de este viaje; gente que, silenciosa pero infatigablemente, trabajaba por la paz en sus propias comunidades, cada uno a su manera, intentando hacer de este mundo un lugar mejor. Aquellas personas que dedicaron unos minutos para darnos palabras de aliento, las que nos invitaron a una bebida o comida caliente, los que incluso nos ofrecieron sus hogares.

Personas ordinarias que han elegido seguir el camino de la paz, pero que no lo anunciaban en sus mochilas. Nadie fuera de su entorno sabía de ellos. Su bondad y generosidad no aparecía en las noticias de la noche. No obstante, sus sencillos actos de humanidad tejían el emblema de la paz en el mundo. A partir de ese día de Navidad, decidí dar a conocer la labor de esas extraordinarias personas corrientes, para que todos pudiésemos sentirnos inspirados por ellas y fuésemos testigos, algún día, de cómo el sueño de la paz se hace realidad.

* * *

Al día siguiente, descendimos de las montañas y entramos en Rímini, una gran ciudad de la costa Adriática. Tenía muchas ganas de caminar a orillas del mar, pero cuando me vi inmersa en la multitud y lejos del amparo de los pueblos pequeños, me sentí expuesta y vulnerable. Percibí las duras y, a veces, temerosas miradas de la gente y me sentí incomprendida. Escuché sus comentarios y risas ahogadas, y noté que me encogía por respuesta. Quería desaparecer, echar a correr, escapar de sus prejuicios. A Alberto, sin embargo, no parecía importarle nada de aquello y caminaba con una alegría desbordante que empezaba a irritarme, dado mi estado de ánimo.

—Mira la belleza que nos rodea —proclamó, contento, mientras barría con su mano el horizonte—. Por fin, estamos frente a este mar inmenso, y pisando suelo llano para variar. Incluso tenemos aceras. Mira cuántas cafeterías, establecimientos, iglesias y lugares donde descansar.

—Y cuánta gente —añadí con impaciencia.

—Pero Mony, eso está muy bien —continuó sin que mi mal humor le afectase—. Piensa en la cantidad de personas que verán nuestros carteles. Quién sabe de que maneras puede influirles el mensaje. A lo mejor les inspira a pensar sobre la paz o a preguntarse por qué estamos haciendo esto. ¿Qué importa que algunos se rían de nosotros? Estoy convencido de que la mayoría nos apoya a pesar de que no lo dicen. Aunque no lo creas, estamos llegando a la gente.

Nuestro recorrido nos hizo pasar por delante de un instituto donde un grupo de adolescentes estaban sentados en la escalerilla principal. Pude oír sus bromas y risas cuando cruzamos frente a ellos.

—¡¿Ves?! —exclamé, enfurecida, señalando a los chicos—. En esta ciudad, a nadie le importa lo que hacemos. Piensan que somos un chiste. Se acabó. Mañana regresamos a las montañas.

Me daba igual Alberto, el mensaje de paz y todo lo relacionado con nuestro camino. Solo quería que ese día infernal terminara cuanto antes. Me sentía totalmente fuera de lugar y me refugié en mi interior, a solas con mi propia frustración.

Mis pies, inconscientemente, me alejaron del bullicio de la ciudad y me llevaron hasta la playa, donde el murmullo relajante de las olas al romper contra la orilla debería haberme calmado, pero no fue así. Escuché a Alberto pronunciar mi nombre y me volví para ver como se adentraba algunos pasos en la arena.

—Esto me recuerda a mi hogar —dijo, entusiasmado, al tiempo que llenaba sus pulmones de aire con una profunda inhalación—. La arena húmeda es buena para caminar. ¡Vamos, acerquémonos al agua! —me sugirió con la mano tendida.

Aunque me negara a confesarlo, deseaba sentirme bien y contagiarme de su energía positiva, pero no conseguía salir de aquel bajo estado de ánimo que me embargaba.

Acababa de dar mis primeros pasos cuando, de pronto, escuché el estridente frenazo de un vehículo. Alarmados, Alberto y yo nos giramos para ver un coche que se había metido en la arena, sus ruedas traseras todavía en el paseo marítimo. Corrimos hacia allí con el temor de que alguien hubiera resultado herido pero, para nuestra sorpresa, solo encontramos a su conductor que nos sonreía felizmente, y nos hacía señas para que nos acercáramos. Cuando llegamos hasta él, vimos cómo sacaba dinero de su cartera para ofrecérnoslo por la ventanilla como un niño entusiasmado.

—No, no, gracias —le dije rápidamente—. No es necesario.

—Te lo agradecemos mucho—remarcó Alberto con dulzura—, pero no lo necesitamos. Gracias, amigo.

El hombre nos miró por unos momentos, la incredulidad era patente en su rostro. Luego, sin previo aviso, sus ojos se llenaron de lágrimas que empezaron a resbalar por su cara. Comencé a llorar yo también.

—¿Cómo te llamas? —logré decir en medio de la emoción.

—Nico —balbució.

—Gracias, Nicolás —dije mientras me inclinaba para besar su mejilla—. Feliz Navidad.

Di un paso atrás mientras Alberto se aproximaba al coche, con sus ojos también húmedos, y tomaba entre sus manos las del muchacho.

—Encantado de conocerte —musitó.

Nico asintió con la cabeza, y apretó las manos de Alberto. Yo me alejé, abrumada por la emoción. Miré atrás por última vez y vi a Nico todavía en el coche, que seguía nuestros pasos con su mirada, contemplándonos con una mezcla de admiración y asombro.

«Nunca subestimes el poder del camino que has elegido», resonó una voz en mi interior.

Oscuras nubes comenzaron a cubrir el cielo, y pronto una ligera lluvia se precipitó sobre nosotros. Alberto y yo corrimos hasta la primera iglesia que encontramos. Era grande y apenas iluminada por la tenue luz que provenía de varios portales de Belén. Paseé sin rumbo fijo, sin prestar atención a los decorados, todavía conmovida por nuestro encuentro con Nico. Alberto se alejó para observar los altares del otro lado de la iglesia.

Una mujer mayor entró y me saludó. Yo hice lo propio y me giré enseguida hacia el nacimiento que había a mi izquierda, y fingí que lo admiraba para eludir así la compañía. Cuando levanté de nuevo la vista, ella estaba junto a mí. Con su cabello gris y su vestido negro, me recordaba a la típica abuela italiana, retratada con frecuencia en la gran pantalla. Sus ojos se posaron suaves pero firmes sobre los míos, y me cautivaron a pesar de que quería alejarme.

—¿Qué hacéis aquí? —preguntó en tono amistoso.

—Estamos caminando a Jerusalén por la paz —susurré, incapaz de deshacerme de su mirada. Sus ojos brillaban con amor y ternura. Extendió sus manos hacia mi cara, la atrajo hacia sí y depositó en cada lado el más dulce de los besos.

—Lo que estáis haciendo es muy bueno —dijo mientras acariciaba mi rostro sin separar sus amorosos ojos de los míos—. No tengas miedo. La Santa Madre y el Padre bendicen vuestro viaje.

Emocionada todavía por lo ocurrido con Nico, hacía menos de media hora, sentí de nuevo el cálido empuje de las lágrimas, que volvieron a brotar imparables. La anciana las enjugó suavemente con su tacto de seda y luego me abrazó. Lloré en sus brazos, envuelta en el amor de esta perfecta desconocida.

Alberto vino hacia mí y me separé de ella para presentárselo. Con la misma delicadeza, la mujer rodeó su rostro con sus manos y besó sus mejillas.

—Nuestra Santa Madre está siempre con vosotros —le oí decir mientras lo acariciaba con ternura—. Estáis protegidos.

Volvieron a asomar las lágrimas a los ojos de Alberto, que asintió con la cabeza. Con un último «Dios os bendiga» nos besó una vez más y desapareció por la puerta de la iglesia.

Aquel memorable día, el Universo entero orquestó los eventos necesarios para liberarme de mi desesperanza. Aún tendría que pasar por muchos momentos en los que cuestionaría mi decisión de caminar y si lo que estábamos haciendo merecía realmente la pena. Pero ese día no me quedó la menor duda sobre el poder de nuestro mensaje, sus mensajeros y la invisible fuerza que los dirigía.

10. Hallando luz

—Creo que deberíamos aceptar el dinero que nos ofrece la gente —dijo Alberto.

Caminábamos por la turística costa adriática, disfrutando de maravillosas vistas y carreteras cómodas. Las emociones de Rímini habían quedado atrás y volvía a sentirme en paz conmigo misma y con el mundo, hasta ese momento.

—Ah, ¿sí? —respondí evasiva.

—Es evidente que la gente quiere apoyar nuestra iniciativa —añadió—. Algunos lo han estado haciendo al invitarnos a beber o a comer o al acogernos en sus hogares. Pero otros, como Nico o aquella mujer de Asís prefieren ayudarnos económicamente. Creo que les hace sentir bien saber que, de esa manera, están colaborando con nuestra marcha y con la causa de la paz.

—No me siento cómoda con la idea —respondí—. Además, no creo que piensen que ayudan a la paz sino a personas que ven necesitadas de dinero. No preciso la caridad de nadie.

—El dinero es simplemente otra forma de ayuda, Mony, no caridad —insistió Alberto, en un tono un tanto encendido.

—Para mí es diferente —repliqué, sintiéndome agitada—. Yo no necesito el dinero.

—Estás dejando que tu orgullo limite nuestras posibilidades —contestó Alberto—. ¿Qué pasaría si más personas decidieran unirse a nosotros? ¿Las rechazarías si no pudieran pagarse su camino, o piensas costear el viaje de todas ellas?

—Creo que quieres aprovecharte de las circunstancias porque tú sí lo necesitas —le acusé, arrepintiéndome de lo dicho en el momento en que las palabras salían de mi boca.

Noté que el rostro de Alberto se tensaba y salí disparada hacia delante, fastidiada por la disputa. Casi resbalé en varias ocasiones por el hielo de la carretera, pero no quise pararme. Una cuestión que había esperado que fuera tan solo una molestia menor se había convertido en un importante punto de discordia, y no sabía cómo manejarlo.

Crecí en una familia de clase media en la que no nos faltaba el dinero, pero tampoco disponíamos de grandes lujos. Mi bienestar económico se debía al auge de la industria informática y, aunque me sentía agradecida por ello, no era algo a lo que me aferrara en absoluto. Disfrutaba de mis bienes materiales y los compartía generosamente con mi familia y amigos. Mi situación holgada me permitía la libertad de viajar libremente y perseguir mis intereses personales, pero nunca me obsesioné con ello.

Además, sabía que el dinero me otorgaba poder y, en el círculo de amigos que tenía entonces, había visto ejercer ese poder, y no siempre con benevolencia. Había sido testigo de la arrogancia y el derecho a *lo que sea* que aportaba el dinero, y era consciente de lo fácil que resultaba caer en esa trampa, perder mi humanidad y creerme superior a aquellos que tenían menos.

Aunque no estábamos de acuerdo en determinadas cosas sobre nuestro camino, trataba de mantener un equilibrio de poder entre Alberto y yo. No quería hacerle sentir mal por el hecho de que él tuviese menos, pero yo tampoco quería sentirme mal por tener más. El Universo había enlazado nuestros destinos por alguna razón y, aunque dudaba de lo acertado de tal decisión, quería creer que había sido para el bien de ambos. En un tramo tranquilo de la acera, expresé a Alberto mi parecer en torno a estos asuntos.

—Comprendo lo que dices, pero no creo que estés siendo justa conmigo —respondió—. Cuando comencé este camino, sabía que me iba a resultar difícil llegar a Jerusalén con lo poco que tenía, pero no quería que me frenasen mis miedos. Sabía que el Universo había planificado mi intervención en este viaje y dejé que fuera él quien resolviese mis problemas económicos, confiando en que recibiría lo que necesitara en el momento en que lo necesitase. Creo que Dios pretende ayudarme a través de esas personas que nos ofrecen dinero. Deseo recibir esa ayuda con agradecimiento, como un regalo para proseguir mi camino por la paz. Yo tampoco quiero limosnas.

Le prometí intentarlo y mantener la mente abierta. Esperaba que cuando la ocasión se presentase fuera capaz de cumplir mi promesa.

El litoral estaba desierto. Hoteles, restaurantes y cafeterías, cuya principal clientela eran los turistas de verano, tenían las puertas cerradas. Incluso las iglesias lo estaban. Para mi disgusto, supimos que los curas de estas zonas vivían con frecuencia en una ciudad, pero ejercían sus servicios en varias. Las pocas personas con las que nos topamos fueron en su mayoría turistas y no tenían ni idea de dónde vivía el párroco.

Continuamos nuestra marcha hacia el norte, y dejamos atrás Ravena, en dirección al pueblo que teníamos ese día por destino. Era la víspera de Año Nuevo y en secreto aguardaba una noche tan especial como la que había celebrado con Seraphino y su familia en Nochebuena.

Esperamos hasta bien entrada la noche al sacerdote que nos habían asegurado que nos ayudaría, pero cuando llegó nos informó de que le era imposible atendernos. Sin ningún otro refugio en el pueblo, iniciamos nuestra marcha hacia la siguiente localidad, que distaba siete kilómetros.

—Todo irá bien —aseguró Alberto mientras posaba su mano en mi hombro para animarme—. Esto solo significa que nuestro destino está en algún otro lugar.

Pero sentí temblar su voz.

La luna llena triplicaba su tamaño habitual y brillaba en el cielo como un sol nocturno, siendo el único foco de luz en la oscuridad que nos envolvía. Finalmente, alcanzamos una carretera donde los faros de los coches iluminaban nuestra travesía. El minúsculo arcén estaba cubierto por una espesa capa de hielo y nieve, y hacía aún más arriesgado el, ya de por sí, difícil camino. Con el gélido frío, nuestras linternas comenzaron a fallar y, al poco tiempo, nos fundimos con la negrura de la noche. Nos habíamos convertido en un peligro para los automovilistas y para nosotros mismos y, por primera vez desde que comenzamos el camino, temí seriamente por nuestra seguridad. Noventa angustiosos minutos más tarde, abandonamos la carretera. A lo lejos, brillaba una gran estrella de Navidad. Como un faro de esperanza su luz nos hacía señas para que nos acercáramos. Ella nos llevó hasta una iglesia hermosamente decorada y a la casa del párroco pegada a esta. Un grueso sacerdote de cabello blanco respondió a nuestra llamada y sonrió paternalmente. Mi corazón volvió a ilusionarse al escuchar a Alberto explicar nuestras necesidades y al cura asentir con la cabeza, en señal de comprensión.

—Esto no es un hotel —respondió sin desaparecer la sonrisa de su rostro—. No os puedo ayudar.

Miré al suelo y llené de aire mis pulmones. «No llores, no llores», me repetí a mí misma. «No le des esa satisfacción».

—Somos peregrinos caminando por la paz —continuó Alberto en un tono conciliador—. Hemos sido recibidos en monasterios, iglesias y casas particulares. No necesitamos camas. Podemos dormir en el suelo del vestíbulo. Por favor...

La puerta comenzó a cerrarse.

—¿Puede al menos indicarnos algún lugar donde dormir? —insistió Alberto.

—Que yo sepa, todos los hostales están cerrados por vacaciones. Lo siento —replicó, y terminó de cerrar la puerta con firmeza.

—Por favor, padre —imploró Alberto, apenas en un susurro—. No podemos continuar. Es demasiado tarde y hace mucho frío.

No podía soportar oír las súplicas de Alberto y me fui de allí. Lágrimas de cólera y de dolor corrían por mi cara. Me derrumbé en un banco del parque y lloré desconsolada. Alberto se dejó caer a mi lado y rodeó mis hombros con su brazo mientras murmuraba evasivas palabras de consuelo. Solo sus ojos revelaban su desconcierto.

Un ciclomotor abandonó la carretera y frenó frente a nosotros. Su joven conductor nos sonrío alegremente. Su aliento olía a licor.

—¿Tenéis lumbre? —pronunció con torpeza mientras nos mostraba un cigarrillo.

—No, no tengo—respondí débilmente.

Alberto sacó su encendedor y se lo ofreció al desconocido, diciéndole que se trataba de un regalo de Navidad. El hombre, sorprendido, hizo ademán de rechazarlo, pero terminó por aceptarlo y agradeció la generosidad de Alberto antes de perderse de vista.

—Era el único mechero que teníamos —dije con desánimo.

—No te preocupes por eso —replicó Alberto—. Volverá a nosotros de alguna otra manera.

—¿De qué estás hablando?

—Nos pidió luz, así que se la ofrecí —dijo con resignación—. Fue un acto simbólico. Además, cuando das con el corazón, la Vida te devuelve el doble.

«Es tarde», me lamenté mentalmente. «Estoy helada. No tenemos dónde dormir. No estoy de humor para esoterismos».

Esperamos a que ocurriera algún milagro, a que las fuerzas del Universo desplegaran su magia; pero al final nada ocurrió. Ninguna señal nos mostró el camino. Ni rastro de magia. Necesitábamos tomar una decisión. A las 22:30 comenzamos nuestra lenta marcha hacia la población más próxima de la que nos separaban ocho kilómetros.

La carretera estaba menos transitada, pero sin linternas ni ropa reflectante, debíamos parecer fantasmas surgiendo de la nada en frente de los automovilistas. Cada vez que se acercaba un coche, nos deteníamos y permanecíamos lo más cerca posible del borde del arcén sin caer en la cuneta. Sin más alimento en nuestros estómagos que el *panettone* que desayunamos aquella mañana, me comencé a sentir débil y desorientada. Mis ojos comenzaron a cerrase y en más de una ocasión me tambaleé hacia la calzada.

Alberto se detenía de vez en cuando para preguntarme cómo estaba. Su rostro reflejaba preocupación, pero yo no podía ocultar mi dolor. Sugirió buscar algún lugar donde acampar, pero estábamos rodeados de campos de cultivo cubiertos de hielo. Estaba claro que nuestras piquetas no se clavarían en el suelo congelado y que nuestra tienda sería apenas una débil barrera frente al fuerte viento.

Transcurrió una hora. Al otro lado de la carretera, apareció un grupo de edificios a unos doscientos metros de distancia.

—Vayamos allí —declaré.

Cruzamos corriendo la calzada y caminamos alrededor de los oscuros inmuebles. Nuestros pies crujían al romper la nieve helada mientras intentábamos entrar por alguna de las puertas, pero estaban cerradas con llave. En la parte posterior de uno de los edificios, se desplegaba un largo corredor abierto por el que nos introdujimos. Una entrada sin puerta, que conducía a un espacio oscuro, se mostró ante nosotros. Entramos con reservas, y notamos al instante un suelo de tierra firme bajo nuestros pies, en un área de no más de treinta por diez metros, rodeada por altas paredes de ladrillo. Dos de los muros opuestos tenían grandes ventanales a elevada altura, pero sin ventanas, por los que irrumpía el viento. Con todo, no hacía ni de lejos tanto frío como afuera.

—Mira lo que he encontrado —señaló Alberto. Situados contra la pared, había varios fardos de heno, dos toallas grandes, un tablón de madera y un pequeño comedero de animales.

—Estamos en una especie de establo —exclamó mientras balanceaba el pesebre entre sus manos, como si se tratase de una cuna.

Se me pusieron los vellos de punta, y no solo por el frío. Caminé por la estancia boquiabierta, llena de asombro y gratitud. Sabía que existía un profundo y simbólico significado para lo que estaba ocurriendo esta noche, pero estaba demasiado cansada para contemplarlo. Presa del hambre, devoramos el poco pan y queso que teníamos y lo acompañamos con el vino que nos dieron horas antes en la carretera. El agua que portábamos se había congelado dentro de nuestras botellas.

Después, colocamos la ancha tabla contra la pared e improvisamos una cama que acolchamos con el heno para después cubrirla con las toallas. Desenrollamos nuestras esterillas de espuma y sacos de dormir, nos introdujimos en ellos, y nos tapamos con las dos piezas de plástico de la tienda de campaña de Alberto.

—¿Estás cómoda? —dijo Alberto con un golpe de risa.

—No —reí—. Pero eternamente agradecida.

—Amén —susurró—. Feliz Año Nuevo.

—Feliz Año Nuevo —repetí con solemnidad.

Semanas después sabríamos que todos los párrocos habían recibido recientemente estrictas órdenes de sus obispos de no admitir a nadie en sus domicilios. Nunca supimos el por qué. Pero aquello me ayudó a entender mejor a los que nos rechazaron y a apreciar aún más a los que nos recibieron.

Estas experiencias me recordarían que el negarnos alojamiento no implicaba, necesariamente, un rechazo a mi persona o a mis ideas, y que necesitaba confiar más en mi camino y en las decisiones que tomaba. Esta sería una lección continua que formaría parte integral de mi viaje interior hacia la paz.

* * *

A la mañana siguiente, tomamos nuevamente la misma carretera con destino a Alfonsine prestando toda nuestra atención en evitar los innumerables camiones que parecían empeñados en tirarnos a la cuneta. Cerca del término municipal, vi a un hombre de mi edad que, de pie en las escaleras de un bar, observaba sonriente cómo nos aproximábamos.

—¡Entrad, por favor! —dijo de buen tono mientras sostenía la puerta abierta—. Divisé vuestros carteles desde el coche cuando venía esta mañana y deseaba conoceros.

Le seguí al interior del local, tratando de controlar mis oscilantes emociones. El más mínimo acto de amabilidad parecía disparar mis lágrimas.

—Debéis de estar cansados y muertos de frío —advirtió el hombre, y acercó una silla para que me sentase—. Deja que te ayude con la mochila —continuó con gentileza, descargándola de mi espalda—. Oh, pesa bastante —añadió entre risas.

Disfruté de nuestra conversación con el dueño del bar, que estuvo amenizada con café caliente y deliciosas galletas. Nos felicitó por tratar de hacer del mundo un lugar mejor cuando muchos otros no estaban por la labor. Compartimos con él las historias de las muchas personas comunes que habíamos conocido, que también lo hacían, y le añadimos a la lista. El cariño con el que fuimos recibidos esa mañana borró casi por completo las desventuras de la noche anterior.

Cuando nos pusimos de pie para marcharnos, sacó de detrás de la barra un mechero para cada uno con el nombre de su establecimiento.

—Un regalo para el camino, así no os olvidaréis de mí —dijo.

—Me quedé atónita contemplando el encendedor, para luego sostener la mirada cómplice de Alberto recordándome las palabras de la noche anterior, que ahora sonaban proféticas: «Cuando das con el corazón, la Vida te devuelve el doble».

Continuamos hacia el centro urbano mientras Alberto tomaba habida cuenta de las numerosas iglesias de los alrededores, y yo, de los hoteles abiertos. Pasara lo que pasara, esa noche tendríamos dónde dormir.

En la primera iglesia en la que nos detuvimos, dos jóvenes nos saludaron con simpatía y nos preguntaron por nuestros carteles. Rebosante de energía, el sonriente Nino nos explicó que era voluntario de la parroquia y que tenía bajo su custodia la llave del salón. Junto con Lucio, el más tranquilo, nos llevó a un aula del piso superior, donde trasladaron algunos colchones y mantas, totalmente confiados de que el párroco nos dejaría permanecer allí. No obstante, decidí no desempacar mi mochila todavía.

Era fácil hablar y reír con nuestros nuevos amigos y me maravillé de nuestro italiano, un idioma con el que cada vez nos sentíamos más cómodos. Hablamos abiertamente de nuestra espiritualidad y todos confesamos que creíamos en los ángeles.

—Los ángeles aparecen de formas muy diversas —afirmó Lucio—. No solo con alas y etéreas túnicas. El arcángel Rafael, por ejemplo, se le apareció a un peregrino en la forma de un hombre normal y corriente, y le acompañó y ayudó durante su viaje, pero el peregrino nunca supo que era un ángel.

Recordé un episodio, al final del Camino de Santiago, en el que una señora que conocí en uno de los albergues se ofreció a leerme las cartas del tarot. Lo que me sorprendió de aquella tirada fue su confiada declaración de que un ángel me acompañaría en mi camino a Jerusalén. Yo asumí, naturalmente, que se refería a uno del reino espiritual, pero no había considerado hasta ahora la posibilidad de que ese ángel pudiera también tomar forma humana.

—Con tus ojos verdes y tu pelo castaño pareces uno de ellos —dijo Lucio a Alberto con un guiño y, seguidamente, se marchó con Nino a atender sus obligaciones con la promesa de regresar más tarde.

Me senté junto a Alberto en la escalinata de la iglesia para disfrutar de los últimos resplandores del cálido sol de la tarde.

—¿Te he dicho alguna vez que trabajé de administrativo durante varios años en una importante multinacional de seguros? —comentó Alberto.

Mirándolo ahora, con su sencilla manera de ser, me costaba creerlo y así se lo comenté.

—Oh, sí. Incluso llevaba chaqueta y corbata —bromeó—. No era mi sueño, claro está, pero hice lo que pensaba que se esperaba de mí. Yo quería ser un artista, y traté de dedicarle tiempo, pero mi trabajo no me lo permitía, así que enterré mi sueño para ser el adulto responsable que mi familia deseaba que fuera.

—Mis padres querían que fuese médica —revelé—, y se sintieron decepcionados cuando elegí dedicarme a los negocios. A diferencia de ti, no tenía sueños imposibles, solo prácticos: ascender la escalera corporativa, casarme y tener una bonita casa en las afueras de la ciudad. Ahora, por primera vez en mi vida, persigo un sueño.

—Pienso que descubrí mi sueño la primera vez que fui al Camino de Santiago—dijo Alberto—. Por aquella época atravesaba un profundo cambio espiritual, y dedicaba gran parte de mi tiempo a leer libros que abrieran mi mente a otras formas de ser y de vivir. Al igual que tú, había comprendido que era un ser divino cuya existencia tenía un sentido, y que era el creador de mi vida, no su víctima. Me hice vegetariano y comencé a practicar yoga, como tú, pero mi esposa de entonces y mi familia pensaron que me había unido a alguna secta. No pude hacerles entender que solo trataba de poner en práctica mis nuevos principios. Dejar mi trabajo ya fue demasiado para mi mujer, así que finalmente nos separamos.

—¿Qué pasó en tu Camino de Santiago? —pregunté.

—Que pude expresar mi verdad sin que nadie pensara que estaba loco —sonrío—. También percibí que, al compartir mis ideas y descubrimientos, ayudaba a las personas a ver sus problemas desde una perspectiva diferente. Me sentí tan feliz al hacerlo que me di cuenta de que quería dedicar mi vida a tal propósito. Mi habilidad artística se convertiría además en un medio para expresar esas verdades, esa sabiduría que estaba emergiendo en mi interior. En una noche que jamás olvidaré, pedí con fervor la ayuda del Universo para hacer realidad ese deseo. En aquel momento, una estrella fugaz cruzó el cielo y supe que mi plegaria había sido escuchada.

Era la primera vez que hablábamos de forma tan abierta sobre nuestras vidas, y me sentí más cercana a su persona de lo me que me había sentido desde que nos conocíamos.

—Hay algo más —añadió Alberto—, pero no sé cómo vas a reaccionar.

Intrigada le animé a que continuara.

—Esa misma noche, prometí ser un ángel para el mundo y dedicar mi vida a hacer solo el bien. No podía pensar en nada más maravilloso que viajar de un sitio a otro, guiado por la divinidad, ayudando a la gente en el camino, como Michael Landon en *Autopista hacia el cielo*, aquella serie de mi adolescencia que tanto me gustaba. Nunca imaginé que haría realidad ese deseo contigo, en este viaje, pero estoy muy contento de que esté ocurriendo así.

No estaba segura de qué fue mayor en aquel momento, si mi sorpresa ante su confesión o mi horror al pensar que él podía ser el ángel que había vaticinado la echadora de cartas. Podía comprender, incluso aceptar, su anterior declaración de que éramos instrumentos de Dios llevados a la vida de la gente para ayudarles, pero la idea de ser un ángel me pareció que era ir demasiado lejos, y estimé pretencioso que Alberto se considerara uno de ellos.

11. Fama

—He visto vuestros carteles y me gustaría haceros unos preguntas —dijo el alegre joven al tiempo que sacaba un bolígrafo y una libreta—. Soy periodista.

Estábamos en plena carretera en algún lugar al norte de Alfonsine. El muchacho había parado su coche y se había aproximado a nosotros. Gracias a mi anterior empleo como gerente de *marketing*, estaba acostumbrada a hablar con los medios de comunicación cuando evangelizaba sobre los beneficios de los productos de Microsoft. Pero ahora, ante la oportunidad de comunicar ampliamente nuestro mensaje de paz, mi confianza flaqueó. Las preguntas eran fáciles de contestar, centradas en los aspectos físicos de nuestro viaje, tales como el número de días que llevábamos caminando, kilómetros por jornada, dónde dormíamos y la ruta que teníamos prevista. Cuando preguntó por qué caminábamos, el estómago me dio un vuelco.

—Estoy caminando a Jerusalén por la paz —le contesté midiendo cada palabra—. Quiero que la gente sea consciente de que la paz es una elección. Es algo que creamos y que comienza dentro de cada uno de nosotros. Todos podemos hacer algo por la paz.

El periodista escribió sus anotaciones, y luego miró a Alberto.

—Estoy caminando por la paz, pero no solo en Jerusalén —dijo—. Para mí, esto es una peregrinación, un viaje espiritual.

Me encogí ante sus últimas palabras.

El periodista siguió escribiendo con una sonrisa. Aceptamos hacernos unas fotos y, con nuestras mochilas a los pies y los letreros de frente, posamos para nuestra primera instantánea juntos.

Me estaba acostumbrando a oír hablar a Alberto abiertamente sobre sus creencias con sacerdotes, pero ahora, al oírle pronunciar las palabras «peregrinación» y «espiritualidad» frente al reportero, me sentí preocupada. Consideraba mi espiritualidad un asunto privado, y no me sentía a gusto al compartirla con otras personas a menos que mostrasen su interés en primer lugar. En más de una ocasión, había visto cómo la manera en la que Alberto usaba la palabra «Dios», u otros términos relacionados con la religión o el misticismo, creaba cierta incomodidad entre la gente. Yo no quería ofender a nadie. Independientemente de sus creencias, quería que todas las personas, no solo las que conocíamos en iglesias y monasterios, hiciesen suyo el mensaje de la paz a través del poder personal y la elección.

Además, veía mi futura vida profesional dedicada a la paz en Oriente Medio, y temía que poner demasiado énfasis en el aspecto espiritual de nuestro camino podría distraer a la gente y apartarla del mensaje. Para mí, era irrelevante creer en Dios, Alá, el Universo, el Creador, o no creer en nada en absoluto, en tanto que nuestras acciones demostraran las creencias universales sobre la paz y la fraternidad. Quería que nuestro mensaje fuese claro, especialmente al tratar con la prensa. Y para mí, eso significaba libre de la palabra «Dios».

En el periódico del día siguiente apareció nuestra foto junto a un breve artículo. Me sorprendió que mi nombre no fuera Mony sino Mónica, incluso cuando se lo deletreé al periodista, y que tuviera veinticinco años y Alberto veintitrés. De alguna manera habíamos perdido una década en la traducción. Nos reímos un rato ante nuestro primer contacto con la fama, y guardamos una copia del artículo como recuerdo.

* * *

Hemos recorrido la carretera arriba y abajo varias veces con la esperanza de veros —exclamó la mujer mientras nos estrechaba las manos—. Mi marido y yo leímos vuestro artículo en el periódico y queríamos felicitaros.

La pareja se desvivió por nosotros, y nos preguntaron si podían traernos algo de comer o de beber y de qué otra manera podían ayudarnos.

—El hecho de que hayáis venido a vernos nos ayuda mucho más de lo que imagináis —dije.

La mujer tomó su bolso y sacó su cartera. Instintivamente le dije que no y oí a Alberto hacer lo mismo. Ella rechazó nuestras objeciones, sacó varios billetes y los apretó entre mis esquivas manos.

—Por favor —suplicó—. Sé que no necesitáis el dinero, pero queremos ayudar. Disfrutad de una buena comida de nuestra parte.

La contemplé en silencio, la alegría iluminaba su cara, y sentí que la lucha me abandonaba. Cogí lo que me ofrecía y le di las gracias. Su sonrisa se iluminó aún más. Alberto me miró con orgullo y a continuación le pasé los billetes.

Quizás, mis ideas sobre lo que era una ayuda aceptable en nuestro camino habían sido demasiado estrictas. No se trataba tan solo de recibir dinero, sino de recibir en todas sus formas. Nunca quise ser una carga ni sentirme en deuda con nadie. Prefería controlar la situación, ser yo la que diera, porque creía que eso me hacía libre e independiente. Me di cuenta entonces de que, en realidad, me había encerrado en una jaula de juicios, que protegía un frágil sentido de la autoestima. Yo entregaba amor, amistad, amabilidad, y me sentía así, de alguna manera, más fuerte que los demás, con reservas infinitas para compartir. Restaba importancia a las palabras de gratitud y a los gestos de cariño que recibía, manteniéndome siempre encerrada en mi jaula, a salvo del dolor y de la decepción. No estaba segura de dónde provenían aquellos sentimientos, pero no podía negar su veracidad. De repente, con estas revelaciones, la sanación que buscaba en mi viaje se me antojó muy lejana.

Minutos después, un señor mayor que estaba al borde de la calzada nos hizo señas, se aproximó hasta nosotros y nos felicitó por nuestro camino. Después, buscó en su bolsillo y puso varios billetes sobre la palma de mi mano. Comencé a resistirme de nuevo.

—¿Por qué no? —preguntó perplejo cerrando mis dedos sobre el dinero—. Quedároslo. Quiero colaborar con lo que estáis haciendo. Quiero contribuir a la paz. No es mucho, pero lo ofrezco con sinceridad y gran placer.

Era imposible ignorar las repetidas llamadas de atención que el Universo me estaba enviando ese día. Mi corazón se abrió por fin y acepté gentilmente su regalo a todos los niveles.

—Gracias —pronuncié.

12. Tocados por un ángel

Arrastré mis pies por las calles de Lugo, deseando que ese día terminara cuanto antes. Me había bajado la regla, y había minado las preciosas reservas que necesitaba para caminar. Tampoco ayudaba a superar mi irritabilidad el que hubiésemos sido rechazados en dos iglesias consecutivas. Estaba tan hundida en mí misma que pasé de largo sin atender a un hombre que intentó hablar con nosotros y que, según me explicó Alberto más tarde, había pretendido ayudarnos, lo que, además, provocó que me sintiera culpable.

Un coche frenó en seco al otro lado de la calle y un exaltado joven salió de él, seguido por una mujer mucho más serena.

—Os vi por la calzada y tuve que parar —exclamó—. ¿De dónde sois? ¿Dónde os vais a quedar? ¿Habéis cenado?

—Buscábamos un refugio para... —esbocé.

—No, no, no —interrumpió—. De eso nada. Podéis quedaros conmigo, por favor. Insisto.

Giordano era un hombre atractivo, de estatura mediana y complexión atlética. Un entusiasmo desenfrenado fluía a través de él, y se transmitía a todo su entorno. Su raudo italiano y sus expresivos gestos y movimientos me hacían reír, pues me recordaban al *conejito de Duracell*. Su amiga Gabriela, una mujer delgada y de baja estatura, cuyos ojos negros parecían derretirse de dulzura, sonreía ante sus payasadas. No pude hacer otra cosa sino relajarme y aceptar su invitación.

Nos estrechamos cuanto fue posible para poder entrar en el diminuto coche de Giordano y, tras una carrera de alta velocidad que nos incrustó más aún en nuestros asientos, llegamos a su domicilio. Los posters futbolísticos y carteles de cine que adornaban las paredes nos confirmaron que estábamos en un piso de soltero. Giordano nos ofreció su dormitorio y su cama de matrimonio, detalle que agradecimos pero que rehusamos rápidamente, dejando claro que solo éramos amigos y que los sofás eran lo suficientemente cómodos. Se encogió de hombros y abrió su armario para ofrecernos todo lo que tenía: camisetas, calcetines, ropa interior, chaquetas. Aceptamos las toallas.

Cuando acabamos de asearnos encontramos sobre la mesa la cena preparada: un delicioso plato de pasta. Contribuimos con nuestro pan y queso que, junto al vino, constituyó un copioso banquete entre amigos.

—¿Qué os trae por Lugo? —preguntó Giordano en un momento dado.

—¿No viste nuestros letreros? —respondí.

—No —replicó—. Solo vi dos mochileros. Yo he recorrido el mundo con mi mochila y siempre agradecía que alguien me invitara a su casa o hiciera el esfuerzo de ayudarme.

Supuse que Giordano se había detenido porque había visto el artículo publicado en el periódico; el que lo hubiera hecho para ayudar a dos personas corrientes me hizo apreciarle más aún.

A primera hora de la mañana siguiente, Giordano salió de su habitación y anunció:

—Tomad, quedaros con mis llaves. Voy a estar en Roma todo el día por un partido de fútbol.

Con este inesperado regalo, estuvimos en Lugo un día más. Aproveché para lavar mis ropas, limpiar mi mochila y volver a empaquetarlo todo de nuevo. Alberto y yo dimos un breve paseo por la localidad, pero la mayoría de las tiendas estaban cerradas por la *Befana*, la fiesta italiana de la Epifanía, y el día en el que los niños reciben sus regalos de Navidad. Así que regresamos a la casa y, recostados cada uno en un sofá, escribimos en nuestros diarios.

—Soñé con mi padre la pasada noche —dijo Alberto con la mirada perdida en el techo.

Le pedí que me contase más.

—Fue más que un sueño —puntualizó—. Lo sentí muy real. Vi un lugar inmenso sin muros ni límites de ningún tipo, solo luz resplandeciente allá donde alcanzaba mi vista. Había mucha gente, todos vestidos con largas túnicas blancas. Tuve la sensación de que todos eran sabios, reunidos para discutir importantes asuntos concernientes a la humanidad. Entonces, uno de ellos se giró, lentamente, y me miró. Era mi padre. Se veía joven y saludable. Me lanzó una sonrisa llena de amor que me emocionó. Sentí que estaba orgulloso de mí, de esta peregrinación, y de cómo estaba manejando a las personas y situaciones a lo largo del camino. Aquello reforzó lo que ya sabía, que el propósito de mi vida era compartir lo que he aprendido y ofrecer ese regalo al mundo.

Me conmovió la manera en la que el padre de Alberto se había comunicado con él, pero aun así no pude evitar juzgar pretencioso el que describiera su propósito en la vida en tan grandes términos. Una cosa era trabajar por la paz, y otra... ¿compartir lo que había aprendido? ¿Quién era él? ¿Qué le hacía pensar que era tan especial? No era perfecto. Tenía mucho que aprender todavía. Podría estar equivocado. Ángel o mensajero eran etiquetas que, en mi opinión, se acercaban peligrosamente a la arrogancia.

Un golpe en la puerta anunció la llegada de Gabriela, que entró balanceando tres pizzas en sus manos. Era la primera vez que nos quedábamos a solas con ella y me interesé por conocerla un poco mejor. Supimos que era la madre divorciada de dos adolescentes y que trabajaba como auxiliar de enfermería en una residencia de ancianos. Intrigada por nuestro viaje, nos preguntó por cada detalle, cada persona, cada lección. Me sentía a gusto con ella y hablé abiertamente de mi vida y experiencias.

—Me gusta lo que hago —dijo en medio de la conversación—. Me siento bien ayudando a mis pacientes y creo que ellos lo saben apreciar, pero sufro terriblemente cuando fallecen. Lloro su pérdida como si fuera propia, y lo paso muy mal.

—Hace unos pocos años —dijo Alberto—mi mejor amigo, Javi, murió en un accidente de construcción. En solo una semana pasé de bromear y reírme con él a verlo postrado en coma y luego, finalmente, morir. No lo comprendí. Era tan joven. Hizo todo aquello que supuestamente debía hacer: trabajó duro y a tiempo completo mientras ahorraba para comprar un piso y poder casarse algún día. No tenía sueños imposibles, no asumió grandes riesgos, pero allí estaba, muerto, con tan solo veinticuatro años. Aquello me sacudió hasta los cimientos. Me di cuenta de que yo también podría morir en cualquier momento sin haber intentado jamás vivir mis sueños; y todo a causa del miedo y la inseguridad. Entonces, resolví que no permitiría que esos temores me frenaran por más tiempo, y que haría lo posible por hacer realidad mis más elevadas aspiraciones.

Gabriela y yo escuchábamos atentas, pendientes de cada palabra. Estaba aprendiendo mucho de mi compañero aquella noche.

—He sentido muchas veces la presencia de Javi a mi alrededor —continuó Alberto—. También siento ahora la presencia de mi padre. Desde que marcharon, se han estado comunicando conmigo a través de señales, coincidencias y, especialmente, en sueños. Sé que están en un buen lugar. Y estoy seguro de que tus pacientes también lo están, y que te dedican una sonrisa en estos mismos momentos.

—Nunca lo había visto de esa manera —dijo Gabriela mientras enjugaba sus lágrimas.

Alberto había abierto una puerta que Gabriela parecía dispuesta a explorar y, al despedirse, su estado de ánimo se apreciaba mucho más brillante, así como el mío. No tenía nada que ver con la paz en Jerusalén, o eso creí entonces, pero me sentí bien al poder ayudarla y agradecida de saber que nuestras palabras habían traído la paz a una persona.

* * *

La caminata del día siguiente a Giovecca transcurrió sin incidentes. Sin embargo, la conversación de la noche anterior continuaba en mi mente. Podía entender lo que Alberto decía acerca de ser mensajeros, pero aún tenía muchas preguntas en torno a la paz que nos había impulsado a caminar. No tenía su certeza, y hasta que no la tuviera prefería ser un cartel andante y permitir que el mensaje llegara a quienquiera que lo necesitase sin implicarme personalmente.

Al otro lado de la concurrida carretera, una mujer mayor plantada en la acera de su casa, nos hizo señas para que nos detuviésemos. Cruzamos en una carrera.

—Esperaba a que pasarais un día de estos por aquí—dijo con admiración—. Os he visto esta semana varias veces mientras conducía, y guardaba la esperanza de llegar a conoceros.

Nos presentamos a la mujer. Se llamaba Mercedes, e insistió en que comiéramos algo con ella. Como la tarde aún era joven aceptamos seguirla al interior de su hogar.

Al entrar en la sala de estar oí a alguien exclamar: «Mónica, Mónica». Me había acostumbrado a que me llamasen de esa manera, por lo que miré alrededor, pero no vi a nadie. Me di cuenta entonces de que la televisión estaba encendida y que transmitían la serie estadounidense *Tocados por un Ángel*. En el momento en que entrábamos, alguien había llamado en voz alta al ángel llamado Mónica. Un escalofrío recorrió mi cuerpo de arriba a abajo. Alberto tampoco pudo contener su sorpresa.

A continuación, Mercedes se sentó conmigo en la mesa del comedor y me ofreció zumo y galletas mientras Alberto conversaba con sus hijos mayores en el salón contiguo.

—Mi esposo murió hace poco —dijo Mercedes con la voz cargada de dolor—. Me cuesta creer que se haya ido, que me haya quedado sola. No sé cómo seguir adelante sin él, ni cómo aliviar mi corazón de tanta tristeza. El estrés ha sido tan grande que he desarrollado eccema en mis manos.

Las levantó para mostrármelas y vi que las tenía cubiertas con guantes blancos.

—La gente tiene miedo de tocarme porque piensan que es contagioso —dijo emocionada mientras sus ojos buscaban la comprensión de los míos—. Llevo siempre puestos los guantes para no asustar a nadie.

Como prueba de lo que decía, o quizá para compartir su dolor, se quitó los guantes y me mostró sus manos. Estaban secas y escamosas, y se veían rojas e irritadas en algunas zonas. Al haber sufrido la misma dolencia, entendí su sensación de rechazo y aislamiento. Yo tampoco quería asustar a nadie y escondía mis manos como Mercedes. Tomándolas con cautela, las acaricié sintiendo la dureza de la piel bajo mis dedos. Le sonreí dulcemente, contenta de darle el único regalo que podía hacerle en ese momento: mi aceptación incondicional. Apreté suavemente sus manos antes de soltarlas, y comprobé que las lágrimas corrían por su rostro.

—Su marido está ahora en un hermoso lugar, rodeado de luz —dije—. Estoy segura de que él prefiere saber que usted es feliz y que disfruta de la vida, no que se lamenta por su muerte.

Mercedes cambió de asiento y se sentó junto a mí. Con una radiante sonrisa, acarició con amor y ternura mis cabellos, mi cara y mis brazos. Me sentí un poco incómoda, pero no quería herir sus sentimientos o rechazarla de ninguna manera, así que le permití que tomara de mí lo que necesitaba en ese momento.

—Si quiere, podemos llevar una foto de su esposo a Jerusalén con nosotros —ofrecí.

La familia aceptó mi propuesta con entusiasmo. Tras una larga y selectiva búsqueda, encontraron la más apropiada y escribieron una nota en el reverso. Prometí buscar un lugar especial para ella en Jerusalén. Mercedes, por su parte, no nos dejó marchar sin antes llenar de frutas nuestras mochilas y depositar algunos billetes en mis manos. Finalmente partimos. La imagen de aquella entrañable mujer despidiéndonos desde la entrada de su casa hasta que desaparecimos de su vista, quedaría para siempre atesorada entre mis recuerdos.

—¿Has visto lo que ha pasado? —exclamó Alberto.

—No sé qué fue exactamente —dije evasiva—. Pero algo ocurrió, sí.

—La manera en la que Mercedes te miraba y te tocaba... —dijo con énfasis—. Te veía como un ángel, como el ángel Mónica de la serie de televisión. ¿No creerás que fue una casualidad que al entrar a la casa clamaran tu nombre?

—No soy un ángel —repliqué molesta—. Tú has sido testigo, en repetidas ocasiones, de mi *más que pobre* comportamiento angelical.

—Lo sé —bromeó Alberto.

A continuación, me miró con seriedad y agregó:

—Olvida por un momento la idea que tienes en tu cabeza acerca de lo que significa ser un ángel. No estoy hablando de túnicas blancas y alas emplumadas. Para mí, un ángel es alguien que hace de su vida un instrumento de amor y paz en el mundo.

—Alberto, un ángel es perfecto —pronuncié—. Y ninguno de los dos lo somos.

—Todos tenemos nuestras debilidades, Mony, y a todos nos queda camino por recorrer —retomó Alberto sin inmutarse—. Pero eso no nos hace inferiores a los ángeles. Tu más pura intención, ahora, es ponerte al servicio de la humanidad, ayudar a los demás. Eso es exactamente lo que ellos hacen.

Apoyó con firmeza sus manos sobre mis hombros y me giró para situarme frente a él.

—Tú también eres un ángel—dijo con suavidad—. Creo que esto es lo que el Universo trataba de decirte hoy. No es tu perfección lo que hace de ti un ángel, Mony. Es tu intención.

Me alejé de él, sin querer oír nada más, sumida en la confusión. Alberto estaba desafiándome de una forma que no me gustaba en absoluto. Me incitaba a verme a mí misma de una manera que nunca hubiera soñado. No podía negar que algo importante había sucedido ese día, que el Universo trataba de decirme algo; pero, aun así, no estaba dispuesta a transigir con aquella nueva visión. Ser un pacifista era algo admisible, y hasta alcanzable. Incluso podía aceptar lo de ser un mensajero, pero lo que Alberto sugería iba más allá de lo imposible, por muy bonitas que fueran sus palabras.

13. Guerreros de la paz

Ciudades como Portomaggiore, Ro y Rovigo, entre otras, fueron parte de nuestro itinerario mientras nos dirigimos hacia el norte con Padua en nuestra mira. Una tarde, justo al llegar a nuestro destino de ese día, un hombre apuesto y bien vestido detuvo su automóvil para preguntarnos por nuestros carteles. El hombre, llamado Carlo, nos explicó que no había ningún sacerdote en el pueblo, pero que se ofrecía encantado a buscarnos alojamiento. Hizo un par de llamadas telefónicas y lo encontró, finalmente, en el vestuario masculino del estadio de fútbol de la localidad. Luego, nos invitó a beber algo.

Carlo nos preguntó por el propósito de nuestro viaje, en un tono de voz lo suficientemente alto como para que se enterase todo el mundo. Las conversaciones en el abarrotado bar cesaron y la gente se arrimó a escucharnos. Hablamos sobre nuestras vidas y compartimos historias del camino que despertaron la admiración de los presentes. Sin embargo, lo que más parecía fascinarles era el hecho de que Alberto y yo solo fuéramos amigos.

—*Amici* —declaré entre risas a los burlones parroquianos para que quedara claro que no había ninguna relación romántica entre nosotros.

—¿Me estáis tomando el pelo? —exclamó Carlo—. Una mujer atractiva que viaja junto a un hombre atractivo terminan juntos indudablemente. Estoy seguro de ello.

—Jamás ocurrirá tal cosa, de eso estoy yo segura —reiteré para el regocijo de los presentes.

* * *

Carlo había prometido que saldríamos en el periódico del día siguiente, pero como no apareció ningún periodista a entrevistarnos, asumimos que no había podido ser. Aun así, pedimos el diario local en el primer bar que encontramos a la mañana siguiente, por si había algún artículo sobre nosotros. Nos sorprendió descubrir un breve párrafo que describía el modo en que el partido de la oposición había acogido a dos pacifistas. El lacónico comentario promovía los esfuerzos del partido sin decir nada de nuestro camino. Peor aun fue encontrar que la única imagen que acompañaba al artículo era la foto de uno de sus representantes.

Me quedé fría. No había considerado la posibilidad de que alguien usase nuestro camino para beneficio propio. Caminé ese día con una creciente sensación de desconfianza mientras ideaba maneras de controlar el mensaje, y más decidida que nunca a protegerlo a toda costa.

—Últimamente, he recibido señales sobre la importancia de hablar de nuestro mensaje con la gente que nos encontramos —comentó Alberto durante uno de nuestros descansos en una taberna de carretera.

Todavía molesta por el desafortunado artículo, me estremecí al imaginarle propagando la *Buena Nueva* entre la muchedumbre. Necesitaba encontrar una manera de que lograra entender mi punto de vista, y hacerle ver, sin provocar una discusión, que ser precavidos era la decisión más prudente.

—Me di cuenta de que no empleaste la palabra «peregrino» ni hablaste de tu espiritualidad con Carlo —dije de pasada—. Me pareció que funcionaba muy bien, ¿no?

Alberto me atravesó con una mirada fría.

—Sé lo que tratas de hacer, pero no te dará resultado —acusó—. No puedo creer que seas tan hipócrita. Te pones máscaras según te convenga. Tienes miedo de hablar sobre lo que realmente está ocurriendo en nuestro viaje, sobre los milagros, la magia y todo lo que tiene que ver con Dios, el Universo o como quieras llamarlo.

Mi mente se debatía por encontrar palabras con las que defenderme.

—Cuando alguien pregunte por mis experiencias se las contaré —contesté, tensa—. No necesito imponer a nadie mis ideas.

—Lo que estamos viviendo es importante y hablaré de ello con quien quiera y cuando se me antoje —replicó.

—Estás predicando —contesté—. Lo que para ti es importante puede que para otros no lo sea.

Alberto me atravesó con una mirada dura. Su mandíbula estaba firme y su rostro tan enrojecido como el mío.

—Quiero decir lo que pienso —afirmó—, pero tú me lo impides a cada momento. Quieres controlarlo todo, lo que decimos, cómo lo decimos. Eso no lo voy a permitir.

—Creo que eres demasiado insistente y que deberías guardarte tus ideas para ti mismo —acusé.

—Mejor eso que ser un fraude y ocultar quién eres —aseguró—. Estoy orgulloso de ser un peregrino. He sido auténtico cuando he hablado sobre mis experiencias espirituales. Creo que la gente quiere tener conversaciones profundas, que vayan más allá de cuántos kilómetros recorremos al día. Y si no es así, qué importa. No es razón para dejar de tenerlas. Contaré mi verdad.

—Eres muy presuntuoso al pensar que sabes lo que es bueno para otras personas —dije con tono de mofa.

—¿No haces tú lo mismo al esconder nuestras verdaderas experiencias? —preguntó, para exhalar después su frustración—. Durante años, silencié lo que creía por miedo a ser malinterpretado o rechazado, y no pretendo volver a la misma senda. Me niego a caer en la trampa de preocuparme por lo que opine la gente. No estoy dentro de sus cabezas. No puedo predecir lo que van a pensar.

Alberto estaba demostrando tener más agallas de las que le suponía, y me sentí, en ese momento, fuera de equilibrio. Su manera de ver la vida y hablar del amor era siempre tan dulce e inocente que llegué a creer que era débil e ingenuo, y yo fuerte y con mucho mundo a mis espaldas.

—Tú estás siendo testigo de los mismos milagros —continuó Alberto con pasión—. Sientes lo mismo que yo. Hablamos de ello todo el tiempo. ¿Cómo puedes negarlo? Puedes decir lo que quieras, pero ni se te ocurra pensar en tratar de manipular mis palabras o mi propósito. Todavía piensas que este es tu camino, que yo soy tu seguidor y que debo, en consecuencia, obedecer tus órdenes, pero te equivocas. Tú no mandas sobre mí, este es el camino de la paz, y mi camino es tan importante como el tuyo. Una sabiduría superior nos guía y solo me someteré a ella.

Le lancé una mirada helada y, finalmente, pronuncié las únicas palabras que pude reunir en ese momento.

—Quizás debamos separarnos —declaré en un tono de voz duro, aunque traicionado por el nudo que oprimía mi garganta—. No dispongo de energía suficiente para lidiar contigo y el camino a la vez. Yo voy a Jerusalén. No me importa realmente a donde vayas tú.

—No te preocupes. He pensado en lo mismo.

No quería que Alberto notase cuánto me habían afectado esas palabras, el daño que me había hecho. Me colgué la mochila y me alejé de él a toda prisa, debatiéndome en una encrucijada de emociones. Estaba enojada por sus acusaciones, pero triste ante la idea de separarnos, incluso cuando yo misma lo había sugerido. Me había sentido liberada con la idea de caminar sola, pero, cuando ese mismo deseo salió de su boca, sentí que nos traicionaba a mí y al camino de la paz.

Seguí adelante, sin mirar atrás. El peso de la mochila, combinado con nuestra discusión y mis turbulentos sentimientos, me oprimía a cada paso. Quería desvanecerme y volver a aparecer en un lugar sin ruido, sin mensaje y sin Alberto. Solo paz. En un campo cercano, un árbol de gran tamaño me ofreció su sombra y su refugio y yo, derrotada, me tendí bajo él. Hundí la cabeza entre mis hombros y cerré los ojos. «Sería mucho más fácil para mí continuar sola», pensé.

Oí a Alberto sentarse a mi lado. Los minutos pasaron y donde antes reinaba la tensión, ahora prevalecía un silencio resignado.

—No quería herir tus sentimientos. Lo siento —susurró.

Asentí con la cabeza.

—Aquí estamos, caminando por la paz y a punto de estrangularnos el uno al otro —rio—. Es bastante gracioso, ¿no crees?

Sonreí levemente ante la idea de dos peregrinos guerreros de la paz.

—Creo que el Universo prefiere que continuemos juntos —prosiguió Alberto suavemente—. ¿Cómo podemos crear paz en el mundo si ni siquiera podemos crearla entre nosotros? Creo que perderíamos una importante oportunidad para hacerlo si nos separamos.

Le miré con tristeza.

—Estoy de acuerdo en que el camino de la paz estaría mejor servido si continuamos juntos —admití—. Aunque, a veces, pongo en duda la sabiduría del Universo.

—Y que lo digas —bromeó. Luego, me miró fijamente—. Mony, necesito que confíes en mí.

—No trato de controlarte, Alberto —respondí sinceramente—. Por supuesto, tienes derecho a decir lo que piensas. Me siento más nerviosa en compañía de periodistas, eso es todo. Especialmente después de nuestra experiencia con Carlo.

—¿Qué tal si tú dices lo que quieres, y me permites a mí decir lo que yo quiero? —sugirió—. Dejaremos claro a los periodistas que tenemos opiniones diferentes.

Vi cómo mi camino se escapaba de entre mis manos y me sentí incapaz de evitarlo. Con cada compromiso que hacía, mermaba un poco más mi visión sobre esta marcha y veía peligrar el futuro con el que había soñado. Sí, yo creía en el viaje espiritual, pero para mí era algo privado y secundario al mensaje de la paz, mientras que para Alberto era público y primordial.

Todo a mi alrededor me empujaba a confiar en Alberto y a creer que sus palabras, su verdad, no serían un obstáculo para mi camino. A un nivel, que no estaba preparada para afrontar, había sido invitada a ser auténtica en todos los sentidos, a que mis palabras reflejasen mi espiritualidad y a ofrecer mis acciones como testimonio. Yo no estaba lista para eso todavía.

14. Capitanes y marineros

Atravesamos Padua lo más rápido que pudimos para llegar a tiempo a una marcha interreligiosa por la paz de la que habíamos oído hablar. Al anochecer, nos presentamos en el lugar previsto. Tras haber caminado treinta y cinco kilómetros, llegamos cansados y sudorosos justo cuando los organizadores comenzaban a acomodar a la muchedumbre en un gran auditorio.

Nuestros carteles suscitaron gran entusiasmo y pronto los coordinadores del evento se acercaron a saludarnos. Nos acomodaron en los asientos de la primera fila y corrieron después al podio para hablar con las personas que estaban allí sentadas, algunas de las cuales vestían el atuendo tradicional característico de su religión. Nos saludaron con la cabeza y sentí mi corazón latir emocionado.

El evento comenzó con las intervenciones de los líderes de varias comunidades religiosas que enfatizaban la necesidad de comprensión y tolerancia entre las distintas culturas y corrientes espirituales. En un momento dado, uno de los promotores nos dio la bienvenida públicamente y nos presentó como ejemplo de personas que trabajaban por la paz. Cuando terminaron los discursos, fotógrafos y periodistas se precipitaron sobre nosotros y nos inundaron de preguntas. Muchos de los asistentes se acercaron a saludarnos efusivamente, sensibilizados con nuestra peregrinación. Mis lágrimas, consecuencia de mi tocada confianza y de las recientes discusiones con Alberto, se unieron a las de aquellas personas que rebosaban amor. Me fundí en sus abrazos y tomé de ellos la fuerza emocional que tan desesperadamente necesitaba en ese momento.

La marcha comenzó, así que nos unimos a la multitud que desbordaba las calles. Nos dieron un cirio blanco a cada uno y añadimos el fulgor de nuestras llamas al caudal de parpadeantes luces que iluminaban la noche. Un sacerdote que avanzaba junto a nosotros nos saludó.

—Solo quería felicitaros —dijo con entusiasmo, en inglés —. Estoy seguro de que ha sido un largo día para vosotros. Debéis de estar cansados. ¿Tenéis dónde quedaros a dormir esta noche?

Cuando respondimos que no, nos pidió que le siguiéramos. En una escena que sin duda fue cómica, trotamos tras él con nuestras pesadas mochilas balanceándose de un lado a otro mientras procurábamos mantener nuestras velas erguidas sin perder al cura de vista. Por fin, se detuvo a hablar con una mujer y, tras decirnos adiós con la mano, desapareció entre la muchedumbre. La mujer vino hacia nosotros con la luz de su candela alumbrando su hermoso rostro, en el que unos ojos castaños brillaban con amabilidad.

—Me llamo Luciana —dijo mientras nos guiaba hasta su coche—. Esta noche dormiréis en mi casa.

Luciana era una anfitriona generosa que nos colmó de atenciones como si fuéramos sus propios hijos. Dormimos en el cómodo sofá de la sala de estar, bajo mullidas mantas de las que deseé no tener que desprenderme nunca. No obstante, el olor a café recién hecho, a la mañana siguiente, anunció que el desayuno nos aguardaba. Luciana compró para nosotros *Il Gazzettino di Padua* y nos enseñó el artículo con la gran foto en primera página que resaltaba nuestra presencia en la marcha por la paz. Incluso lavó nuestra ropa en la lavadora, un lujo del que no habíamos disfrutado en casi dos meses. El olor del detergente era más embriagador que el mejor de los perfumes.

El sosegado ritmo de la mañana fluyó hasta el almuerzo, al que acudió el padre Sergio, un amigo de Luciana. Tan abierto y cariñoso como ella, no quería otra cosa más que oír nuestras experiencias, especialmente las coincidencias mágicas a las que él se refería como la *providencia divina*, y nos informó de que estábamos en la tierra de San Antonio, conocido como el santo de la providencia. Aceptamos su propuesta de hablar con el grupo de jóvenes de su parroquia, y no desaprovechamos su invitación de llevarnos de gira por Padua. El padre Sergio, claramente complacido, nos mostró los muchos lugares de interés de esta magnífica ciudad, y culminamos nuestra jornada en la Basílica de San Antonio, en donde se albergan los restos del santo.

—San Antonio fue el más renombrado discípulo de San Francisco —susurró el sacerdote—, y un excelente orador.

A continuación nos llevó hasta un recipiente que supuestamente contenía la lengua del santo y dijo:

—Cuando su cuerpo fue exhumado, treinta años después de su muerte, su lengua aún se conservaba fresca, lo que la gente tomó como un signo del don que poseía para predicar y enseñar a otros.

Deseé que Alberto no tomase aquello como una señal de que debía decir lo que pensaba incluso con mayor libertad.

Continuamos nuestra visita por la basílica, y disfrutamos sus muchos tesoros. En un momento dado, me detuve a admirar la imagen de un águila. Había visto representaciones parecidas de águilas en otras iglesias, casi siempre acompañadas de un toro, un león y un ángel, y pregunté al padre Sergio qué significaban.

—Representan a los cuatro evangelistas —explicó—. El león es San Marcos, el toro San Lucas, el ángel San Mateo y el águila es San Juan. Al evangelio de San Juan se le considera una de las más hermosas y místicas descripciones de la vida de Jesús.

Me pregunté si habría alguna conexión en aquel curioso detalle, algún mensaje de mi tótem para explorar las enseñanzas de San Juan. Más de una vez, había tratado de leer la Biblia en busca de tal misticismo, pero finalmente desistí, pues encontraba desmoralizadoras e incompatibles con mis creencias sus descripciones de Dios como un ser severo e iracundo, especialmente en el Antiguo Testamento. El Nuevo Testamento tampoco consiguió inspirarme, y finalmente llegué a la conclusión de que, para mí, la mística no se hallaba en la Biblia o en la fe cristiana.

* * *

El vestíbulo de la iglesia se llenó rápidamente de jóvenes rostros ansiosos por oírnos hablar de nuestra peregrinación. Pero a diferencia de la gente que normalmente conocíamos, estos eran peregrinos. Ellos también habían recorrido el Camino de Santiago, de tal modo que entendían nuestro lenguaje, las historias mágicas que no necesitaban explicación o justificación alguna, y la sensación de ser guiados y protegidos por fuerzas invisibles. No hubo gritos de incredulidad cuando hablamos, solo el reconocimiento propio entre camaradas que han vivido experiencias similares.

En una pausa, un joven sacó una guitarra y comenzó a tocar la canción *The Sound of Silence,* de Simon y Garfunkel. El grupo se levantó y enlazó las manos. Luego comenzaron a cantar en italiano la versión del padrenuestro para esta canción mientras que Alberto lo hacía en español.

Fue en ese momento, de pie en el rincón más alejado de la larga mesa, cuando me sentí más distante al grupo. Mi camino había sido tomado por la religiosidad que tanto había querido mantener al margen. Me sentía culpable por ello ya que estaba rodeada de gente afín, auténtica y de buen corazón, y pensé que debía disponer de la suficiente madurez espiritual como para aceptar sus creencias.

«No estoy en este camino para corear canciones religiosas», se reveló mi mente en silencio al tiempo que mis labios pronunciaban las famosas letras en inglés.

—Oye, nosotros sabemos una canción en español —declaró el guitarrista, y a continuación empezó a tocar el tema de Ritchie Valens, *La Bamba.* Alberto entonó alegremente la canción en español al entusiasmado grupo.

En el momento del estribillo, se giró hacia mí con una pícara sonrisa y cantó: «Yo no soy marinero, soy capitán, soy capitán, soy capitán». Solo yo capté la velada referencia acerca de su papel en lo que yo consideraba todavía como mi camino.

Quizá, la providencia nos había conducido, ciertamente, hasta estos compañeros peregrinos. Con el tiempo, llegaría a comprender que mis rígidas opiniones en torno a cómo debería ser este viaje, y mi insistencia en que trascendiese todas las religiones, en realidad las excluía. Mi temor a ser etiquetada de católica, junto a mis ideas preconcebidas de lo que eso significaba, me cegaba al inmenso amor que también es una parte fundamental de esa fe. Hoy día, agradezco al padre Sergio, a Luciana y a nuestros amigos de Padua, el cariño que tan generosamente mostraron a una peregrina que estaba aprendiendo a recibirlo sin prejuicios.

15. Caronte

Habían pasado dos días desde Padua y nos encontrábamos en las afueras de Venecia, en una extensa zona industrial. El recorrido a pie de aquella jornada se había convertido en una tarea especialmente odiosa debido al ruido, la polución y el olor del humo de los coches.

—¿Has oído hablar alguna vez del mito de Caronte? —preguntó Alberto.

—No. ¿De qué se trata?

—Caronte es un personaje de la mitología griega —explicó—. Es el barquero que lleva a las almas de los muertos al más allá. Últimamente, he recibido señales que conectaban su nombre con Venecia, la muerte y el tránsito al otro mundo.

Alberto hizo una pausa antes de añadir:

—Tal vez vaya a pasar aquí algo importante.

—A menos que Venecia planee hundirse completamente mientras estemos aquí, no quiero saber nada sobre eso —respondí con sequedad.

Mi humor mejoró de forma considerable cuando, por fin, llegamos al largo puente que conducía a la ciudad. Lo cruzamos deprisa, con toda mi atención puesta en encontrar, cuanto antes, la céntrica Basílica de San Marcos, nuestro objetivo de aquel día. Noté que Alberto se rezagaba y, cuando estaba a punto de empezar a irritarme, su expresión de asombro me frenó. Entonces, durante esos breves momentos, pude ver a través de sus ojos la causa de su fascinación: infinidad de canales atravesaban la ciudad como si de calles se trataran, románticos puentes peatonales conectaban las orillas de las distintas vecindades. Las barcas se mecían suavemente frente a las casas de color caramelo, con una curiosa pero natural semejanza con los vehículos estacionados de cualquier ciudad. Una melodía de acordeón flotaba en el aire, y completaba la inolvidable escena.

—Siempre había soñado con venir aquí —suspiró Alberto.

Abandoné toda premura y paseé junto a él por el rosado Palacio Ducal, la antigua sede del gobierno, hacia la Plaza de San Marcos, situada frente a la Basílica, famosa por las miles de palomas que la utilizan como su patio de recreo. Con el sol casi escondido, entramos en la Basílica en busca de refugio. La tenue luz añadía un toque de misterio y santidad a este lugar sagrado que acoge la tumba de San Marcos. Nada más entrar, nos dirigimos a un guarda que amablemente escuchó nuestras necesidades y nos aconsejó ir a la iglesia de San Salvador, asegurándonos que el padre Natalino se haría cargo de nosotros.

El vigilante nos indicó qué dirección tomar, pero en el laberinto de callejuelas en el que nos encontrábamos, no estábamos seguros de seguir bien sus directrices. No obstante, la cúpula de la basílica, que asomaba sobre los edificios, se convirtió en nuestro punto de referencia. Incluso en la oscuridad de la noche, era imposible no sentirse cautivado por la ciudad. A pesar de ser enero, el aire nocturno estaba impregnado del embriagador perfume de las flores, que parecía transportarme a otro tiempo y lugar.

Mi mirada errante dio, por casualidad, con el nombre de la calle por la que caminábamos: *Calle del Pelegrin*, Calle del Peregrino. La señal nos emocionó, y nos sentimos embargados por una mágica sensación de reconocimiento que no supimos bien identificar. La Calle del Peregrino nos condujo, por fin, a una majestuosa iglesia que parecía fuera de lugar entre las sencillas viviendas de aquel pintoresco barrio. Un viandante nos confirmó que estábamos ante la iglesia que buscábamos. Subimos los anchos escalones de mármol y empujamos la antigua puerta de madera.

El cura estaba en el altar hablando con varios feligreses y nos comunicó por gestos que le esperáramos. Impresionantes pinturas poblaban las paredes, e intrincados mosaicos de azulejos convertían el suelo en una brillante obra maestra. A pesar de la grandeza que me rodeaba, me sentía ligera y amparada en aquel lugar, y disfruté mucho al recorrer sus alrededores. Finalmente, el sacerdote se acercó y se presentó como el padre Natalino. Sus maneras eran relajadas y su mirada curiosa a la par que acogedora.

—Me recordáis a una pintura que tengo aquí —dijo mientras nos conducía a la parte posterior de la iglesia—. Lo sentí tan pronto como entrasteis con vuestras mochilas y bastones.

Se paró frente a un gran cuadro que representaba a Jesús en el centro de una mesa flanqueado por otros cuatro hombres. Dos de ellos tenían hatillos y bastones a sus pies.

—Este cuadro se llama *Cena en Emaús* —explicó—. Tras la muerte de Jesús, dos de sus discípulos, afligidos, partieron hacia Emaús, un pueblo a las afueras de Jerusalén. En su camino, trabaron amistad con un peregrino que les acompañaba. No fueron capaces de reconocer que era Jesús hasta que partió el pan en la cena.

No estaba segura de si intentaba decirnos algo, pero apreciaba su cálida bienvenida y su genuino interés. Nuestro alojamiento en la sala de juegos de los bajos de la iglesia era confortable. Cuando tendía mi ropa para que se secase, entró el padre Natalino. Sus ojos vagaron por la transformada estancia: los sacos de dormir extendidos en el suelo sobre cartones, calcetines y ropa interior colgados en los radiadores; queso, pan, margarina, zumo y un paquete de galletas a medio terminar sobre la mesa de billar... Sonrió con aprecio ante la escena de un día típico en la vida de un peregrino.

—Estaba pensando que vuestra entrada a Venecia debe de haber sido dificultosa con todo el ruido y el tráfico—dijo—. Conozco una ruta mucho más tranquila para salir de la ciudad. Requiere que cojáis el *ferry*, pero creo que lo disfrutaréis.

Saqué nuestro mapa y vi que había una corta travesía de Venecia a Porto Sobbioni. Nunca antes, había considerado aquello como una posibilidad, pero los comentarios previos de Alberto acerca de Caronte vinieron a mi memoria. Ahora sentía gran curiosidad por realizar aquella travesía.

* * *

Al día siguiente, nos despedimos temprano de nuestro anfitrión en la escalinata de la iglesia. Una vez más, nos contempló en silencio.

—Sabéis que la relación de Venecia con los peregrinos viene de antaño —dijo—. Los peregrinos de aquella época solían venir para tomar barcos hacia Estambul y continuar a pie desde allí a Jerusalén. Si había guerra o, por alguna razón, no podían salir, se quedaban aquí y esperaban hasta la próxima oportunidad. Muchos jamás llegaban a dejar Venecia. De aquellos que lo lograban, la mayoría nunca volvía a sus lugares de origen. Una peregrinación era un compromiso muy importante, una demostración de perseverancia y fe. Aquellos que regresaban lo hacían cambiados para siempre y, normalmente, encontraban difícil readaptarse a sus antiguas vidas.

Pude identificarme fácilmente con ellos ya que no podía imaginarme volviendo a mi vida anterior.

—Otros peregrinos como vosotros estuvieron aquí de pie— prosiguió—, en estos mismos escalones, antes de caminar por las mismas calles por las que vais a hacerlo vosotros, para asistir a la misa especial para peregrinos en la Basílica. Allí recibían la bendición antes de recorrer la corta distancia que les separaba del puerto. Las dos columnas que hay justo después de la Plaza y el Palacio son lo único que queda de ese puerto. Marcaban la entrada a Venecia, y era allí donde las familias se reunían para darles su último adiós antes de que embarcaran camino a Estambul.

Entonces, don Natalino posó sus manos sobre nuestras cabezas y recitó una oración que concluyó con las palabras: «Que Dios os bendiga en vuestro viaje de paz», tras lo cual trazó la señal de la cruz en nuestra frente.

Caminamos por la Calle del Peregrino, lenta y deliberadamente, absorbiendo todas estas coincidencias, y continuamos hasta la Plaza de San Marcos con la intención de atravesar las columnas del viejo puerto y esperar con ceremonia nuestro trasbordador.

—¡Hola, hola! —gritó una voz masculina, con entusiasmo. El hombre se acercó con rapidez hacia nosotros al tiempo que agitaba las manos y nos hacía señas para que parásemos.

—Cuando vi vuestros carteles, no podía creérmelo —dijo sin aliento, agarrando mis manos entre las suyas—. Soy productor de televisión y estoy aquí con algunos niños que acaban de regresar de Jerusalén. ¿Por favor, podéis hablar con ellos? Estarán encantados de conoceros.

Un grupo de unos treinta chiquillos, de no más de quince años, nos rodeó, y todos a la vez comenzaron a lanzarnos las preguntas habituales a las que estábamos acostumbrados. Chillaban de pura alegría, y señalaban nuestros letreros con incredulidad. Una niña sacó un libro de su bolsa y me lo ofreció. En la portada se veía el dibujo de tres peces que caminaban en fila, cada uno de ellos portaba un pincel sobre el hombro mientras que un arcoíris radiante se extendía bajo sus pies hasta el infinito. El pez que llevaba la delantera lucía el *kufiyya*, el pañuelo palestino de tonos blanco y negro, el pez situado al otro extremo llevaba un *yarmulke*, el sombrero judío, y el de en medio, una gorra de béisbol. Sobre sus cabezas se leía el título: «Impulsamos la paz con seis manos», escrito en cuatro lenguas: árabe, hebreo, italiano e inglés.

—La idea se originó en Italia —explicó el productor—. Colegiales italianos comenzaron un dibujo que fue enviado a una escuela palestina, donde los niños añadieron sus aportaciones, para ser completado, más tarde, en una escuela israelí. Los padres también sumaron sus dibujos. El proceso duró muchos meses, pero finalmente llegó a su fin. Las obras fueron expuestas en un centro cultural de Jerusalén, y los niños, invitados a ver sus trabajos. Imaginaros la escena: quinientos niños eufóricos, israelíes y palestinos, desplegados por la sala en busca de sus dibujos y gritando de alegría al encontrarlos para después, dedicarse a admirar el trabajo que sus compañeros habían creado. No puedo describir con palabras la energía que llenaba el centro. No había barreras, ni diferencias de religiones, culturas o ideologías. Solo había niños que jugaban, cantaban y reían. Esos niños son nuestros mensajeros de paz, que con sus manos y corazones consiguen lo que los adultos somos incapaces de lograr.

Quise saber más, hablar con ellos, pero nuestro barco se iba y tenían que seguir con su gira. De mala gana, nos despedimos y continuamos hasta el puerto, mientras escuchábamos como sus gritos de *Ciao, Bon Viaggio* y *Pace* resonaban en la plaza. Me emocioné. Agitaron sus manos en señal de despedida y nos lanzaron besos al aire hasta que embarcamos en el *ferry*, aportando el toque final a un día inolvidable, y al ciclo ancestral que acabábamos de completar.

El trasbordador se alejó, muy lentamente, mientras ponía distancia entre Venecia y nosotros, hasta que su orilla desapareció de la vista. Hojeé el libro, ese regalo de esperanza que se me había ofrecido para finalmente, rendirme a las lágrimas. La mayoría de los dibujos representaban a niños israelíes y palestinos cogidos de la mano, en otros intercambiaban sus gorros. Muchos mostraban palomas con ramas de olivo que volaban en cielos azules, mientras que otros exponían los diversos signos de sus religiones y banderas, unidas y entrelazadas. Su sencillez e inocencia conmovía en lo más profundo. Colores brillantes, llenos de promesas y alegría; un testimonio permanente de paz entre los homicidios y el derramamiento de sangre.

El viejo mundo que me había definido, tanto a mí como a mis ideas, se disipaba ante mis ojos. De la misma manera que Caronte conducía las almas al otro mundo, yo también estaba siendo llevada a una tierra nueva con una visión expandida de mí misma, a una tierra de apertura, de confianza, de autenticidad. Solo ahora comenzaba a ver la importancia de estos valores en el proceso de crear paz interior y exterior. El nuevo mundo, como el nuevo yo que empezaba a tomar forma, estaba lleno de incógnitas, pero, como un niño inocente, rebosaba ilusiones y esperanza.

El *ferry* realizó sus maniobras finales en Porto Sabbioni. Eché una última mirada atrás y entonando un adiós silencioso, posé mis pies sobre la orilla.

16. El ancla

Seguimos la carretera flanqueada por pinares atravesando ciudades y pueblos abandonados durante el invierno. La primera noche, encontramos hospedaje en el vestíbulo de una iglesia y, a la mañana siguiente, continuamos a lo largo de la costa del Golfo de Venecia. Ese día, sufría de un agudo dolor en mi pie izquierdo que se extendía desde el empeine a la espinilla. Me las arreglé como pude para recorrer con dificultad los quince kilómetros que distaba el pueblo más cercano y, cuando por fin llegamos, me dejé caer en los escalones de la iglesia a la espera del sacerdote, que apareció poco después.

El padre Claudio, un hombre robusto de unos sesenta años que emanaba entusiasmo y buena voluntad, estaba fascinado por nuestro camino y respondió de inmediato a nuestras necesidades de alojamiento. Colocando sus brazos alrededor de nuestros hombros, nos condujo a un edificio cercano mientras nos acribillaba a preguntas y se deleitaba con cada una de nuestras respuestas. Una vez allí, nos mostró el apartamento amueblado que sería nuestro hogar esa noche, encendió la calefacción y el agua caliente y, a continuación, nos entregó las llaves. Por fin, pude quitarme la mochila y, con una mueca de aflicción, me senté en el sofá. Cuando le expliqué el malestar que me aquejaba, el padre Claudio me miró con preocupación.

—Entonces, debes descansar un día extra —ordenó jovialmente—. Tenéis un largo viaje por delante. Ahora tengo algunas cosas que hacer, pero, por favor, acompañadme para cenar.

Por último, nos indicó la dirección de su casa y, sin más dilación, salió por la puerta. Fue entonces cuando Alberto y yo nos pusimos manos a la obra con nuestro ritual diario de llegada. Renovada tras la ducha, intenté masajear mis pies, pero me dolían demasiado para tocarlos siquiera, así que extendí las piernas sobre el sofá, cerré los ojos y me relajé para disfrutar de esta comodidad poco frecuente en la vida de un peregrino.

—¿Te gustaría ir a la misa? —preguntó Alberto.

Era la última cosa que tenía en mente, pero sabía que al padre Claudio le complacería vernos allí y, como gesto de agradecimiento, acordé ir. Cuando vi la sonrisa con que el sacerdote nos recibió, me alegré de la decisión tomada.

La iglesia era sin duda la más sencilla que habíamos visto en nuestro viaje. Parecía, más bien, un almacén que alguien había habilitado decorándolo para tal fin. El sencillo altar estaba adornado con flores frescas y presidía más de diez filas de bancos repletas de fieles. Me llamo la atención una estatua en la que Alberto reconoció a San Leopoldo, el santo de las confesiones, pero la enorme y negra ancla que descansaba próxima al altar no era algo que viésemos todos los días en una iglesia.

En el momento de la ceremonia en el que los feligreses se volvían hacia su compañero para estrecharle la mano en señal de paz, cada uno de ellos se levantó y vino a nosotros para hacer lo mismo, pronunciando las palabras «La paz sea con vosotros». Era la primera vez que me sentía tan bien recibida en el transcurso de una eucaristía, y no pude evitar emocionarme mientras devolvíamos sus saludos con igual sinceridad. La misa acabó y la gente comenzó a salir, no sin antes detenerse para darnos la mano, una vez más, antes de marchar. Despedido el último parroquiano, nos acercamos al padre Claudio para hacerle partícipe, brevemente, de nuestras gratas impresiones, y nos pusimos de acuerdo en reunirnos en su casa al cabo de media hora.

Aproveché ese tiempo para llamar a Anna, una periodista que nos había parado esa misma mañana cuando nos dirigíamos hacia el pueblo. Habíamos intercambiado números de teléfono para concertar una entrevista, así que concretamos los detalles para vernos al día siguiente.

Nuestro anfitrión nos recibió en su casa con la misma calidez y hospitalidad a la que nos había acostumbrado. El aire estaba impregnado de deliciosos aromas, cortesía de una asistenta de la iglesia que se encargaba de las labores del hogar. Nada más llegar, el padre Claudio me ofreció su mano y me llevó hasta el sofá, donde se esmeró en acomodarme. A continuación, fue a por un taburete y lo colocó, cuidadosamente, bajo mi pie.

—No te muevas —me ordenó con amabilidad.

—Me siento mejor, de verdad —tartamudeé, sorprendida por el gesto.

—No —contestó con firmeza mientras se encaminaba a la cocina—. Tienes que descansar y remojar tus pies.

Mis ojos imploraron a Alberto que detuviese aquello, pero él negó con la cabeza y sonrió divertido, con los brazos cruzados sobre el pecho. Al instante, Don Claudio volvió con un cubo lleno de agua salada. Tomó mi pie izquierdo y lo metió suavemente en el agua tibia, evitando con cuidado tocar el empeine. Sacó un poco de ungüento y cogió mi pie derecho. De nuevo, intenté convencerle de que me encontraba bien pero, ignorando mis protestas, comenzó a masajearlo. Sin duda, aquello sentaba de maravilla, pero fui incapaz de disfrutarlo ya que no podía quitarme de la cabeza que se trataba de un sacerdote, además de un hombre que tenía la edad suficiente como para ser mi padre. Puso mi pie derecho dentro del barreño y, tras ordenarme nuevamente que no me moviese, repitió el masaje con el pie izquierdo para luego colocarlo también en el agua.

—Como Jesús cuando lavó los pies a sus discípulos —bromeó Alberto. Le lancé otra mirada suplicante a la que volvió a negarse con un movimiento de cabeza.

El resuelto sacerdote elevó mis pies y los secó con ternura. Su asistenta trajo unas zapatillas de algodón que, según ella, le sobraban y que insistió en que aceptara, a pesar de asegurarle que tenía mis propias sandalias. El padre Claudio deslizó las zapatillas en mis pies, me ayudó a incorporarme y me acompañó del brazo hasta mi asiento en la mesa. Ni mis padres me habrían tratado con más amor. Su atención me dejó sin palabras y no soy, precisamente, de las que se quedan fácilmente sin ellas.

La comida era sabrosa y abundante, la conversación animada y divertida. El padre Claudio dijo que estaba pensando en hacer el Camino de Santiago y disfrutó con nuestras historias. El tiempo pasó demasiado rápido y cuando, finalmente, nos dimos las buenas noches, lo hicimos con ese amago de melancolía que uno siente al despedirse de buenos amigos.

—Estoy pensando en tomar la comunión mañana —anunció Alberto, ya de vuelta en nuestra habitación.

Le pregunté por qué lo haría si no creía en los rituales de la Iglesia.

—Para mí, sería más bien un acto simbólico —aclaró—, una manera de reconocer la presencia de Dios en mi vida y dar gracias por ello. El único problema es que tendría que confesarme y no creo en el pecado. El concepto de pecado refuerza la idea de un Dios digno de ser temido, que condena a aquellos que no siguen sus reglas. Y ese no es el Dios de mi experiencia.

Mi única referencia al dilema de Alberto era mi propia Iglesia ortodoxa griega. Al rezar el padrenuestro, en vez de pedir perdón por nuestros pecados, pedíamos en árabe ser perdonados por nuestros errores. Esta interpretación siempre me pareció más amorosa, pues reconocía nuestra debilidad humana. Me sorprendió que pudiera aún recordar esta oración, sin duda, un remanente inadvertido de mi infancia en el Líbano. Alberto estuvo de acuerdo con mi observación.

—Dios sabe que todos estamos haciendo lo mejor que podemos en cada instante —coincidió—, y que nuestro entendimiento es limitado. Pedir su perdón es considerar la posibilidad de que hay algo en mí que a Dios le disgusta, y eso no es Dios para mí. No tenemos ni su sabiduría ni su consciencia. Por supuesto que vamos a cometer errores. Si Dios nos quisiera perfectos nos hubiera hecho perfectos. Así que ¿cómo puede estar enojado con su propia creación?

Nuestra conversación continuó, pero no quedó claro si Alberto tomaría o no la comunión.

* * *

A la mañana siguiente nos reunimos con la periodista.

—Cuánto me alegra que me hayáis llamado —dijo mientras nos plantaba dos besos en la cara a cada uno. Todo en torno a ella cautivaba:

sus inocentes ojos castaños, su amplia sonrisa, su atenta y amable presencia. Tenía que hacer un esfuerzo por recordar que estaba tratando con la prensa. La acompañaba Claudia, otra reportera que, aunque también era simpática, pude sentir de inmediato cómo me sondeaba con su penetrante mirada, evaluándome en silencio. Instintivamente, puse mi cara de marketing, educada y profesional, y nos encaminamos a un café cercano.

La entrevista comenzó con las típicas cuestiones acerca de los aspectos físicos del viaje para, luego, apuntar hacia la vida que llevábamos antes de embarcarnos en él y al motivo qué nos inspiró a hacerlo. Tras nuestra gran discusión, esta era la primera oportunidad que se presentaba de demostrar a Alberto que confiaba en él, y que podía trasmitir sus ideas sin que yo tratara de manipular la conversación.

Al principio fue difícil oírle hablar tan abiertamente, y me imaginaba las veces que la palabra «Dios» sería utilizada en el artículo; pero luego percibí la manera en la que Anna y Claudia reaccionaban. Se inclinaron hacia nosotros mientras absorbían sus palabras con miradas llenas de comprensión, dejaron sus bolígrafos a un lado, y nuestra entrevista se convirtió en una charla entre amigos.

Anna nos reveló que había sobrevivido de manera milagrosa a un terrible accidente de motocicleta en el que había fallecido el amigo que la conducía.

—Creo que estoy aquí porque mi vida tiene un propósito más profundo, que estoy decidida a cumplir —nos confió—. Los ángeles de la guarda existen y gracias a ellos estoy hoy aquí con vosotros.

Me sentía en una encrucijada en la que, por un lado, mi mente racional insistía en que se trataba de una periodista que usaba la amabilidad para abrirse paso hacia mí y, por el otro, mi alma me incitaba a confiar y a ser auténtica. Al principio, empecé a abrirme, con cautela, e hice referencia a mi divorcio para seguir después con mi posterior despertar espiritual. Más tarde, cuando me escuché hablar sobre milagros y ángeles, supe que había dado un salto gigantesco tanto en mi búsqueda interior de la autenticidad como en la superación de mi temor a la opinión de los demás. La honestidad de Anna me permitió ser igualmente honesta, y siempre le estaré agradecida por ello.

Los artículos de Anna y Claudia terminaron llenos de alabanzas, y pude comprobar que mis temores, una vez más, carecían de fundamento.

* * *

Nos encontrábamos de pie, al final de la abarrotada iglesia, disfrutando del apasionado sermón del padre Claudio. Pude sentir la armonía que impregnaba aquella pequeña parroquia, y el amor que habitaba en cada mirada y en cada saludo. Era como una gran familia unida a la que habíamos sido invitados a formar parte.

En aquel momento, consideré tomar la comunión. Tanto física como simbólicamente, acabábamos de cruzar a esta nueva orilla, a esta tierra de nuevas posibilidades y nuevos comienzos, y el tomar la comunión parecía ser el ritual perfecto para completar la travesía. El padre Claudio era un sacerdote tan bondadoso que no podía pensar en otra persona mejor con la que realizarlo. Le susurré a Alberto mis intenciones, y él accedió a hacer lo mismo. En esa ocasión, también abandonamos la iglesia colmados de las bendiciones y buenos deseos de sus feligreses, y acompañamos al padre Claudio a su casa donde otra mesa rebosante de bebidas y manjares nos dio la bienvenida.

—Estoy muy contento de que hayáis venido —dijo, radiante—. Por favor, quedaros un día más. Me gustaría que hablaseis con la gente de esta comunidad.

Su oferta era tentadora, pero no la podíamos aceptar. Mis pies estaban mejor y, como peregrinos, necesitábamos continuar nuestro camino. El padre Claudio no pudo ocultar su decepción.

—Gracias por acogernos tan entrañablemente —dijo Alberto—. Usted nos ha recibido con honores en el hogar que es su comunidad, y nos ha tratado como si fuéramos sus propios hijos. Nos ha abierto completamente el corazón. Nos sentimos tan cómodos en su presencia que nos preguntamos si podría usted darnos la comunión antes de marcharnos mañana por la mañana.

—Será un honor —contestó emocionado.

—Lo único es que... —continuó Alberto midiendo sus palabras— no he confesado ni tomado la comunión en años, mis ideas y creencias están también lejos de las creencias tradicionales de la Iglesia. Aun así, siento el deseo de volver a este simbólico ritual, que en su momento fue una parte importante de mi vida.

El padre Claudio asintió con la cabeza y mostró su consentimiento con los ojos húmedos de emoción.

—Sé que debo confesar antes de comulgar y, aunque tengo mi propia opinión al respecto, de todas formas, me gustaría hacerlo con usted.

—Por supuesto, por supuesto... —contestó el cura con firmeza—. Podemos ir a la iglesia mañana donde podré escuchar vuestras confesiones y ofreceros, luego, la comunión. No puedo pensar en una manera más apropiada de dejaros partir.

Cuando pensé en tomar la comunión, no había considerado tener que confesar. Nunca antes lo había hecho y, al igual que Alberto, yo tampoco creía en el pecado. Debatí en silencio si aún deseaba hacerlo.

—No sé si lo sabe, don Claudio —comenzó Alberto—, pero Mony es ortodoxa griega. Eso no es un problema, ¿verdad?

La cara del sacerdote perdió su color y su sonrisa perenne se esfumó del todo, siendo remplazada por un evidente estado de *shock*.

—¿No es católica? —farfulló, incrédulo—. ¿Es ortodoxa? Bien, uh, uh, bueno...

—Si le soy sincera, don Claudio —empecé con tiento, tratando de expresar mi verdad con palabras que no le ofendieran—. Ni siquiera soy una ortodoxa o cristiana practicante. No voy a la iglesia desde hace muchos años. Respeto a todas las religiones y creo que representan diferentes caminos hacia el mismo Dios. Al igual que Alberto, sentí el deseo de tomar la comunión como un acto simbólico de reconocimiento y aceptación de la presencia de Dios en mi vida, que para mí es amor.

—Sí, sí, por supuesto —contestó—. No me malinterpretéis, no tengo nada en contra de los ortodoxos. Son nuestros hermanos cristianos, pero tenemos sacramentos diferentes. No sé si en vuestra iglesia os confesáis o si tomáis comunión ni cómo lo hacéis, si tal es el caso. Realmente no lo sé. No creo que sea una buena idea.

—Pero si hay un solo Dios, ¿qué importancia tiene a qué iglesia pertenezca? —repliqué, enmascarando como podía el dolor inesperado que me había causado su negativa.

—No se trata de Dios, sino de los rituales —contestó con delicadeza—. La iglesia católica tiene ciertos requisitos, como no dudo que tu iglesia tiene. Estoy seguro de que el obispo jamás lo consentiría.

—Esas reglas deberían acercar más a la gente a Dios y no alejarla de él —repliqué, sintiendo el rubor de la indignación que, junto al vino de la cena, había convertido mi lengua en un objeto incontrolable—. Dios no establece condiciones para su amor, solo las Iglesias lo hacen. Además, yo no necesito recibir algo que ya está en mí y en todo lo que me rodea. Dios es todo lo que existe. Yo soy Dios, usted es Dios. ¡Todo es Dios!

El padre Claudio apartó la mirada, pero vi la aflicción en sus ojos. Mis palabras habían sido duras, y provenían de un lugar herido, no de mi corazón. Deseé no haberlas dicho, pero ya era tarde. Había ido demasiado lejos.

—Lo siento mucho —concluyó con tristeza, pero con determinación—. No puedo darte la comunión.

Un silencio incómodo siguió a sus palabras.

—No pasa nada —contestó Alberto tratando de restarle importancia, pero yo sabía que también estaba decepcionado—. Necesitamos salir mañana temprano y eso habría requerido demasiado tiempo. No se preocupe. Todo está bien.

Nuestra despedida aquella noche fue cabizbaja. No podía parar de revivir incesantemente en mi cabeza la última conversación, ni dejar de sentir un profundo pesar por no haber sido más cuidadosa.

—Siento lo que ha pasado —comentó Alberto con suavidad más tarde—. Quizá fuiste un poco dura con el padre Claudio, pero dijiste tu verdad. Estoy orgulloso de ti.

Yo no me sentía orgullosa de mí en absoluto, y dormí mal. Me desperté varias veces con sueños que no podía recordar y sintiendo un terrible nudo en el estómago. Oí moverse a Alberto e imaginé que también batallaba con lo que había sucedido. Cuando la mañana llegó, me alegré de ver la luz del día.

Nuestra despedida con el padre Claudio estuvo llena de sinceros buenos deseos y bendiciones, pero pude sentir el desconsuelo en su abrazo.

—Creo que ya comprendo el significado del ancla que vimos en la iglesia —dijo Alberto cuando ya estuvimos solos—. Representa todo aquello que nos impide seguir adelante. Para don Claudio el ancla quizás sea esas reglas que cortan las alas de su corazón. Para nosotros, es el anhelo de aferrarnos al amor de aquellos que apreciamos. Ahora veo que llega un momento en que debemos permitir que otros prosigan su camino para que podamos nosotros continuar el nuestro.

—Incluso cuando ese camino pueda sentirse, a veces, triste y solitario —añadí.

17. El Camino del Mago

—No quiero preocuparte —dijo mi padre, y comencé de inmediato a preocuparme—. Tu madre está en el hospital. Hace unos días padeció un leve ataque al corazón y ahora tiene neumonía.

Alberto y yo habíamos llegado a Concordia Sagittaria y nos encontrábamos en una preciosa capilla, donde íbamos a pasar la noche. Alberto había salido a comprar comestibles mientras yo aprovechaba para llamar a casa.

En las palabras no pronunciadas de mi padre, oí su ruego silencioso de que volviese con ellos. La voz del deber susurró en mi oído, acusándome de ser una hija terrible que abandonaba a su familia cuando más la necesitaba. Imaginé a mi padre con mi hermano y hermanas, reunidos alrededor de mi madre para apoyarla, mientras que yo, la hija mayor, estaba a miles de kilómetros en otro continente, inmersa en una existencia diferente, desconectada por completo de sus realidades y luchas. Jamás me pareció más frívolo mi camino por la paz.

Desde que tenía uso de memoria, mi madre había tenido problemas de salud debido a que padecía el síndrome de Behcet, que afectaba su sistema inmunológico y la hacía vulnerable a cualquier amenaza. Sufrió un ataque al corazón y le tuvieron que realizar una cirugía de baipás doble a principios de los noventa. Tomaba medicación para regular su presión arterial y su corazón, y tenía que lidiar con sus efectos secundarios que le ocasionaban diversos problemas gastrointestinales. Aun así, lo que más lamentó fue el desarrollar uveítis desde muy joven, una inflamación singular del tejido fibroso que rodea al ojo y que provocó que perdiese la vista gradualmente hasta quedarse ciega en 1988.

En sus últimos años, mi madre cultivó una actitud positiva sobre la vida que, todos creíamos, era lo que la mantenía con vida. Empezó a valerse por sí misma cuando se unió al Instituto Nacional Canadiense para Ciegos, donde aprendió a caminar con un bastón y comenzó a ir a pasear por el vecindario y el cercano centro comercial. Tomaba el autobús para trasladarse a lugares conocidos y aprendió a leer y escribir en braille. Se convirtió en portavoz de una gran fundación de caridad y compartió su inspiradora historia como parte de su esfuerzo por recaudar fondos para su organización. Incluso aprendió a hacer crochet y nos sorprendió un invierno con zapatillas y posavasos.

En la época en que empecé a explorar mi espiritualidad, ella comenzó a descubrir la suya. Compartí con ella mis nuevas creencias y hablamos largo y tendido sobre el sentido más profundo de sus enfermedades y de su propia existencia.

Leyó en braille algunos de los libros que le recomendé y comenzó así el viaje hacia la sanación de las heridas emocionales y espirituales de su vida. En ocasiones, resultaba agotador, pues yo misma estaba pasando por momentos difíciles, acosada por mis propios problemas, y sentía el peso añadido de ayudar a mi madre con los suyos, lo que me suscitaba, además, sentimientos de culpa. Sin embargo, con el tiempo, la experiencia mejoró y terminó por fortalecer nuestra relación, de tal manera, que llegó el día en que pude, finalmente, ver a mi madre a través de los ojos de un adulto, en vez de los de la niña que un día fui.

—Llamaré a mamá ahora mismo —dije a mi padre.

—¡Oh! —pude sentir su decepción desde el otro lado del océano—. Está bien.

Me despedí de él antes de que mi resolución flaqueara. De hecho, este camino de paz que había escogido era solitario, y me pregunté si aquellos a los que amaba volverían, alguna vez, a caminar junto a mí. Marqué el número de la habitación del hospital y esperé a que mi madre respondiera.

—¡Hola, cariño! —exclamó contenta, a pesar de que se la notaba débil y congestionada—. ¡Cuánto me alegra oír tu voz!

—A mí también, mamá —repliqué con dulzura—. Ya veo que estás haciendo buen uso de mis impuestos otra vez.

Rio débilmente, interrumpida por accesos de tos que duraron varios segundos.

—No te preocupes, Mo, de verdad que estoy bien —aseguró—. Los doctores dicen que he mejorado bastante. Estaré fuera en unos días.

Entre más golpes de tos, mi madre comentó los detalles de su condición, que escuché en silencio y con lágrimas en los ojos.

—Quiero decirte algo —pronunció con seriedad—. He leído algunos de los libros que me mencionaste, y empiezo a entender por qué estás caminando. Estás tratando de vivir tus creencias sobre la paz. Eso no significa que me preocupe menos por ti, pero quiero que sepas que me haces sentir orgullosa.

Nuestra conversación había terminado, pero aun podía sentir la explosión de amor que sus últimas palabras habían provocado en mí. Sentí esa cálida energía expandirse lentamente recorriendo todo mi cuerpo y, luego, se la envié a ella. Imaginé que ese amor la envolvía, entraba al interior de su ser y limpiaba toda herida y dolor. Vi cómo ese amor dejaba una estela radiante de luz y vitalidad a su paso. Comprendí en profundidad que mi presencia a su lado no sería de mayor ayuda, ya que lo que le estaba ofreciendo trascendía las fronteras físicas.

Esa noche me fui a dormir sintiéndome en paz con mi decisión de continuar mi camino y con una fuerte sensación de que todo iba a salir bien. Dos días más tarde le darían de alta.

* * *

Dejamos atrás San Michele y San Giorgio, y nos encaminábamos ahora a Cervignano. Una espesa niebla nos envolvía. Había empezado varios días antes y era gris y siniestra. Cuando me rozaba, su caricia inquietante me estremecía más que la humedad. Me sentía nerviosa, no solo porque temía por nuestra seguridad en carretera abierta, sino porque toda persona o vehículo que se nos acercaba parecía emerger desde otra dimensión.

En una de las muchas paradas que hicimos ese día para entrar en calor, Alberto comenzó a hablarme de algunos sueños extraños que había tenido. En uno de ellos, él era un estudiante de una escuela de magia blanca en un antiguo castillo que además hacía las veces de residencia de estudiantes. Imágenes de los libros de Harry Potter me vinieron a la mente de inmediato. Alberto describió a su profesor como un hombre sabio y alegre, de notable apariencia y edad indefinida, que además de ser el director de la escuela y el mago más poderoso del lugar, enseñaba a sus alumnos la olvidada importancia de la magia, la imaginación y la fantasía; y les explicaba que estas eran maravillosos pozos de sabiduría, y que lo que la gente llamaba monstruos no eran otra cosa que criaturas incomprendidas a las que no debíamos temer.

—Todo era asombroso y muy real —dijo Alberto con entusiasmo—. Creo que este mundo de la magia existe realmente y no solamente como una fantasía. Quiero explorar ese mundo, comprenderlo, jugar con él, dominarlo. Es un camino por el que muchos otros han transitado antes que yo. Se le ha llamado de muchas formas pero, más comúnmente, como El Camino del Mago.

—¿Me estás diciendo, ahora, que eres un mago? —pregunté.

—Todos somos magos, seamos o no conscientes de ello —respondió—. Creamos constantemente nuestra realidad con nuestros pensamientos y creencias. Tú ya lo sabes. Lo que pasa es que ahora lo he descrito como *ser un mago*.

Yo ya no sabía con quién o con qué estaba caminando y empezaba a temer averiguarlo. Había pasado de decirme que era un instrumento de Dios a un ángel y, ahora, un mago.

—¿Estamos hablando aquí del mundo de *Dragones y Mazmorras*? —indagué vacilante, procurando entender sus ideas y metáforas.

—No en la manera que piensas —rio Alberto—. Para mí el mago es Dios dentro de nosotros. No me refiero a la mera asimilación mental de que Dios existe en mi interior, sino a la certeza y al conocimiento absolutos de que el extraordinario poder que ha creado el universo y las estrellas es el mismo que reside dentro de mí y de cada uno de nosotros.

—¿Qué me dices de los brujos o magos negros? —sondeé aún más profundo, como impelida por una irrefrenable curiosidad de saber más o, lo que quizá fuera más importante, de entender a mi peculiar compañero.

—Ellos también tienen a Dios en su interior —replicó—, pero están tan alejados de la luz y el amor que apenas son conscientes de su existencia. Viven en la oscuridad, sumidos en la ignorancia, y hacen mal uso del poder creativo que todos tenemos en busca de ganancias egoístas o para perjudicar a otros.

—¿Así que eres una especie de Merlín? —inquirí, perpleja.

—En realidad no —dijo—, ya que al parecer esos magos usaban rituales, hechizos y pócimas para lograr sus metas; pero estos son solo objetos que carecen de poder. Es la fe que la gente deposita en ellos los que les confiere poder. La fe, la creencia, la certeza; esas son las herramientas del mago para crear, no los objetos inertes. Todo lo que necesitamos está en nuestro interior. El reto está en alcanzar ese lugar de total convicción.

—Trato de seguirte —remarqué despacio—, pero para mí ese es un mundo totalmente diferente.

—La magia es el poder divino que está dentro de ti, Mony —aseguró Alberto—. Es Dios en acción. Cuando creas algo, estás usando esta magia. Es un don sagrado que debemos honrar, no algo que temer. ¿Sabes quién fue uno de los mayores magos del mundo?

Obviamente, no podía pensar en nadie y así se lo hice ver.

—Jesús —respondió.

—¿Te refieres a Jesucristo? —pregunté boquiabierta.

—Sí —respondió, seguro de lo que decía—. Él nunca usó pociones o hechizos para curar a los enfermos o realizar milagros. Tenía fe en Dios, dentro y fuera de él. Desde tal certeza manifestaba todo lo que deseaba. Enseñó que el poder de la fe podía mover montañas, y aseguró que todos podíamos hacer lo mismo. Eso es todo lo que yo intento hacer: vivir cada momento desde el discernimiento de que soy Dios teniendo una experiencia humana, y crear conscientemente el mundo que deseo desde ese lugar de saber absoluto.

«Ahora me dice que Jesús era un mago», pensé, horrorizada ante la idea. «Si él quiere ser un mago, ¿significa eso que piensa que puede llegar a ser como Jesús? ¿Quién se cree que es?»

18. Miedo

Parecía que no íbamos a llegar nunca a Cervignano. Desde temprano, en la mañana, las fuertes lluvias no habían cesado de fustigarnos y estábamos empapados, a pesar de nuestros largos impermeables y de las cubiertas protectoras de nuestras mochilas. Tras caminar más de una hora en tales condiciones, encontramos un bar de carretera en el que nos detuvimos para secarnos un poco mientras descansábamos.

Sonó mi teléfono y cuando lo cogí, me encontré con una angustiada Hannah al otro lado de la línea. Insatisfecha con su trabajo y apesadumbrada por la ausencia de Alberto, desahogó sobre mí su soledad y su dolor. La consolé lo mejor que pude y, a continuación, le pasé el móvil a Alberto, que lo recibió preocupado y cuyo dulce tono inicial terminó por tornarse serio.

—Hannah, creo que deberías venir con nosotros —afirmó—. Me gustaría hablar contigo de ello más tiempo, pero no puedo ahora. Llámame esta noche.

Dicho esto, cortó la llamada y se giró hacia mí.

—Se siente fatal y más estresada que nunca. Necesita abandonar esa vida y unirse a nosotros. Por lo menos aquí viviría su espiritualidad con autenticidad.

—No sé si eso es lo mejor para Hannah —contesté—. Ella tiene su propio camino y eso a veces implica tener que luchar, incluso sufrir, como yo lo hice en los dos últimos años en mi trabajo, antes de dejarlo. Mi profesión era mi identidad, mi seguridad, y me aterrorizaba salir de allí y encarar lo desconocido. Hannah está en su proceso, eso es todo. Creo que todo lo que podemos hacer es enviarle la fuerza y el coraje para que elija lo que le haga feliz.

El semblante rígido de Alberto me indicó que no estaba de acuerdo, pero fuimos interrumpidos por un transeúnte que nos deseó buen viaje. Cuando se marchó, la lluvia había parado y el cielo empezaba a despejarse, así que salimos sin demora. Nuestro ritmo era rápido y decidido. Podía sentir el malestar de Alberto, oír sus engranajes mentales moviéndose a toda máquina, y temía la inevitable discusión.

Llegamos a Cervignano relativamente secos y fuimos recibidos en la primera iglesia donde solicitamos asilo. Una sala grande atestada de libros con dos colchones en el suelo nos serviría de aposento.

Una vez acomodados, Hannah volvió a llamar, pero esta vez sonaba mucho más alegre.

—He pensado en muchas cosas después de nuestra conversación de hoy —dijo—, y he encontrado nuevas maneras de combinar mi espiritualidad con mi trabajo. Ya sabes, Mony, que Jerusalén no es lo mío...

—Lo sé, Hannah —interrumpí—. Necesitas hacer lo que es apropiado para ti.

—Gracias por comprenderlo —respondió con calidez—. ¿Me pasas a Alberto?

Alberto me fulminó con la mirada. No podía entender por qué estaba tan enfadado. Me arrebató el teléfono de las manos y salió al vestíbulo dando fuertes pisotones. No le hice caso y busqué en la librería algo interesante que leer, hojeando al azar obras escritas en italiano, en su mayoría religiosas. Alberto, visiblemente tenso, entró y comenzó a pasear, arriba y abajo, por la habitación.

—¿Cómo está Hannah? —pregunté.

—Bien —respondió fríamente mientras se sentaba en su colchón y sacaba su diario. Yo me acomodé en mi esquina y comencé a escribir en el mío.

—Mony, me gustaría decirte algo —dijo Alberto tratando de suavizar sus palabras—. He estado indeciso porque no quiero discutir o que me malinterpretes, pero tenemos que hablar.

—De acuerdo —respondí con cautela.

—Sé que ya hemos discutido sobre esto antes —dijo con aprensión—, pero siento que todavía no estás revelando toda la verdad de nuestras experiencias. Respeto tu decisión de no hablar de ello. Pero, en este caso, creo que puede perjudicar a Hannah.

—¿Qué dices? —interpuse, sintiéndome de inmediato a la defensiva—. La he notado muy contenta por teléfono.

—Ella sabía que yo iba a tratar de convencerla de que viniese con nosotros —dijo—, así que se inventó una historia para hacernos creer que está bien, pero la conozco. No es feliz. Estoy seguro de que esas ideas sobre combinar la espiritualidad con su trabajo las tiene desde hace mucho, pero eligió convenientemente sacarlas a la luz hoy.

—Creo que supones demasiado —repliqué.

—Mony, Hannah confía en ti —continuó Alberto al tiempo que acentuaba el tono de su voz—. Ella respeta tu opinión. En vez de contarle cómo este viaje nos está influyendo, de cómo cambiamos y crecemos cada día, le llenas la cabeza con lo que quiere oír. Le estás animando a que siga como está en lugar de ayudarla a que efectúe un cambio ahora.

—¡Su idea es buena! —contrataqué, irritada—. Le ofrece una meta hacia donde dirigirse. Es posible que tú puedas levantarte, sin más, y dejarlo todo, pero obviamente ella no.

Alberto se incorporó y caminó por la habitación como un tigre enjaulado mientras yo le observaba desde el suelo.

—Al menos yo le digo la verdad —acusó—. Tú solo le hablas de cosas superficiales, como los lugares que visitamos, los artículos de prensa, pero no le cuentas las importantes.

—A diferencia de ti, no trato de cambiarla o convencerla de nada —contesté con vehemencia—. Piensas que si sigues hablándole de toda esa magia de alguna manera verá la luz y lo dejará todo atrás. ¿Sabes qué? No lo hará. Hannah se parece a mí más de lo que crees. No le gusta que nadie le diga lo que tiene que hacer o cómo debe vivir su vida, especialmente sus amigos más íntimos. No está preparada, y tus sermones no servirán de nada.

—¡¿Cómo sabes que no está preparada si no le cuentas la verdad?! —acusó apuntándome con el dedo. Me puse de pie y lo enfrenté. Alberto dio un paso atrás y respiró hondo varias veces con la clara intención de calmar su enojo.

—No te pido que le digas lo que yo creo —dijo en un tono más suave—. Te estoy pidiendo que le digas lo que tú crees, que hables con honestidad. Comparte con ella tus revelaciones. Háblale de las cosas que tú y yo hablamos todo el tiempo.

—Yo le digo mi verdad, Alberto —respondí—, lo creas o no. Yo también soy amiga de Hannah y quiero verla feliz, pero no sé lo que es mejor para ella. Ni tú tampoco.

«Tan arrogante como de costumbre», resoplé en silencio.

—El verdadero problema es que no puedes aceptar a las personas tal y como son —dije con frialdad—, no respetas el camino que elije cada uno. No hay una sola manera correcta para todo el mundo. El verdadero amor es querer y aceptar a las personas con independencia de lo que hagan, especialmente cuando no hacen lo que queremos o esperamos. Puede que dejar el trabajo sea la decisión correcta para Hannah o puede que no. No lo sé, pero yo no voy a ser el juez de eso. Quizá necesita experimentar más dolor para poder abandonarlo definitivamente. Volvemos a lo mismo, depende de ella. Voy a amarla y apoyarla elija lo que elija.

—¡¿Qué?! —explotó Alberto—. ¿Realmente crees que es eso lo que estás haciendo, permitir que sea ella misma? No me lo puedo creer.

Alberto deambuló de nuevo por la habitación mientras murmuraba para sí en español y sacudía la cabeza con disgusto antes de detenerse frente a mí una vez más. Sin embargo, ahora su cara reflejaba cansancio.

—Escúchame, Mony —dijo—. Hay personas que necesitan oír tu verdad porque tienen miedo. Hannah es una de esas personas. Cuando no dices lo que realmente piensas, sientes o crees, te conviertes en un instrumento del miedo. Hoy, creo sinceramente que no has ayudado a Hannah. Ayudaste a su miedo. Hannah necesita oír la voz de tu corazón. No quiero presionarla. Solo quiero que confíe, que se dé una oportunidad, que logre decirle *no* a sus temores y *sí* a sus sueños.

Alberto me miraba con tristeza, casi con compasión y añadió:

—Eso es lo mismo que deseo para ti.

—¡No des por supuesto que me conoces! —dije echando chispas. Pero era demasiado tarde. Alberto ya había salido por la puerta.

19. *Ciao, Italia*

La ciudad de Aquilea fue nuestro destino al día siguiente, por el simple hecho de que su nombre nos recordaba la palabra *aquila*, «águila» en italiano. El amistoso sacerdote, padre Olivo, nos recibió cálidamente y, acompañados de buen café, pasamos una relajada tarde con nuestro despierto y versado anfitrión, hablando largo y tendido sobre muchos asuntos, incluido el conflicto de Oriente Próximo.

—La situación es compleja como sabéis —declaró—. Si este conflicto es tan importante para ti, seguro que debes tener algunas ideas sobre cómo resolverlo.

Mi corazón latió con nerviosismo. Aún no había terminado de refinar ni de poner a prueba mis ideas sobre la paz, y no podía creer que me estuviesen pidiendo que las expresase justo ahora, cuando aún pesaba sobre mí la última discusión con Alberto, y las dudas que esta había acarreado consigo.

—Hubo un tiempo en que creía conocer la respuesta —respondí vacilante—. Crecí con la creencia de que la única manera de lograr la paz era a través de oponer resistencia. No fue hasta hace unos años, cuando comencé a atravesar por un profundo cambio espiritual, que llegué a cuestionarme esas creencias.

El padre Olivo me miraba con interés, así que continué.

—Cada día veo lo difícil que resulta mantenerse en un estado de paz. Aún me enfado a menudo, ya sea con Alberto, conmigo misma, o con la gente que nos juzga o nos rechaza. Me indigna la injusticia. ¿Cómo deben sentirse entonces los palestinos que se encuentran bajo ocupación? ¿O los israelíes, que viven en permanente terror? ¿Cómo pueden tener pensamientos de paz? No puedo siquiera imaginarme su rabia, su horror, su odio.

—En efecto. ¿Cómo pueden? —preguntó. Hice una pausa, en busca de inspiración.

—Quizás al pasar por lo que yo estoy pasando —reflexioné en voz alta—, al tratar de encontrar la paz dentro de sus corazones. Perdonar, sanar, ver la luz en su enemigo... Suena ingenuo e idealista incluso para mis oídos, pero eso es lo que siento como intrínsecamente cierto. Este camino es mi laboratorio para entender la paz y practicarla. Y lo hago cuando soy rechazada o juzgada, cuando afronto mis miedos e inseguridades. No dejo de pensar para mis adentros: ¿cómo puedo aferrarme a esa luz serena en medio de todos estos sentimientos debilitantes?, ¿cómo puedo crecer desde donde me encuentro?, ¿quién soy yo en respuesta a esta situación? No estoy siempre en ese estado de claridad, y me equivoco a menudo, pero así es como estoy creando mi propia armonía. Y, como creo que mi paz es la de todos, debo creer, entonces, que los israelíes y los palestinos también pasan por el mismo proceso, pero su laboratorio es mucho más amplio e intenso. Ellos están experimentando con la guerra y el odio para crear la paz.

—¿Crees que esta es posible? —sondeó con curiosidad.

—Cada día que pasa veo, con más claridad, lo difícil que es caminar el sendero de la paz —confesé—. Pero también estoy viendo que yo soy la única que controla ese camino. Yo decido cómo reaccionar ante las situaciones difíciles, nadie más puede hacer eso por mí. Es mi elección. Creo que esas pequeñas decisiones sumadas generan cambios colectivos. El poder para crear la paz está en nuestras manos y en las de nadie más. Y creo que esto es verdad para todas las personas, israelíes y palestinos incluidos. Así que sí, creo que es posible, pero solo cuando los individuos se hagan responsables de sus pensamientos y sus obras. Todavía me cuesta discernir la manera apropiada de utilizar nuestro poder personal, cómo traducirlo en medidas eficaces para crear concordia. Tampoco sé cuando el uso de la fuerza es necesario o si siquiera lo es. Aún tengo muchas preguntas.

El padre Olivo mostró su aprobación con una sonrisa.

—¿Qué piensas acerca de todo esto, Alberto?

—Estoy completamente de acuerdo con Mony —respondió mirándome con admiración—. Para mí, el conflicto sirve también a un propósito superior de amor, que es el crecimiento espiritual. ¿Cómo podemos conocer la luz si no pasamos por la oscuridad? ¿Cómo podemos valorar la paz si no experimentamos la violencia? Creo que este conflicto es una oportunidad para cada uno de nosotros de reflexionar en torno a lo que creemos y elegir conscientemente lo que deseamos. Eso no quiere decir que debamos sentarnos de brazos cruzados, a la espera de que las cosas ocurran, sino que evitemos actuar desde el miedo o el odio, para hacerlo desde el amor, tratando de comprender.

El animado coloquio con nuestro anfitrión se prolongó durante el resto de la tarde y, al día siguiente, cuando nos reunimos con él para despedirnos, se presentó ante nosotros con un libro sobre la famosa basílica de la localidad, que nos dedicó y firmó como monseñor Olivo, un título honorífico poco frecuente, otorgado por el Papa, y normalmente reservado a los obispos. También nos entregó una postal ya sellada con su dirección de correo, en la que figuraba impreso el alfabeto hebreo, y nos pidió que se la enviásemos desde Jerusalén cuando llegáramos.

Partí de Aquilea, mi ciudad del águila, tratando de ensamblar las piezas de lo ocurrido de forma coherente. Había conocido a un sacerdote cuyo apellido era Olivo, el famoso árbol de la paz. Me había entregado una postal del alfabeto hebreo, una conexión directa con Jerusalén, nuestro lugar de destino. Había hablado con él sobre la paz de una forma que, en un pasado no muy lejano, yo misma habría desestimado tildándola de insulsa, y había expuesto, para mi propia sorpresa, una solución espiritual para un problema político. Un tremendo cambio estaba teniendo lugar. De eso estaba segura.

* * *

Dejamos atrás Monfalcone y Trieste y nos dispusimos a recorrer el último tramo de nuestra andadura por Italia. Otra densa niebla nos salió al paso en aquella carretera montañosa, traicionera incluso para los automovilistas, pero nada pudo detenernos. Llegamos a la frontera italiana sin aliento, debido, por una parte, al esfuerzo realizado y, por otra, a nuestro creciente entusiasmo. Nos unimos a la fila de vehículos que conducía hasta un monótono edificio blanco, y respondimos con alegría a los saludos y toques de claxon. El oficial de la cabina nos examinó con cara inexpresiva y nos pidió los pasaportes.

—¿A dónde vais? —preguntó mientras hojeaba los documentos.

—Hoy nos dirigimos a Kozina, Eslovenia —solté—, pero nuestra meta final es Jerusalén.

No hubo respuesta ni expresión alguna en su rostro. En esos momentos, me hubiera gustado estar dentro de su cabeza para saber lo que pensaba en realidad. Seguramente no veía todos los días personas como nosotros en la frontera. Nos devolvió los pasaportes y nos indicó que continuáramos deseándonos un feliz viaje. Le dimos las gracias y nos sumamos a los coches que se dirigían a Eslovenia. Miré hacia atrás e intenté contener la risa. Asomados a las ventanas, un grupo de agentes de la guardia fronteriza nos saludaba agitando los brazos efusivamente. Nuestra despedida final fue para ellos. Unos pasos más adelante, nos esperaba el sencillo edificio de la frontera eslovena donde nos permitieron pasar sin más ceremonia.

Me paré un momento para volver la mirada, sin poder creer que ya no estábamos en Italia. Nos había llevado nueve semanas y habíamos recorrido algo más de mil kilómetros. Sentí una punzada de melancolía, como el niño que sale de casa por primera vez, ilusionado por sus deseos de aventura, pero al mismo tiempo triste por dejar atrás lo conocido.

Italia nos había obsequiado con grandes regalos: una lengua que llegamos a adorar, amistades duraderas, hospitalidad, cariño... y yo sabía que la iba a echar de menos. No fue siempre delicada con nosotros. Nos hizo tambalear a menudo, e incluso llegó a derrumbarnos, y nos desafío física, emocional y espiritualmente. De esas ruinas, sin embargo, una base más solida estaba emergiendo. Una base arraigada en el amor, la seguridad en uno mismo, y la confianza en la vida y en la bondad del corazón humano. Al mirar adelante, hacia aquel nuevo país que nos aguardaba, supe que aquellas eran las cualidades que quería llevar conmigo. El 29 de enero de 2002 entramos en Eslovenia.

Ciao, Italia, e grazie!

20. Amigos invisibles

Me detuve para observar con detenimiento la valla publicitaria, situada al otro lado de la carretera, tratando de entender aquellas nuevas y extrañas palabras. La incertidumbre remplazó mi previo entusiasmo.

«¿Hablarán inglés aquí o, al menos, italiano?», me pregunté. «¿Qué moneda utilizarán? Europa acaba de introducir el euro el mes pasado. ¿Lo aceptarán también en este país? ¿Habrá cajeros automáticos en las localidades pequeñas? Eslovenia formaba parte de Yugoslavia, que era un régimen comunista, ¿no es así? ¿Tendrán iglesias?»

Fue difícil contener las muchas preguntas que invadían mi mente pero, poco a poco, la suave caricia del sol y el agradable paseo por las amplias llanuras se impusieron en el corto trayecto que restaba para Kozina, una aldea sencilla formada por un grupo de modestas casas en torno a una gasolinera, un bar y una tienda de comestibles. Las curiosas miradas de los lugareños acompañaron nuestra llegada.

Nos detuvimos frente al bar, lugar de reunión de los hombres del pueblo, y saludamos en italiano. Ellos, en cambio, respondieron en esloveno. Había asumido que al menos aquí, tan cerca de la frontera, hablarían la lengua vecina, pero no era así. Alberto se persignó y yo formé la señal de la cruz con mis dedos, para hacerles saber que buscábamos una iglesia, con la esperanza de no ofender a nadie con nuestros gestos.

Un joven se aproximó y me ofreció su móvil mientras me indicaba por señas que lo acercase a mi oído. Al otro lado de la línea, un hombre me explicó, en italiano, que no había ninguna iglesia en el pueblo y que la más cercana estaba a casi quince kilómetros. Me confirmó, de igual manera, que en Eslovenia aceptaban el euro, pero devolvían el cambio en la moneda local. Le di las gracias efusivamente a aquel amable desconocido y devolví el teléfono al complacido joven, agradeciendo también su cortesía.

Alberto y yo convenimos en que no podíamos caminar otros quince kilómetros. Se había hecho tarde y la jornada en las montañas había sido agotadora. Dimos un paseo por las callejuelas en busca de alguna señal, humana o divina, que nos llevara a algún refugio. Finalmente, encontramos una pensión y, con el dinero que un simpatizante de nuestra causa le había dado a Alberto esa mañana, dividimos el coste y pasamos nuestra primera noche en Eslovenia.

A la mañana siguiente, nos sentamos en nuestra habitación a disfrutar del desayuno, que en esta ocasión consistía en galletas y zumo. Alberto parecía distraído, así que le pregunté si había dormido bien.

—Sí, muy bien, pero tuve otro sueño extraño —respondió.

—¿Ah, sí? —pregunté con cierta reserva.

Me maravillaba su habilidad para recordarlos tan vívidamente, mientras que yo, por lo general, solo lograba acordarme de fragmentos. La última charla que habíamos tenido sobre sueños me había revelado un aspecto de mi compañero que, me resultó desconcertante. No estaba segura de por qué sus ideas me atemorizaban tanto, solo sabía que me llevaban a un terreno espiritual que me resistía a transitar. No obstante, a pesar de mi reticencia, le pedí que me contara su sueño.

—Estaba con un grupo de unos seis niños con edades comprendidas entre los cuatro y los diez años. Yo tenía doce, quizá. Tú también estabas allí, pero eras más joven que yo. Caminábamos a Jerusalén y nos sentíamos contentos y llenos de vida, sin parar de cantar y jugar durante todo el camino. Vestíamos viejas túnicas raídas que eran nuestra única posesión. Muy por delante de nosotros, iba un gigante de unos tres metros de altura, de complexión robusta y cabello largo y oscuro, ataviado con ropas de leñador y con un hacha cargada al hombro. Por cada pueblo que pasaba, rompía con su hacha los cristales de los establecimientos y las casas y nos echaba a nosotros la culpa. Yo sentía que se alimentaba de la destrucción y el miedo que despertaba a su paso. Sin ni siquiera conocernos, la gente desconfiaba de nosotros, pero cuando llegábamos y contábamos la verdad con alegría y sin temor, ellos nos entendían y, finalmente, nos daban la bienvenida.

—¡Guau! —exclamé, cautivada por el relato.

—El gigante jamás nos atacó directamente. Creo que nos tenía miedo, ya que cuanto más nos aproximábamos, más desesperadas se hacían sus acciones. Cuando por fin le alcanzamos, marchamos hacia él entre risas y le ahuyentamos agitando nuestros brazos y bastones mientras coreábamos a una sola voz las palabras «No miedo, no miedo». El gigante trató de rehuirnos mientras se cubría con las manos a modo de defensa. Con cada palabra que cantábamos, se volvía más y más pequeño. Chillaba indignado, pero ya era demasiado tarde. Su cuerpo siguió encogiéndose hasta desaparecer en la hierba, bajo unos arbustos cercanos.

—Es evidente que el gigante representa el miedo —afirmé—. Nosotros somos los niños y, con nuestra confianza, ayudábamos a los demás a disolver sus temores.

Alberto asintió antes de añadir:

—Pero aquí no acaba la cosa.

Le pedí que continuara.

—Unos momentos más tarde, dos figuras emergieron desde detrás de esos arbustos —dijo—. Eran unos personajes delgados y de baja estatura que llevaban ropa de calle mal conjuntada y pelucas con cráneos pelados, a modo de disfraces que escasamente cumplían su propósito, pues era fácil percibir que aquellos seres eran algo distinto de lo que pretendían dar a conocer. Se acercaron a mí, y me susurraron que ya era hora de partir. Yo estaba encantado de unirme a ellos y sabía que algo maravilloso me aguardaba, pero me acordé de vosotros y me sentí terriblemente triste al tener que dejaros atrás. Los otros niños y tú visteis lo que ocurría y os agarrasteis a mí, entre llantos y súplicas, para que me quedase mientras los dos individuos esperaban con paciencia.

Sentí llenarse mis ojos de lágrimas como si estuviera allí mismo, viviendo aquel angustioso momento.

—Una alfombra apareció bajo vuestros pies —continuó Alberto—. Lentamente, comenzó a deslizarse, alejándoos de mi lado al tiempo que dejaba una estela de polvo tras ella. Tú estabas en frente del grupo y parecías especialmente consternada. La última imagen que recuerdo antes de despertar fue la de mi rostro bañado por las lágrimas mientras observaba cómo desaparecíais en la distancia, embargado por una tristeza tan profunda que el corazón me dolía.

—¿Crees que algo va a separarnos? —pregunté, inquieta.

—No estoy seguro —respondió, pensativo.

—¿Quiénes eran esos hombres que te pedían que fueras con ellos? —Alberto se mostró incómodo—. ¿Me interesa saberlo?

Tras una larga pausa, dijo:

—Creo que se trataba de seres de otro mundo o de otra dimensión.

—¿Te refieres a alienígenas? —exclamé.

—Tranquila, deja que te explique —Alberto suavizó su voz—. Estas entidades son como ángeles para mí, guías espirituales, no es algo a lo que se haya que temer. Yo veo el universo como algo totalmente interconectado, y no solo aquí en este plano físico, así que no hay límites que determinen de dónde puede llegar el amor y la orientación, ya sea desde el mundo espiritual, o incluso desde otros planetas o dimensiones diferentes. Para mí, los ángeles, los guías espirituales y maestros, son todos seres sabios evolucionados, amigos entrañables cuya misión es ayudarnos en nuestro crecimiento y elevar nuestra conciencia. De hecho, fue gracias a ellos que tomé mi decisión final de caminar a tu lado.

—¿Qué quieres decir? —pregunté con aprensión.

—Cuando viniste a Alemania, empecé a recibir claros mensajes de ellos para unirme a tu camino —contestó—. Pero estaba confuso y bajo tanta presión, que comencé a dudar de las señales. Lanzarme a esta aventura suponía un riesgo demasiado grande y no quería cometer ningún terrible error. Finalmente, les dije que necesitaba una prueba irrefutable de que estaban comunicándose conmigo antes de tomar una decisión de ese calibre. Les dije que necesitaba verlos.

Boquiabierta, esperé a que continuara, ansiosa por escuchar sus siguientes palabras.

—Y los vi —concluyó.

—No quiero saber nada más —dije, con firmeza, incorporándome para salir—. Esto ya es demasiado. Me estás asustando, aunque no pretendas hacerlo.

La confesión ultraterrena de Alberto me dejó sobrecogida y me prometí no volver a preguntarle por sus sueños. Ya sabía bastante. Sin embargo, me hizo considerar la posibilidad de que se tratara de un sueño premonitorio que, de alguna manera, anticipara una separación inminente. Aquel pensamiento me entristeció. Pero inmediatamente cerré la puerta a mis temores, y me reafirmé en la idea de que estábamos protegidos en nuestro viaje. «Nada de eso va a suceder», me aseguré a mí misma.

* * *

En contraste con la grandeza de Italia, esta parte de Eslovenia resultaba, sin duda, poco inspiradora. Las casas eran cuadradas o rectangulares, sin detalles arquitectónicos. Se veían funcionales y bien cuidadas, pero no mostraban ninguno de los adornos o atractivos que estábamos habituados a ver en cada localidad italiana por muy pequeña que fuera esta.

Aquella tarde, en Hrusica, encontramos una iglesia y un párroco de lo más acogedor y, al día siguiente, de nuevo sumidos en la niebla, no pudimos ver nada hasta que topamos con la simple barraca que constituía el lado de la frontera eslovena. El joven oficial hojeó de forma despreocupada nuestros pasaportes.

—¿Adónde vais? —preguntó alegremente en italiano.

Se lo explicamos y le mostramos nuestros carteles. Entonces, riéndose con ganas, llamó a sus otros compañeros. Pasamos los siguientes veinte minutos rodeados de regocijo y camaradería, hablamos con franqueza con nuestros nuevos amigos y recibimos de ellos sus mejores deseos. Cuando ya partíamos, uno de los hombres corrió hasta nosotros y nos dio una botella de vino, que puso el toque final a nuestra breve y memorable experiencia entre los amistosos eslovenos.

Otro edificio blanco, unos cien metros más adelante, marcaba la frontera con Croacia. El oficial nos pidió bruscamente los pasaportes con una mirada inexpresiva mientras le explicábamos las razones de nuestro viaje, y luego con un gesto nos permitió pasar. El 31 de enero de 2002, acompañados de una densa niebla, dimos nuestros primeros pasos en Croacia.

Caminamos durante media hora, sin ser capaces apenas de ver el asfalto de la carretera, hasta que llegamos a un grupo de casas. Buscamos un lugar para entrar en calor, lejos del húmedo frío exterior, y dimos con un letrero en el que se leía las palabras *Bar Mir-Bar Peace*, y no pude pensar en un sitio mejor donde detenernos.

Un joven nos dio la bienvenida en inglés y una mujer de mayor edad nos saludó con la cabeza mientras nos observaba con suspicacia, desde detrás de la barra. El local era muy acogedor y la comida fantástica, todo casero, caliente y en abundancia. Al terminar de comer, el joven nos sirvió unos tragos de licor hecho en casa, un detalle de su madre, la señora que lo acompañaba. Le dimos las gracias y la saludamos, y ella volvió a saludarnos con la cabeza, pero su expresión seguía siendo grave. Le explicamos nuestra historia al inquisitivo joven, que iba traduciéndola a su madre sobre la marcha. Su semblante permanecía inalterable y me preguntaba si se había perdido algo en la traducción.

El pueblo no disponía de iglesia, pero gracias al esfuerzo del muchacho, que realizó varias llamadas de teléfono, un cura de Matulji, a veinte kilómetros de distancia, ya nos esperaba para darnos posada. Eran más de las dos de la tarde, y estábamos seguros de que llegaríamos de noche. La idea de caminar sin ningún tipo de material reflectante en la brumosa oscuridad, por un país extraño, me asustó, pero al menos, tenía la tranquilidad de que dormiríamos bajo techo.

Para nuestra sorpresa, la madre se negó a cobrarnos la comida. Cuando le insistimos no dijo una sola palabra, todo lo que hizo fue mirarnos seriamente mientras cruzaba los brazos sobre su pecho reafirmándose en su decisión. Más tarde, incluso envió a su hijo detrás de nosotros para entregarnos una bolsa llena de manzanas de su huerto. Fue entonces cuando aprendimos nuestra primera palabra croata: *huala*, que significa *gracias*. Llegaríamos a apreciar la profunda nobleza de este pueblo durante nuestra insospechada larga estancia en el país.

* * *

Las luces de la ciudad de Matulji centelleaban como diamantes, una señal de bienvenida para dos cansados peregrinos que, por fin, arribaban a su linde. El sacerdote solo hablaba alemán como segundo idioma, y de inmediato nos llevó hasta su coche. En absoluto silencio nos condujo a través de la ciudad, para continuar luego por la autovía principal. No teníamos ni idea de adónde íbamos ni de cómo preguntárselo, así que decidimos relajarnos y esperar. Finalmente, se detuvo frente a un hotel, nos acompañó al interior, intercambió unas palabras con la recepcionista y, desapareció tras desearnos un buen viaje. La recepcionista nos explicó que la habitación y la comida eran gentileza del sacerdote.

En la cena, Alberto y yo, nos maravillamos de cómo se había desarrollado todo. De nuevo nos aventurábamos en lo desconocido, confiando en las fuerzas invisibles que nos guiaban. Hasta ahora, el corazón croata se había mostrado reservado pero magnífico. También fui consciente de que recorríamos un país que había sobrevivido a una sangrienta guerra civil, y me preguntaba con nerviosismo cómo sería recibido el mensaje de paz y sus mensajeros.

Con la ayuda de un camarero que hablaba inglés, tradujimos nuestro mensaje al croata. En mi cartel rezaría ahora: *Hodajuci prema Jeruzalemu za Mir,* y en el de Alberto: *Hodajuci za Mir.*

No sabíamos pronunciar correctamente las palabras, pero esperábamos que nuestras intenciones fueran entendidas.

Nuestros primeros días más allá de la familiar Italia, habían sido prometedores y nuestras preocupaciones, de momento, injustificadas. La magia parecía trascender las fronteras, y con un renovado entusiasmo, miramos adelante, hacia las aventuras que, indudablemente, nos aguardaban en Croacia.

21. La llamada

Entramos en Rijeka, una encantadora ciudad cosmopolita cuyo embrujo nos incitaba a detenernos para disfrutarla; pero no pudimos. Nuestra prioridad era encontrar Trsat, un afamado recinto franciscano, dentro de sus límites, en el que nos aseguraron se nos concedería refugio. Dos horas después, en el otro extremo de la ciudad, llegamos a la base de una escalinata interminable. Un viandante nos confirmó la localización del monasterio señalando la cima de los incontables escalones con una sonrisa burlona en sus labios.

«Quizá no sean tantos como parecen», pensé esperanzada.

Quinientos sesenta y un escalones, más unos cientos de metros extra colina arriba, nos condujeron al final de nuestra inacabable travesía. Apenas podía mantenerme sobre las piernas. El corazón me latía con fuerza y mis pulmones se esforzaban desesperadamente por conseguir aire. Una majestuosa iglesia dominaba la ciudad que yacía postrada a sus pies. Su campanario se alzaba majestuoso hasta rozar los cielos, pero nada de esto me importaba lo más mínimo. Mi sola preocupación, en aquel momento, consistía en encontrar el monasterio que, afortunadamente, quedaba cerca de la iglesia.

La gran puerta de madera crujió al abrirse, y un joven, de no más de veinticinco años, vestido con la túnica marrón de la orden franciscana, asomó la cabeza. Hablaba inglés, por lo que, sin más preámbulos, le puse al corriente de nuestras necesidades.

—Tendré que pedir la autorización del superior —dijo—. Volverá pronto, pero podéis esperarlo dentro.

El joven monje nos condujo, a través de un patio interior, a un hermoso jardín donde una estructura rocosa albergaba una pequeña réplica de la Virgen de Lourdes. La suave luz de innumerables velas, mecidas por la brisa, iluminaba la escultura con un cálido resplandor.

—Esta capilla está dedicada a Nuestra Señora de Trsat —explicó—. Es un lugar de peregrinación. Desde hace siglos, peregrinos de toda Europa lo han visitado para rendirle homenaje a la Virgen. Muchos de ellos subían las escaleras de rodillas, en señal de penitencia, para implorar el perdón de sus pecados. Incluso San Francisco de Asís estuvo en este santo lugar. Naufragó en su viaje a Jerusalén, y fundó una orden con la finalidad de mantener este oratorio. Esa es la labor de los monjes franciscanos que residimos aquí.

«Qué extraña coincidencia», pensé, mientras seguía al monje por la capilla. «De nuevo en otro destino de peregrinación, como si estuviéramos siguiendo huellas invisibles borradas por el tiempo».

El muro principal de la capilla estaba ocupado por una sencilla estatua de María. El resto de las paredes estaba repleto de muletas y aparatos ortopédicos. Notas escritas a mano, rosarios, regalos de todo tipo, e incluso réplicas de barcos y pinturas cubrían todo el espacio disponible.

—Los enfermos y los necesitados vienen aquí para pedir una solución a sus problemas. Esos regalos son un testimonio de su gratitud y devoción a Nuestra Señora —concluyó con reverencia—. Podéis esperar aquí.

Caminé por la capilla mientras prestaba especial atención a las notas manuscritas, incapaz de entender las palabras, pero sí, la fe y el amor de quienes las escribieron. Esa misma devoción y sentimiento emanaba de cada ofrenda, y se sumaba a la abrumadora emoción que me producía el saber que me hallaba en un lugar sagrado.

Otro joven monje, de unos veinte años de edad, se aproximó jovialmente.

—Me llamo Vlado. Cuando mi hermano me habló de vosotros, supe que tenía que conoceros. Mencionó que es posible que paséis por Medugorje. ¿Es así?

Habíamos oído hablar de Medugorje, un pueblo de Bosnia Herzegovina. En junio de 1984, la Virgen María, supuestamente, se apareció a seis niños en una colina de las cercanías. El Vaticano no había reconocido la autenticidad de las apariciones, como en el caso de Fátima o Lourdes, pero esto no había impedido que la gente acudiera a visitarlo. No obstante, lo que más nos atraía de Medugorje era que a la aparición la llamaban «La Reina de la Paz».

—No lo hemos decidido aún —respondí.

—¡Oh, debéis ir! —dijo Vlado entusiasmado—. Podréis sentir la presencia de la Santa Madre por todas partes. Yo caminé hasta allí desde Zagreb y sentí cómo la mano de Dios guiaba cada uno de mis pasos. Encontré mi fe y mi vocación durante ese peregrinaje, y decidí entonces dedicar mi vida a servir a los demás.

Permanecimos en el jardín algo más de una hora, compartiendo historias y experiencias de peregrinos, así como sus dificultades y triunfos. Nos fue fácil conectar en profundidad con el joven monje, en quien reconocimos un alma afín.

—Podría hablar con vosotros una eternidad —añadió—, pero debo dejaros. Prometo volver pronto.

No habían pasado ni dos minutos cuando lo vimos regresar exaltado agitando un papel en su mano.

—¡Alberto, Mony, mirad esto! —exclamó—. Encontré esta nota en el suelo de la basílica cuando entré a rezar. Era el único papel que había en toda la sala.

La nota estaba muy plegada, como si hubiera sido extraída de una galleta de la fortuna.

—¿Qué pone? —pregunté.

—Es un mensaje de Nuestra Señora de la Paz de Medugorje —dijo con entusiasmo—. Aún se comunica con algunos de los niños, o visionarios, como ahora se les llama. Su mensaje es publicado el día veinticinco de cada mes. Este habla de seguir el camino de la fe.

—No es una casualidad —dijo Alberto.

—Creo que este mensaje es para vosotros —afirmó Vlado.

Alberto me pidió el mapa y sacó un pequeño calendario de bolsillo. Con la ayuda de Vlado, trazamos una ruta a Medugorje, que se encontraba cerca de la frontera croata, a unos seiscientos kilómetros al sur de donde estábamos.

—Hoy es primero de febrero —dijo Alberto—. Si recorremos veinticinco kilómetros de media al día sin tomar días de descanso, el próximo veinticinco podemos estar allí.

—Nuestra Santa Madre os llama —añadió Vlado con reverencia—. Debéis ir.

El monje nos volvió a dejar, y Alberto y yo vagamos por la sala en silencio. No sabía cómo tomarme lo que acababa de ocurrir. Tenía todo el aspecto de ser una señal, pero yo necesitaba alguna prueba más contundente. Dos horas después, reapareció Vlado para dejarnos en manos de una cariñosa monja que nos condujo a nuestra habitación por los apenas iluminados pasillos del monasterio sin parar un momento de hablar en croata, como si esta fuera nuestra lengua materna. Dejamos nuestras mochilas y abrigos allí y, seguidamente, fuimos acompañados por nuestra parlanchina guía hasta una salita donde una mesa con comida caliente nos aguardaba.

Nos sentamos con Vlado dispuestos a dar buena cuenta de nuestra cena: un plato de pasta en salsa cremosa, salpicado de queso y cebolla, acompañado de una variedad de quesos locales y pan del día. Vlado solo mordisqueó algo de pan y bebió un poco de agua, y le invitamos a que comiese algo más con nosotros.

—Nuestra Señora de Medugorje recomienda ayunar los miércoles y los viernes —dijo con felicidad. Pero yo no pude disfrutar de mi comida después de aquello.

Un fraile de más edad se unió a nosotros. Su inglés era muy limitado, así que Vlado hizo las veces de traductor esa noche. La devoción de Vlado por Medugorje era evidente, pero con este otro fraile percibí, incluso con mayor intensidad, la incuestionable aceptación de los dogmas de fe de la Iglesia católica. Nos habíamos alojado en numerosos monasterios de Italia, pero nunca había sentido el fervor tan profundo que aquí se respiraba. Los croatas parecían ser más católicos que los italianos, así que guardé mis opiniones para mí misma, lo que me hizo sentir en la cuerda floja durante toda la cena. Alberto se reservó también su punto de vista y, cuando habló, lo hizo de forma que no generara controversia. Me sentí liberada al acabar la noche.

* * *

A la hora del desayuno Vlado volvió a reunirse con nosotros y parecía aun más animado que de costumbre.

—Esta noche tuve un extraño sueño —confesó—. No suelo recordar mis sueños, pero este me pareció muy real. Un mago vino al monasterio.

—¿Cómo? —preguntó Alberto—. ¿Has dicho un mago?

—Sí, ya sabes, un hechicero—respondió Vlado.

Miré a Alberto, que se veía más que sorprendido.

—¿Y qué ocurrió? —dijo simulando simple curiosidad.

—Yo estaba con algunos de los hermanos en una de las salas comunitarias, ocupado en nuestros estudios y oraciones, cuando alguien llamó a la puerta. La abrí y era el mago, al que invité a entrar —afirmó Vlado—. Era amistoso y abierto, y compartió con nosotros sus creencias en relación a Dios y a Jesús. Sentí que sus palabras suponían un ataque a nuestra fe, incluso cuando sabía que no era esa su intención. Los hermanos comenzaron a agitarse, pero nadie se atrevió a desafiarle. Yo también empecé a sentirme tenso y, sin poder admitir ni una palabra más, me levanté y exclamé: «¡Ve a Medugorje!». El mago paró de hablar y me miró fijamente. Entonces, desperté.

—¿Cómo sabías que era un mago? —preguntó Alberto discretamente—. ¿Hizo algún tipo de magia?

—No —replicó Vlado después de una pausa. Sus ojos no se apartaban de Alberto—. Hablaba más bien como un filósofo, pero era un mago.

Vlado anunció entonces que tenía algo para nosotros y sacó varios objetos de un armario cercano, que en su mayoría eran colgantes y fotos de distintas vírgenes y santos. Nos sorprendió también con una lista escrita a mano de palabras y frases traducidas al croata, como «Hola», «Adiós», «Me llamo...» y «¿Dónde está la iglesia?». Sonreí divertida cuando vi que también incluía cómo decir «Yo ayuno los miércoles y los viernes» y la traducción completa del avemaría.

Por último, Vlado me regaló una pequeña biblia en inglés. Desde mi llegada a Italia, había recibido continuas señales que hacían referencia al nombre de «Juan». Al principio, ocurrió con su equivalente italiano, *Giovanni*, y ahora, con su homólogo croata, *Ivan*. Dado que a San Juan lo representaba un águila, deseé buscar algún mensaje en este Evangelio del Águila, pero desestimé la idea de conseguir una biblia en inglés en Croacia por considerarla poco probable. Ahora que el destino la había depositado en mis manos, estaba segura de que allí había algo para mí.

—¿No es increíble? —exclamó con admiración Alberto ya en la carretera—. ¡Guau! ¡Es la primera vez que recibo un mensaje a través del sueño de otra persona! Si esto no prueba la existencia de la magia, no sé qué otra cosa podría hacerlo.

—¿Crees que Vlado sospecha que eres el mago de su sueño?

—A juzgar por la forma en que me miraba, yo diría que sí —respondió Alberto—. Pero eso no importa. Su mensaje es lo más relevante. Tenemos que estar en Medugorje el día veinticinco.

—No sé, Alberto —dije evasiva—. Deseo ir, pero no quiero forzarme en exceso.

Alberto no parecía complacido con mi respuesta. Las cosas estaban ocurriendo demasiado rápido, de una manera que no llegaba a entender, y eso me ponía nerviosa. Necesitaba tiempo para reflexionar. Quizás Medugorje llamaba al mago, pero eso no significaba que también me llamase a mí.

22. Ángeles de la guarda

Cumbres rocosas se elevaban a nuestra izquierda. Las azules aguas del Adriático se extendían brillantes a la derecha. La carretera se abrazaba a la montaña, y se curvaba suavemente con ella creando vistas de ensueño. Por primera vez en nuestra marcha, pude quitarme la chaqueta y disfrutar del paseo bajo los cálidos rayos del sol.

Llegamos a nuestro destino ya terminado el día y, con la ayuda de las palabras y frases croatas que habíamos recopilado, preguntamos por la iglesia. Anduvimos en su dirección hasta que nos encontramos junto a la base de unos grandes y anchos escalones. Miré hacia arriba para saber a dónde llevaban, pero el sol me cegó por un momento. Delante de la refulgente luz, se erguía una pequeña figura, encima de las escaleras, sobre la que los rayos del sol proyectaban un halo luminoso alrededor de su cuerpo. Parpadeé varias veces ante lo que parecía un ángel que levitaba sobre nosotros e, instintivamente, di unos pasos atrás. Las recientes conversaciones sobre extraterrestres y magos me habían dejado un tanto inquieta.

La figura descendió y pude ver que se trataba de una niña de unos diez años. Su pelo castaño caía ligeramente sobre los hombros enmarcando su hermoso rostro. La saludé en croata. Ella sonrió y me devolvió el saludo, luego se alejó tímidamente. Continúe adelante y, a unos quince metros, me paré y me di la vuelta por curiosidad. Para mi sorpresa, la niña estaba a unos pasos detrás de nosotros, esta vez acompañada por otra chiquilla de la misma edad y equivalente belleza. Sonreí saludándolas con la mano y ellas se apresuraron a acercársenos.

—¿Cómo te llamas? —pregunté despacio en inglés.

—Anna María —respondió la primera niña que vimos.

—¡Me entiendes! —exclamé.

—Sí —respondió contenta—. Estoy aprendiendo inglés en el colegio. Esta es mi amiga Tania.

Alberto y yo nos presentamos y las niñas nos estrecharon las manos entre tímidas risas.

—¿Nos podríais llevar a la iglesia? —pregunté.

Asintieron con alegría y lideraron el camino sin parar de susurrar entre ellas. Ya era casi de noche cuando llegamos. Los feligreses se arremolinaban en la entrada de la parroquia y vimos al sacerdote descargar cajas de un coche con la ayuda de dos chicos. Tania y Anna María se acercaron a él y comenzaron a hablar mientras señalaban hacia nosotros. El cura nos miró distraídamente, así que nos aproximamos. Segura de que hablaba italiano, comencé a explicarle nuestras necesidades, pero él continuó con los bultos sin prestarme atención. Me pregunté si me estaría escuchando.

—Mira, ahora tengo mucho trabajo —interpuso claramente irritado—. No puedo atenderos. Buscad un hostal.

Discretos murmullos de desaprobación se oyeron entre la multitud, pero el párroco no reparó en ellos.

—Por favor, deje que me explique —intenté de nuevo—. Comenzamos en Roma hace dos meses. Hemos dormido en conventos, monasterios y, en ocasiones, incluso en la casa del sacerdote...

—¿En la casa del sacerdote? —interrumpió con burla—. ¿Esperáis que os deje dormir en mi casa? No lo creo. Ni siquiera os conozco.

—Estoy tratando de explicar... —continué algo avergonzada.

—¡Basta! —dijo Alberto con autoridad—. Nos vamos.

Por primera vez desde que llegamos, el cura se detuvo. Claramente sorprendido, levantó la vista para mirar a Alberto, pero pasado el momento volvió a su tarea de descarga. Cuando terminó, vociferó unas órdenes y entró en la iglesia. Todos le siguieron. Anna María y Tania sortearon la multitud y se acercaron a nosotros con pesadumbre en sus rostros. Detestaba verlas tan preocupadas, así que me arrodillé y les dije:

—Gracias por todo lo que habéis hecho. Sois dos ángeles especiales. Recordad siempre que no solo habéis ayudado a dos extraños que lo necesitaban, sino a dos peregrinos de camino a Jerusalén. Nunca os olvidaremos.

Las niñas se acercaron y me abrazaron. Me aferré a las dos con fuerza y besé sus mejillas. Alberto se inclinó e hizo lo mismo. Entonces, me di la vuelta y me alejé llorando a toda prisa mientras Alberto pasaba su brazo sobre mis hombros.

—¿Pero dónde vais a dormir esta noche? —oí gritar a Anna en la oscuridad.

Sus palabras ardieron en mi corazón como una llama y, reuniendo el coraje para sonar confiada, me giré y grité:

—No os preocupéis. Siempre encontramos un lugar donde dormir—. Con un último gesto de despedida, me di la vuelta y no volví a mirar atrás. Alberto acarició mi cabello tratando de consolarme. Pero era imposible.

Lloré hasta que no me quedaron más lágrimas, hasta que toda la frustración salió de mi ser. Alberto sugirió que fuésemos al único hotel del pueblo, pero estaba lleno por las fiestas de carnaval. Lo intentamos en otros lugares que nos recomendaron hasta que, finalmente, tuvimos que enfrentar la realidad de que no había lugar en la ciudad donde quedarnos. Vimos en el mapa que la localidad más próxima estaba a cuatro kilómetros si seguíamos la línea de costa, así que acordamos continuar adelante y buscar posibles lugares donde acampar en el camino. A las 19:30, en completa oscuridad, iniciamos nuestra lenta marcha.

En silencio, rogué por ayuda, y recordé los muchos momentos en los que, milagrosamente, se nos había concedido. Vi a Alberto enjugarse una lágrima y murmurar:

—Ayúdanos, por favor. Si realmente soy el mago que no cesas de decirme que soy, ¿por qué entonces no puedo cambiar esta situación?

Sus ojos buscaron los cielos.

—¡Yo creo! —dijo enojado y con los puños apretados.

Luego, en un susurro apenas audible le oí decir:

—Por favor, yo creo.

Una larga cadena bloqueaba ahora nuestro avance. Colgada de ella había un cartel con las palabras: «PROPIEDAD PRIVADA. NO PASAR».

—¿Adónde vais? —gritó una voz en inglés, tan súbitamente que llegó a asustarme.

Escudriñamos la oscuridad. Unos barcos de pesca se movían en la bahía mientras que otros estaban varados en la orilla. Un hombre de edad madura, delgado y fuerte, con una gorra de marinero y un cigarrillo colgado de sus labios apareció por detrás de una barca.

—Buscamos un lugar donde dormir —respondió Alberto.

—Podéis dormir en cualquiera de estas barcas —afirmó mientras las señalaba—. Eso es lo que haré yo esta noche.

Los dos negamos con la cabeza.

—No, gracias —dijo Alberto—, intentaremos llegar al pueblo más próximo.

El hombre de mar dio una profunda calada a su cigarrillo mientras nos estudiaba con la mirada.

—Continuad por la playa y llegaréis allí. —Y, tras decir aquello, desapareció en el interior de uno de los botes.

Seguimos sus instrucciones y marchamos hacia adelante sin prestar atención a otro cartel que decía: «PROHIBIDO». Las luces de la ciudad acababan en aquel lugar y, más allá, solo se percibía la bruma de la noche, así que sacamos nuestras linternas. La orilla se extendía por una zona cada vez más industrializada. La maquinaria pesada y las grúas se alzaban sobre nosotros observándonos en silencio al tiempo que callejeábamos entre barcos mercantiles que emergían de la nada en forma de muros impenetrables. Caímos en la cuenta de que estábamos en un puerto, y que nuestro trayecto nos obligaba a atravesarlo.

Lo seguimos con cautela y, pronto, nos encontramos andando entre los carriles de una vía de tren. La situación parecía ir de mal en peor.

—¿Damos la vuelta? —pregunté.

—No hay nada para nosotros allí detrás —respondió Alberto con acritud.

Ignoré su tono y proseguí en silencio a lo largo de la sucia vía. Nuestros pies se hundían en aquella sustancia viscosa y negra que se pegaba como el alquitrán a nuestras botas. Un denso olor a petróleo y disolventes impregnaba el aire. Yo seguía de cerca los pasos de Alberto tratando que la mugre no alcanzara mis tobillos mientras me preguntaba cuándo y cómo acabaría la noche. De repente, en la misma dirección a la que nos dirigíamos, pudimos observar una larga pasarela de malla y acero elevada a unos diez metros sobre nuestras cabezas.

Subimos hasta ella por una rampa de metal que, por fin, puso distancia entre nosotros y la porquería que infectaba el suelo. Una vez arriba, di unos pasos precavidos por el pasillo para probar cómo respondía bajo mi peso. Parecía sólido, así que le indiqué a Alberto que me siguiese. El corredor era lo suficientemente ancho para que caminase una persona, y era más largo y estaba a más altura de lo que parecía desde abajo. De esta manera, avanzamos con sigilo y sin premura bajo el brillo de unos focos que iluminaban parcialmente nuestro recorrido.

Diez minutos más tarde, la pasarela terminó bruscamente a seis metros sobre el suelo. La única salida era una escalerilla de acero de unos quince peldaños que bajaba rodeada de una estructura cilíndrica de metal. Miré la escalera con incredulidad sin saber si reírme o llorar. Presionando su cuerpo contra ella, Alberto consiguió lenta y cuidadosamente llegar hasta el suelo. Mi mochila era más ancha que la suya y temí quedarme atascada en aquella espiral metálica. Alberto dejó abajo su mochila y volvió a subir hasta la mitad para recoger la mía. Después, descendí como pude los resbaladizos peldaños. Cuando por fin estuvimos en tierra, nuestras manos estaban negras. La chaqueta de Alberto también se había manchado y, claramente disgustado, intentaba limpiarla con la ayuda de una toallita húmeda. Desde hacia tiempo, había notado que Alberto era muy escrupuloso con la higiene, así que imaginé lo difícil que esta situación debía ser para él.

La pasarela nos había dejado de nuevo junto a la vía férrea. A nuestra derecha, podíamos ver la orilla del mar por donde pretendíamos continuar, pero un largo tren, estacionado en la vía paralela a la nuestra, se interponía entre nosotros bloqueándonos el acceso. Buscamos la manera de introducirnos entre los vagones, pero, finalmente, llegamos a la conclusión de que no era posible, así que proseguimos en línea recta hacia el final del tren.

De pronto, escuchamos el fuerte ladrido de un perro y mis músculos se tensaron. A unos cincuenta metros más allá se encontraba un hombre en frente de un pequeño edificio. La brillante luz de su linterna escudriñaba la oscuridad. Estaba claro que se trataba del guarda nocturno, y que nosotros habíamos invadido la propiedad que custodiaba.

—¡Mierda! —exclamó Alberto.

—Esto es perfecto —me quejé—. Espero que las cárceles croatas no sean demasiado frías.

Nos aproximamos despacio, diciendo *hola* en todas las lenguas que conocíamos. El vigilante dirigió la luz hacia nosotros, pero no dijo una palabra. Aunque no pude distinguir sus rasgos, se trataba de un hombre mayor, posiblemente de unos sesenta años, vestido de uniforme. Incapaz de explicar en croata por qué estábamos allí, me giré para que leyera el mensaje de mi mochila. El perro, un pequeño terrier, corría en círculos a nuestro alrededor sin parar de ladrar, mientras, el guarda nos miraba callado, con el rostro inexpresivo. Finalmente, nos indicó con un gesto que le siguiéramos.

Le acompañamos al interior de un edificio pobremente iluminado hasta una pequeña habitación decorada con muebles viejos: una mesa en la esquina, una silla desvencijada y un sofá cama cubierto con una manta gastada. La pequeña televisión en blanco y negro proyectaba una película en ese momento. Nos sentamos en la cama y él en la silla. Recordé la lista que Vlado nos había preparado, y busqué desesperadamente alguna palabra o frase que explicase nuestra situación. El guarda cogió el trozo de papel, lo examinó en silencio y, a través de gestos, nos preguntó dónde pretendíamos pasar la noche. En una mezcla de lenguaje de señas, inglés e italiano y algunas palabras de la lista, intentamos explicarle lo que había sucedido en la ciudad anterior con el fin de hacerle entender que nos dirigíamos al pueblo más próximo en busca de alojamiento.

El hombre mantenía una calma que amenazaba con enervarme. Finalmente, se puso de pie y volvió a indicar que le siguiéramos. Alberto y yo intercambiamos miradas nerviosas. Yo no sabía lo que iba a hacer. Él podría llamar a la policía puesto que habíamos traspasado una propiedad privada, pero, a esas alturas, me sentía tan exhausta emocionalmente que ya no me importaba lo que pudiera ocurrir. Solo deseaba dejar de moverme, y descansar.

El guarda nos llevó fuera del edificio hasta otro cercano que la oscuridad había mantenido oculto. Una vez dentro, encendió las luces. La sensación de abandono solo acentuaba la frialdad del descuidado espacio. A continuación, nos condujo por un corredor, y abrió una puerta. El olor a sudor y a mugre era abrumador. Latas vacías, trapos y papeles arrugados yacían esparcidos por el suelo. Restos de petróleo y otros residuos, junto a la arena y el polvo acumulados, se mezclaban en una sucia capa que lo revestía todo. Las ventanas parecían llevar años sin limpiarse. Dos improvisados camastros se insinuaban bajo varias mantas oscuras. El hombre señaló las camas, luego a nosotros, e hizo gestos para que nos echáramos a dormir.

Lo miré con incredulidad y comencé a sollozar abiertamente. Alberto no pudo evitar hacer lo mismo. En ese momento, la suciedad desapareció de mi vista y todo lo que vi fue un refugio para dos almas cansadas. Juntos, nos acercamos al hombre y lo abrazamos. Cuando por fin lo dejamos ir, el desconcertado vigilante se limitó a salir de la habitación con paso lento. Pensé que huía de nosotros, pero regresó más tarde con un calentador, lo que nos provocó más lágrimas todavía. El pobre hombre nos miraba angustiado frotándose las manos sin saber cómo consolarnos.

Después, nos tomó del brazo y, con claras muestras de entusiasmo, nos condujo nuevamente a su oficina. Abrió el frigorífico, vació su contenido en la mesa y, con una mirada bondadosa, nos hizo señas para que nos sentásemos a comer, pero yo me sentía demasiado alterada para probar bocado. Entonces, cortó un poco de pan y queso y me lo entregó, lo que me hizo llorar con más fuerza.

En ese momento, sonó un canto en la televisión que coreaba en inglés la frase «A veces necesitas un ángel». Apenas podía respirar de la emoción que recorría mi cuerpo. El hombre salió consternado de la habitación, y le oí hablar por teléfono. Aproveché ese momento para serenar mi llanto y, cuando regresó, nos presentamos mutuamente. El hombre se señaló a sí mismo y dijo:

—Micho.

«Miguel», como el ángel que era.

Saqué algunas de las estampas que Vlado me había dado y se las mostré en un intento de establecer comunicación. Su atención se dirigió, sobre todo, a la foto de Medugorje, así que se la di de inmediato. Sonrió con felicidad y besó la imagen con cariño para llevársela a la altura de su corazón. En ese momento, hubiese deseado poder darle todo lo que tenía en agradecimiento por su bondad.

Un rato más tarde, llegó un joven que se presentó en italiano. Se llamaba Donald y era un amigo de Micho. Como ya podíamos comunicarnos, se lo contamos todo a Donald, que iba traduciendo nuestras palabras a Micho, cuyo asombro aumentaba por momentos. Poco después, llegó la novia de Donald con su madre. Ella hablaba inglés, de tal forma que fui capaz de explicar aún mejor la profundidad de este increíble regalo que se nos había otorgado.

Donald nos explicó que Micho no había podido leer nuestros letreros ni la nota que le habíamos enseñado porque su vista era muy pobre y no tenía las gafas con él. Pensé que nos había ayudado al descubrir que éramos peregrinos por la paz, pero el hecho de que hubiera prestado auxilio a dos extraños en la noche era aún más admirable.

Micho irradiaba alegría. Palmoteaba sus manos y nos hablaba con entusiasmo mientras nos miraba con el mismo asombro con el que nosotros le mirábamos a él. Finalmente, el grupo se levantó para marcharse y empezamos a abrazarnos todos, unos a otros, por turnos. La novia de Donald se llevó la mano al bolsillo y sacó una figurilla de porcelana de un ángel. Yo no tenía idea de por qué la llevaba consigo en ese momento, pero fue el regalo más precioso que me pudo hacer: la confirmación final de que esa noche los ángeles estaban realmente entre nosotros.

* * *

Nos encontrábamos de pie frente al edificio de Micho. Poco a poco, la luz de la mañana se abría paso a través de la niebla gris. El camino comenzaba ante su puerta.

Sin saber que otra cosa decir, repetimos una y otra vez la palabra *huala*, queriendo transmitir con ella mucho más de lo que podíamos expresar, pero el amable brillo en su mirada me hizo ver que había comprendido la intensidad de nuestro agradecimiento.

Micho rodeó la cara de Alberto con sus manos y miró sus ojos con amor, como lo hubiera hecho un padre orgulloso de su hijo. Los ojos de Alberto se humedecieron, y se dieron un abrazo, una vez más. Mis lágrimas interminables volvieron a brotar. Micho me abrazó también y acarició mi cabello con suavidad. Cuando me liberó, metió la mano en su bolsillo para sacar su billetera, pero con dulzura la aparté hacia un lado. El buscó de nuevo en sus bolsillos con la intención de darnos algo, sin embargo, el valor de lo que nos había dado trascendía cualquier cosa material. Su humanidad me había devuelto la fe, y ese obsequio permanecería con nosotros para siempre. Jamás olvidaremos a Micho, nuestro ángel de la guarda.

Este incidente me dejó más convencida que nunca de que, ciertamente, había seres de luz con nosotros que nos facilitaban el camino. Ese día, Alberto y yo decidimos dejar allí nuestra tienda de campaña, aquella que aún no habíamos necesitado utilizar, como prueba de nuestra fe en ellos.

23. Nuestro miedo más profundo

Continuamos a lo largo de la espectacular costa croata, después de haber pasado Novi Vinodolski, y ahora nos dirigíamos a Senj. Gracias a una entrevista que concedimos a un reportero que nos abordó en la carretera, la gente nos saludaba al reconocernos y muchos nos paraban para desearnos buen viaje, con las palabras croatas *sretan put*. Por fin, encontramos nuestra foto en la contraportada de un periódico local, junto a una breve descripción de nuestro viaje, y añadimos a nuestra colección italiana el primero de los muchos artículos que escribirían sobre nosotros en Croacia.

Ese día no cesaba de recibir señales en torno a *Ivan*, el equivalente croata de «Juan». Desde un coche que se detuvo cuyo ocupante se presentó a sí mismo de tal manera, hasta la palabra *Ivana*, pintada con espray en grandes y coloridas letras en un muro enorme con el que nos cruzamos, además de unos misteriosos trozos de papel que encontré a mis pies en los que también podía leerse dicho nombre. El Universo me hablaba a voces, y yo estaba alerta. Cuando me paré en el arcén para ajustar mi mochila, Alberto dijo que él también estaba recibiendo señales en ese momento. Nos incorporamos y esperamos atentos.

Al otro lado de la carretera, la puerta de un restaurante se abrió y una chica salió a preguntarnos si podía ayudarnos. Dijimos que sí al unísono, cruzamos la calzada, y le indicamos que nos apetecía tomar un refresco. Elegimos una mesa cercana a la entrada del luminoso local y traté de ser paciente, pero creí que la excitación iba a poder conmigo cuando vi, colgadas en la pared frente a nosotros, la pintura de un águila junto a la de una paloma blanca.

La joven apareció con las bebidas y nos preguntó qué hacíamos por allí. Parecía rondar los veintidós años. Su pelo era largo y castaño y enmarcaba un rostro precioso. Sus ojos verdes me llamaron la atención, no solo por su amabilidad y su belleza, sino por la tristeza que transmitían. Ella escuchó con educación nuestra historia, pero el desvío de su mirada y sus brazos cruzados insinuaban claramente que había algo con lo que no estaba de acuerdo. Le invitamos a que se uniese a nosotros y nos presentamos.

—Me llamo Ivana —dijo mientras se sentaba. Mi corazón dio un vuelco. Alberto me golpeó con el pie por debajo de la mesa.

—¿Cómo es que hablas tan bien inglés? —pregunté, procurando no asustarla con mi entusiasmo.

—Estudio para ser profesora de inglés —contestó—. Solo estoy aquí por unos días para ayudar a mis padres.

Gracias a la conversación, supimos que su familia era bosnia y que la guerra civil los había obligado a vivir en campos de refugiados por muchos años. Al no poder volver a su país, vivían ahora en una tierra en la que, a menudo, los de su procedencia eran tratados con desdén, como si perteneciesen a una clase inferior. No obstante, tras años de duro trabajo, su familia consiguió levantar un restaurante propio y, gracias al tesón y a la honradez que demostraron, consiguieron que su nueva comunidad los aceptase.

—Pienso que lo que hacéis es admirable —dijo con una sonrisa de melancolía—, pero no creo que vaya a servir para nada. Una persona sola no puede cambiar las cosas.

—Gandhi era un solo hombre y logró transformar su sociedad —contesté—. Dijo que cada uno de nosotros deberíamos ser el cambio que queremos ver en el mundo. Eso es todo lo que tratamos de hacer. Cada día, la gente se para a conversar con nosotros, nos saludan con el claxon de sus coches, nos invitan a sus casas, nos ofrecen comida y bebida y, a veces, dormimos en sus hogares. Durante ese breve encuentro, su atención está puesta en la paz. No puedo decirte qué es lo que cambia en el interior de cada una de esas personas, pero sus actos demuestran que influimos en ellas.

—La mayoría de la gente de aquí solo piensa en sobrevivir —respondió Ivana—. No pueden darse el lujo de pensar en crear la paz. Han aprendido que incluso cuando intentan hablar sobre ello, pueden ser arrestados.

Podía sentir que deseaba creerme, pero no se permitía tener esperanza, ese delicado bien tan fácil de derruir.

—El año pasado estuve unos meses en el Líbano —reflexioné—. Mi padre siempre lo había descrito en términos gloriosos. Pero lo que hallé fueron los restos de las heridas, aún por cicatrizar, producidas durante veinticinco años de guerra civil. Gente que vivía con miedo y desconfianza sin saber si la guerra estallaría de nuevo en cualquier instante. Gente que tomaba lo que podía para sí misma y, a menudo, a expensas de los demás. Los que verdaderamente querían reconstruir el país eran tildados de locos o idealistas que no comprendían la complejidad de su realidad política y religiosa. No obstante, he llegado a entender que esas personas también se preocupan por su tierra, también quieren vivir con la paz que sueñan, pero tienen miedo de guardar esperanzas y de sucumbir a la decepción otra vez. No considero que sea fácil, pero la paz es algo que se elige, incluso en tiempos de guerra.

—Hemos conocido a muchísimas personas en este camino que dedican sus esfuerzos a construir una realidad más fraternal —añadió Alberto—, pero piensan que están solos. Es esa gente corriente a la que Mony aludió hace un momento. Personas comunes, pero extraordinarias, que abandonaron su rutina diaria para poder ayudarnos. Ellos son los verdaderos héroes. Gracias a ellos creo más que nunca en la bondad del ser humano y en nuestro poder para cambiar el mundo.

—Es difícil creer que yo pueda cambiar las cosas solo por ser amable con alguien —respondió Ivana con incredulidad.

Le pedí una hoja de papel y, mientras ella hablaba con Alberto, escribí unas estrofas que había memorizado tiempo atrás, y grabado en mi corazón. Las recibí el mismo día que vi a mi águila por primera vez, justo cuando más me cuestionaba la osadía de aspirar a trabajar por la paz. Fueron parte del discurso inaugural de Nelson Mandela, cuando aceptó la presidencia de Sudáfrica en 1994. Le entregué el papel a Ivana y le pedí que lo leyese en voz alta. Ella asintió, y comenzó a recitar:

Nuestro miedo más profundo no es el de ser inadecuados.
Nuestro miedo más profundo es el de ser poderosos más allá de

toda medida. Es nuestra luz, no nuestra oscuridad, lo que más nos asusta. Nos preguntamos a nosotros mismos, ¿quién soy yo para ser brillante, hermoso, talentoso y extraordinario?

En realidad, ¿quiénes somos para no serlo? Representar un papel pequeño en tu vida no presta ningún servicio al mundo. No hay nada iluminado en encogerse de tal forma que otras personas no se sientan inseguras en tu presencia.

Todos estamos llamados a brillar de la misma manera que lo hacen los niños. Nacimos para manifestar la gloria de Dios, que reside en nuestro interior. No solo en algunos, sino en todo el mundo. Y cuando dejamos brillar nuestra propia luz, inconscientemente, le damos a otros permiso para hacer lo mismo. Al liberarnos de nuestro propio miedo, nuestra presencia libera automáticamente a los demás.

Los labios de Ivana se curvaron hasta formar una sonrisa. Era una sonrisa de esperanza, de creer en lo imposible, de tener la audacia de soñar el mayor de los sueños. Sentí una tremenda alegría y una apreciación más profunda sobre la naturaleza de este viaje. Le estaba devolviendo a la gente su poder. Estaba trayendo, de nuevo, la esperanza a sus vidas. Sentada frente a Ivana, no se me podía ocurrir un propósito más poderoso que despertar esa chispa en el corazón de cada persona.

* * *

Pasamos la noche en Senj y avanzamos hacia el pequeñísimo pueblo de pescadores de Sveti Juraj. Nos sentimos dichosos de encontrar un sacerdote allí y agradecimos de corazón el almacén que nos serviría de refugio aquella noche. Mientras Alberto iba en busca de la cena, despejé la superficie del banco de madera que también usaría como lecho para dormir. Alberto llegó poco después sonriendo con orgullo y colocó sobre el banco el acostumbrado trozo de queso junto a un par de baguettes. A continuación, sacó un tubo de mostaza, otro de mayonesa, y sonrió triunfalmente.

Quizá fuera la frialdad de la noche o la dura caminata de ese día en las montañas, pero la vista de otro trozo de queso con pan, aderezado de tal forma, me crispó los nervios.

—¡Se acabó! —exploté—. ¡Mañana tendremos una comida en condiciones, y no quiero oír ninguna queja por tu parte!

—Ya hemos tenido esta discusión antes —respondió con calma—. Puedes comer lo que te guste y dormir donde te plazca. No me culpes si te sientes mal por ello.

—¡Mostaza y mayonesa no es comida! —contesté enfurecida.

—Agradezco tus invitaciones y las he aceptado muchas veces —dijo con firmeza—, pero no voy a permitir que tú lo pagues todo.

No sabía lo que me enfadaba más, si sus palabras o su actitud. Estaba tranquilo y seguro de sí mismo, mientras que yo sentía que, por alguna razón, perdía el control por segundos.

—Piensas que tienes todas las respuestas, ¿verdad? —dejé escapar—. ¿Crees que eres una especie de maestro? ¿Has alcanzado algún estado de iluminación del que yo no soy consciente? ¿Qué te hace pensar que eres tan especial?

Alberto me miró en silencio con los brazos cruzados sobre el pecho, como si estuviera contemplando a un niño en medio de una rabieta.

—Ya estamos otra vez —dijo con un suspiro—. No soy más especial que tú o que el resto, Mony. Solo trato de ayudar de la misma manera que otros me han ayudado a mí. Si tengo que esperar a iluminarme para hacerlo, o para emprender cualquier otra cosa que desee, me quedaré esperando toda la vida. Lo que sé ahora puede servir a algunos de la misma manera que lo que otros saben puede servirme a mí. Todos somos alumnos y maestros. Todos estamos aprendiendo y enseñando a la vez.

—Pero nadie pide tu consejo, Alberto —interpuse—. Tú simplemente lo ofreces.

—Es fácil esconderse bajo la excusa de *quién soy yo* o *qué pasará si cometo un error* —replicó—. La gente es libre de ignorarme. No voy a esconderme por miedo a parecer arrogante, ni voy a ser menos de lo que soy para que otros puedan sentirse cómodos. ¿No era eso lo que dijo tu apreciado Nelson Mandela? Ayer mismo le decías esas palabras a Ivana ¿O lo has olvidado?

Determinado a poner punto final ahí a nuestro argumento, Alberto comentó que necesitaba ir al servicio y se dirigió a la puerta. Le oí girar el pomo varias veces, pero no se abría.

—El cura ha cerrado con llave —dijo con incredulidad.

Había rejas en las ventanas y el sacerdote estaba en otra parte del edificio. Yo también necesitaba usar el baño, y no sabía cómo iba a aguantar toda la noche. Alberto rastreó toda la habitación y, finalmente, encontró una botella de Coca Cola vacía.

—No puedo orinar en una botella —dijo angustiado—. Es demasiado vulgar.

—Ojala yo pudiera —repliqué.

Me metí en el saco de dormir, acerqué mis rodillas al pecho y sacudí los pies mientras trataba de pensar en cualquier cosa que me distrajera de mi necesidad de orinar. Oí cómo caía el chorrito en la botella y odié aún más a Alberto. Apagó las luces, encendió con parsimonia una vela, y se acercó con ella hacia donde yo estaba. Después se arrodilló a mi lado.

—No era mi intención molestarte —susurró.

Le devolví la mirada sin saber muy bien qué decir. Me sentía abrumadoramente confusa. Alberto se acercó aún más y, con suavidad, me abrazó. Las lágrimas se agolparon en mis ojos y luché contra el impulso de enterrar mi cabeza en su hombro y llorar. Me separé, despacio, y me di la vuelta para esconder mi confusión, pero sabía que era más que evidente.

No tenía a dónde correr, ni a nadie a quién recurrir. En mis momentos de confusión, solo estaba Alberto que, por norma habitual, era la fuente de mis conflictos. Necesitaba tiempo lejos de su presencia, tiempo para aclarar mis pensamientos y emociones; pero, en esta travesía de paz, parecía estar destinada a permanecer junto a él.

24. El final del arcoíris

Fuertes lluvias nos castigaron sin piedad, a la mañana siguiente, en una carretera que serpenteaba entre interminables montañas. Grité y clamé a los cielos para que cesara de llover, pero mis suplicas no fueron escuchadas. Sin lugar donde parar en la desierta carretera, todo lo que podía hacer era caminar.

Subí con dificultad la montaña, temblando y calada hasta los huesos, mientras me cuestionaba, por enésima vez, la cordura de haber empezado este camino. Por el contrario, Alberto estaba de un irritante buen humor, y no paraba de tararear y canturrear para sí, lo que me provocaba querer gritar aún con más fuerza.

Al final de la tarde, el sol salió por fin. Me senté a descansar en una gran piedra al borde de un precipicio. El sol calentaba mi cuerpo y secaba mi ropa mientras yo observaba entretenida el vapor que se desprendía de mi chaqueta. Quería secar mis calcetines, pero temí que si me quitaba las botas quizá no podría volvérmelas a calzar. Mis pies estaban hinchados y con ampollas, y el empeine del izquierdo me dolía con un dolor punzante que llegaba hasta la rodilla. Mi cuerpo entero se quejaba suplicándome descanso, pero me puse de pie. No quería que mis músculos se contrajesen demasiado y no aguantasen el resto del camino. Descendí la tortuosa carretera apoyando todo mi peso sobre mi bastón al tiempo que me desplazaba en zigzag para tratar así de compensar la pendiente y restar presión a mi espinilla.

—¿Dónde está el arcoíris...? ¿Dónde está el arcoíris...? —cantaba Alberto, alegremente, detrás mía.

Al doblar otra curva, le oí exclamar y, cuando me giré, lo encontré con la boca abierta y la mirada atónita, perdida en el cielo. Sobre nuestras cabezas se extendía el mayor y más radiante arcoíris que jamás había visto. Sus colores refulgían vibrantes sobre el intenso azul, y unían con un arco inmenso las cumbres de dos montañas para llenar por completo el firmamento que se alzaba sobre nosotros.

—¡Lo sabía! —gritó Alberto—. Sabía que hoy veríamos un arcoíris. ¡Y vaya arcoíris! Es el más grande que he visto nunca.

Yo continué mi marcha y dejé que Alberto cantara con su arcoíris.

—¡Mira! —le oí gritar—. ¡Ahora es doble! ¡Parece incluso más ancho que antes! ¡Esto es asombroso! ¡Y al final del día, justo cuando llegamos a nuestro destino! ¡Gracias, Vida! ¡Gracias por este precioso regalo!

Solo volveríamos a contemplar un arcoíris tan magnífico como aquel a nuestra llegada a Jerusalén.

Con los brazos extendidos y la vista alzada al cielo, Alberto bajó la montaña entre bailes, brincos y piruetas. Me llamaba una y otra vez para pedirme que me detuviese a disfrutar con él del espectáculo, pero yo seguía hacia adelante, cada vez más irritada por su alegría.

Un hermoso pueblo nos esperaba junto a las aguas que relucían con suavidad bajo el sol poniente. Apresuré mis pasos sin prestar atención a las ampollas ni a las insistentes protestas de mi cuerpo. La poca luz que restaba del día nos orientó hasta la casa del sacerdote y, tal como llegué, golpeé la puerta con ganas e ilusión, sin pararme siquiera a considerar la posibilidad de que pudiera rechazarnos. Nadie respondió. Golpeé con más fuerza y di un paso atrás esperando a que la puerta se abriese. Nadie salió. Luché contra una ola de creciente desesperación.

«Por favor, que esté en casa, por favor, que esté en casa», supliqué una y otra vez.

Permanecimos en la puerta como una hora, sin cesar de golpearla y gritar mientras esperábamos. Pero no hubo respuesta. El pueblo parecía incluso más pequeño que Sveti Juraj. La única señal de vida era un *ferry* atracado en el puerto que cargaba pasajeros y coches. Recordé a Micho y los muchos milagros que nos habían ocurrido, y volví a llamar. Esta vez, la puerta se abrió.

Un hombre maduro, de baja estatura y escaso pelo gris nos miró con curiosidad mientras mordisqueaba una manzana. Le contamos nuestras necesidades.

—Espero que no hayáis aguardado mucho tiempo —se disculpó cortésmente para, acto seguido, invitarnos a entrar—. Estaba durmiendo en la planta superior y no os he oído. Soy el padre Josip, pero podéis llamarme Joso.

Seguí al sacerdote al interior de una casa cómoda y bien amueblada. Nos condujo escaleras arriba y nos señaló una habitación que indicó era la de Alberto para, luego, continuar por el corredor hasta llegar a la que sería la mía. Entonces, abrió la puerta y me invitó a pasar. Una colcha limpia con volantes cubría la pequeña cama de una sola plaza. Una lámpara antigua descansaba sobre una mesita de noche de madera. Sencillas cortinas de gasa colgaban de las ventanas. Conmovida, me di la vuelta para que el padre Joso no notara mis lágrimas. Después, nos invitó a que nos refrescáramos mientras preparaba la cena.

Tras una reconfortante ducha caliente, me senté en la cama y examiné mis hinchados pies. La piel se estiraba incómodamente, y enormes ampollas, algunas montadas sobre otras, rodeaban mis tobillos y asomaban entre mis dedos. No podía siquiera tocarlos y, mucho menos, ponerme calcetines. Introduje como pude mis pies en las zapatillas y salí al pasillo cojeando. Bajé a la cocina junto con Alberto, donde una mesa llena de comida nos aguardaba: arroz, pan y abundante sopa, en la que flotaba la pata de algún animal que me fue imposible identificar. Aspiré todo aquel aroma, y me sentí agradecida.

La comunicación era un desafío porque el padre Joso podía hablar alemán, pero apenas francés o inglés. Aun así, creo que pudimos transmitirle la esencia de nuestro camino. Cuando mencionamos que queríamos llegar a Medugorje el día veinticinco, el cura apartó la mirada con timidez.

—No quiero interferir en vuestros planes —dijo—. Es solo que no creo que necesitéis ir a ningún sitio especial para encontrar a Dios. Dios está en todas partes.

Me mostré de acuerdo enseguida, y esperé a que Alberto hiciese lo mismo. Pero no lo hizo, y la conversación terminó abruptamente. Le lancé una mirada inquisitiva, pero él simplemente permaneció con los brazos cruzados mirando a la mesa.

Al percatarse del aspecto de mis pies, el padre Joso sugirió que nos quedáramos unos días más y yo acepté la oferta de inmediato. Alberto me clavó la mirada. Entonces, el sacerdote tendió la mano por encima de la mesa para alcanzar una cesta repleta de manzanas rojas, y me indicó que cogiese una, cosa que hice. A continuación, le ofreció la canasta a Alberto mientras murmuraba unas palabras que no entendí bien. El semblante de Alberto se tornó lívido y con educación dijo que no.

«¿Qué pasa contigo?», le grité mentalmente.

Nuestra velada acabó, regresé a mi cuarto y preparé lo necesario para enhebrar mis ampollas. Se trataba de una técnica que había aprendido en el Camino de Santiago y que implicaba el uso de una aguja de coser empapada en yodo. Consistía en atravesar la ampolla con la aguja, dejando el hilo en su interior para que drenase el líquido por los extremos, y permitir que la ampolla perforada se secase sin peligro de infección.

Alberto se asomó a mi habitación e hizo una mueca de congoja al verme.

—¿Qué piensas sobre el padre Joso? —preguntó.

—Creo que es un santo —contesté sin vacilación alguna.

—Sí, parece agradable, pero… no sé —dijo Alberto sin sonar muy convencido—. De todas formas, mi intuición me indica que no deberíamos detenernos.

—¿Por qué dices eso? —dije asombrada.

—Hay varias cosas en él que no me cuadran —contestó—. Lo primero es que tendría que estar sordo para no oírnos gritar en la puerta durante una hora. No te confundas, me cae bien, pero yo ya tenía mis sospechas, y sus comentarios sobre Medugorje durante la cena, por muy sinceros y bienintencionados que fueran, me sonaron como si quisiera apartarnos del camino. Luego nos invitó a permanecer aquí mientras nos ofrecía esas manzanas.

La mirada de Alberto se intensificó.

—Primero te ofreció una a ti y tú la aceptaste. Luego me ofreció otra a mí, y mientras me miraba con una extraña sonrisa, dijo: *Il frutto proibito.*

Alberto hizo una pausa. Sus ojos brillaban deseando que yo entendiera el enigma de sus palabras.

—¿Y? —pregunté.

—¿No lo ves? —exclamó—. Significa *El fruto prohibido*, en italiano. Fue como una recreación de lo ocurrido en el Jardín del Edén. Tú, Eva, habías ya aceptado la manzana de la tentación. Y ahora parecía como si el diablo en persona me propusiera la misma oferta.

—El padre Joso ni siquiera habla italiano —interpuse—. Estoy segura de que lo malinterpretaste.

—Todos los curas tienen una base de latín y conocen expresiones bíblicas en italiano —contestó—. Además, no importa si lo dijo o no, eso es lo que llegó a mis oídos. No estoy diciendo que sea el diablo. Ya sabes que no creo en espíritus malignos. Creo que él simplemente ha sido un mensajero de la Vida, y que esa escena simbólica fue creada para hacerme llegar el mensaje: debo ir a Medugorje.

—Alberto, no hay forma de que pueda caminar mañana —le rogué—. Mira mis ampollas. Ni siquiera puedo mantenerme en pie. Necesito un día de descanso.

—Si nos quedamos, no llegaremos el día veinticinco —replicó. Un incómodo silencio se produjo—. ¿Entonces, piensas seriamente en quedarte?

—Yo no me muevo de aquí —respondí con firmeza y continué enhebrando mis ampollas.

—Aparte de ir a Medugorje, he recibido señales sobre continuar solo —reveló. En ese momento, paré lo que tenía entre manos.

—Pensé que estábamos de acuerdo en que el camino de la paz era mejor hacerlo juntos —dije.

—Esto es diferente —respondió seriamente—. Creo que es importante para mí estar en Medugorje el día veinticinco. Solo estaremos separados por un tiempo. Te esperaré allí.

—¿Por qué no aguardas un día o dos hasta que esté lo suficientemente bien como para caminar de nuevo? —repliqué intranquila—. El padre Joso nos dijo que no había iglesias o lugares donde parar en cincuenta kilómetros. Y nos acabamos de deshacer de nuestra tienda, ¿recuerdas?

—No puedo hacerlo si quiero estar en Medugorje el veinticinco de este mes —insistió Alberto.

Se levantó y, en tono firme, dijo:

—Quiero salir mañana.

—¿De todos modos, qué tipo de señales has recibido? —pregunté, consciente de la ansiedad que quebraba mi voz—. Quizá las hayas malinterpretado.

—Ojalá fuera así —suspiró—. No puedo explicártelas fácilmente, ya que solo tienen sentido en mi cabeza, en mi forma de ver e interpretar las cosas...

—No me lo puedo creer —murmuré.

—Esto tampoco es fácil para mí, Mony. Por favor, trata de comprender —imploró Alberto—. Temo cometer un gran error, pero siento que esto es algo que ambos tenemos que hacer. Mis señales me indican claramente que debo continuar solo, y confiar en que estaremos bien a pesar de que caminemos separados.

Mi mente se quedó en blanco, y luego comenzó a proyectar mis peores miedos. Me sentí vulnerable y atemorizada. El padre Joso me había alarmado cuando me informó de que había pocos lugares donde parar en el trayecto, y ahora maldecía el momento en que nos desprendimos de la tienda de campaña.

—Me siento mal al dejarte, especialmente así. —Y señaló con angustia mis pies—. Esto no es Italia. Al menos allí sentía que aún estábamos en Europa. Pero aquí todo es extraño. El camino es más complicado, y hay menos lugares donde quedarse. Sin mencionar que estarás sola, y no dispongo de un teléfono para que estemos en contacto.

Quería tener a Alberto a mi lado, pero no por obligación. A medida que mis miedos fluían con mis pensamientos, una voz calmada resonó en mi interior, y me recordó que éramos peregrinos, cada uno en su camino de paz, y los peregrinos siempre encuentran su ruta.

—Ya he tenido antes ampollas —dije—. Sanarán. Quiero ir a Medugorje, pero no es importante para mí llegar el día veinticinco. Si tus señales te dicen que vayas, ve.

—¿Cómo te sientes? —dijo con ansiedad.

—Te mentiría si te dijese que no estoy nerviosa —respondí sinceramente—. Hemos estado juntos tanto tiempo que me he acostumbrado a caminar contigo, aunque hubiese estado dispuesta a estrangularte en más de una ocasión.

Nos reímos y descargamos, de este modo, parte de la tensión. Lo miré con nostalgia. Ya sentía el dolor de la separación.

—Va a resultar extraño caminar sola de nuevo, pero sé que puedo hacerlo. Estoy segura de que encontraré la forma.

Alberto me dio un fuerte abrazo.

—Gracias —susurró. Luego se retiró suavemente y me dio las buenas noches.

Recordé cuántas veces había anhelado la libertad de viajar en solitario, sin embargo, ahora que mi deseo había sido concedido, el camino me parecía incierto, por no decir peligroso. No obstante, necesitaba recorrerlo. Me acosté en la cama y respiré profunda y pausadamente hasta que me sumí en la quietud del silencio. Allí, me sentí a salvo. Una profunda paz me embargó. No estaba sola. Todo estaba bien.

El 8 de febrero de 2002, Alberto y yo nos separamos.

25. La invitación del maestro

Durante mi primer día sin Alberto, logré descansar, pero él estuvo presente en mis pensamientos todo el tiempo. Me preguntaba dónde encontraría refugio, y cómo sobreviviría con el poco dinero que llevaba. Le había prestado mi colgante del águila, el mismo que me él me regaló al comienzo de nuestra aventura, para que pudiera llevar mi energía consigo. A cambio, él me confió uno de sus recuerdos favoritos, una postal que guardaba de su madre. Tomé aquella estampa que representaba a María con el niño Jesús en sus brazos y le pedí que protegiera sus pasos.

El padre Joso había salido temprano y regresó ya entrada la tarde. Mientras le ayudaba a preparar la cena, dijo:

—Me gustaría que hoy tomases la comunión conmigo.

Nunca antes, ningún sacerdote me había ofrecido la comunión durante este camino, y la única vez que la solicité fui rechazada por no ser católica. No quería decepcionar al padre Joso.

—No estoy preparada para tomar la comunión —confesé, mientras pensaba la forma de decirle que no era católica.

—*Mea culpa, mea culpa* —respondió despectivamente—. Estás preparada.

Me reí ante su gracia. Entonces, puso sus manos sobre mis hombros, me miró con unos ojos infinitamente bondadosos, y me dijo:

—Tú eres una peregrina, un ángel en una misión de paz. Lo que estás haciendo es muy importante. Es necesario que recibas a Dios para que seas una con él.

Ningún sacerdote nos había descrito antes de esa manera, ni había tratado de servirnos más allá de nuestras necesidades físicas. Me sentí amparada, y agradecida de que mis inquietudes espirituales fuesen tenidas en cuenta.

—Será un honor recibir la comunión de su mano —respondí.

—Vas a recibir la comunión de Dios, no de mí —contestó con la mayor naturalidad.

Mi cuerpo se estremeció. Sentí sus palabras como una profecía, la promesa de que algo significativo estaba a punto de desplegarse ante mí. Ilusionada, acompañé al sacerdote en el corto trecho que nos separaba de la iglesia. Una ligera brisa llegaba desde la bahía en una noche brillante de estrellas y susurros de magia. Seguí al padre Joso al interior de la capilla en penumbras y esperé a que encendiera las luces. En el suave resplandor que ahora me envolvía, lo que vi me dejó sin respiración.

Ocupando toda la pared encima del altar, un retrato enorme de Jesús me miraba fijamente mientras sostenía un pedazo de pan en una mano y una copa de vino en la otra. Me sentí temblar de pies a cabeza bajo la intensidad de aquella mirada, y me dejé caer en el banco más cercano. Incapaz de recibir tanto amor de una sola vez, me di la vuelta mientras buscaba con la vista cualquier cosa que me apartase de aquel cuadro, de aquellos ojos, que me hacían debatirme entre el impulso de escapar de su presencia y el de hincarme de rodillas.

«Eres digna», sentí susurrar en mi oído. Y esta voz se repitió, una y otra vez, hasta que las lágrimas resbalaron por mis mejillas. Las palabras de Nelson Mandela, que tanto admiraba, se habían grabado en mi memoria, pero evidentemente no en mi alma. En aquel intenso y revelador momento, enfrentada al más profundo de mis miedos, susurré:

—Tengo tantos defectos, tantos temores, tantas cosas que desconozco o que no comprendo...

Las palabras «Eres digna» volvieron a resonar con insistencia, pacientemente, hasta que llenaron mi aturdido corazón de una confiada calma. Sentí que había sido invitada a seguir su camino. No a seguirlo ciegamente ni a convertirme al catolicismo, sino a comprender la vida de un gran maestro y la sabiduría de sus enseñanzas. Ante mí, se presentaba la promesa de llegar a ser mi propia maestra, mi propia guía y sanadora.

Cuando recibí la comunión, lo hice con un corazón que perdonaba sus propias debilidades y defectos, y que, por encima de todo, reconocía su propia valía.

—Acepto tu invitación —prometí en silencio, devolviendo su mirada.

* * *

El atajo para salir de Jablanac que el padre Joso me había prometido terminó siendo un camino largo y solitario, que serpenteaba a través de interminables olivares. Tras las fuertes lluvias, toda la naturaleza parecía aflorar ahora bajo el sol. Paseé feliz mientras disfrutaba de la mañana y me recreaba con el canto de los pájaros y el murmullo de las hojas.

Como consecuencia del temporal, encontré una revista tirada en medio de la carretera, con sus páginas abiertas mojadas por la lluvia. Me detuve un instante y la miré más de cerca sin recogerla del suelo. Había una foto de Jesús, cayado en mano, a lo largo de un camino flanqueado por olivos, con su mirada alzada al horizonte donde se veía Jerusalén y su famosa Cúpula de la Roca. Una ola de emoción me embargó. Él estaba conmigo y se revelaba de una manera con la que podía sentirme identificada; un peregrino, entre olivos, caminando a Jerusalén. «Tengo mucho que aprender, pero no puedo tener un mejor maestro», pensé.

Tras una hora de subida, llegué a la carretera principal. Las piernas me flaqueaban. Avancé despacio para ayudarlas a recuperarse del esfuerzo, pero sentía que me arrastraban. El dolor de mi pie izquierdo regresó, acompañado de nuevas ampollas. Me senté en un gran claro y saqué mis polvos de talco, otro de los muchos remedios que había probado en el Camino de Santiago, que resultó ser el mejor para mantener los pies secos. Extendí las piernas y tosté mis pies bajo el sol caliente antes de volverme a poner los calcetines y las botas. Volví a caminar, pero pronto el dolor reapareció y continuó presente durante el resto del día.

No tenía miedo, pero me sentía sola. A pesar de que Alberto y yo apenas hablábamos en la carretera, era tranquilizador saber que venía detrás de mí. Volteé la cabeza a menudo, acostumbrada a verle allí, y tuve que recordarme a mí misma que ya no me acompañaba. Echaba de menos su acento español, sus reiteradas advertencias de que debía prestar atención a la carretera, y su continuo «Mony, ten cuidado». Paré a orinar tras una piedra grande, y recordé con qué frecuencia me regañaba por no tomar suficientes precauciones a la hora de elegir el lugar apropiado para hacerlo. Sacudí la cabeza riéndome de las tonterías que venían a mi memoria, y le extrañé aún más.

Pasé la noche en Cesarica, en la casa de un cura amigo del padre Joso, y continué hacia el monasterio capuchino de Karlobag al día siguiente. Cuando llegué, me saludaron con reconocimiento, lo cual me sorprendió, y me llevaron a una habitación donde varios hombres hablaban de forma animada alrededor de una mesa. Uno de ellos, vestido con el típico hábito marrón oscuro, se levantó de inmediato y se dirigió hacia mí. Parecía tener unos cincuenta años, con barba y pelo canoso, y un porte serio, casi severo; pero cuando me habló, no sentí otra cosa que calidez y sinceridad.

—Ah, Mónica —dijo jovialmente en italiano mientras estrechaba mis manos—. Te estábamos esperando. Tu compañero estuvo aquí y nos contó todo sobre ti. Bienvenida. Soy fray Ante, el superior del monasterio.

Antes de que pudiese preguntarle por Alberto, fray Ante prosiguió:

—¿Cómo están tus pies? Alberto me dijo que estaban muy mal y que necesitabas descansar. Es bueno que lo hayas hecho. Te quedarás aquí unos días porque la carretera que te espera es muy difícil.

Me las apañé para dejar escapar un tímido «gracias», aturdida como estaba por la sorpresa, y fui presentada al resto del grupo e invitada a cenar con ellos. Su atenta hospitalidad me recordó a la de sus vecinos italianos, así como su insistencia en que me alimentara, por lo que supe que allí no pasaría hambre tampoco.

—Mónica —fray Ante metió la mano en el bolsillo y sacó un trozo de papel doblado—, Alberto te dejó una nota.

Toda conversación se detuvo, y muchos ojos expectantes se giraron hacia mí. Cogí la nota con avidez y la leí en silencio.

Ánimo, sarracena. Ayer, vi cuervos en el camino y una gran águila en un lugar especial. Además leí tu nombre escrito en el mar. Todo va bien. Tus ángeles caminan a mi lado y los míos al tuyo. ¡Ultreya! ¡Nos vemos en Medugorje!

Casi pude oír la voz de Alberto, y sentirlo allí junto a mí.

—Debe haber llegado ya —anunció fray Ante, alcanzando el teléfono—. Le dije que fuese a la casa de un amigo mío.

Tras una breve conversación, me pasó el auricular.

—Hola —sonó cantarina la voz de Alberto, seguida de unas risas.

—No puedo creer que esté hablando contigo —contesté atónita—. ¿Cómo estás?

—¡Genial! —respondió con alegría—. Estoy conociendo a gente increíble, como fray Ante y muchos otros. Tengo tantas cosas que contarte, e infinidad de señales. Camino con energía y a buen ritmo, pero me siento un poco solo. No sabes cuánto te echo de menos.

—¡Ya! —exclamé—. Yo también te echo en falta. ¿Puedes creerlo?

Oía muchas voces alrededor de Alberto.

—Me tengo que ir ahora —dijo—. Nos volveremos a ver pronto. Cuídate y buen camino.

—Buen camino —dije, aunque en el fondo, deseaba poder hablar un rato más con él. Colgué el teléfono y me volví hacia la sonrisa cómplice de todos los presentes.

—*Prijatelji* —clarifiqué de inmediato con la palabra croata que significa *amigos*. Todos asintieron rápidamente sin perder la sonrisa y apartaron la vista, pero yo tenía la clara sensación de que nadie me había creído.

Me llevaron a una habitación con cuarto de baño privado y, una vez deshecha la mochila, me dispuse a asearme. Mientras me duchaba, al subir los brazos para lavarme el cabello, sentí un dolor familiar en las axilas. Había comenzado como una rozadura hacía unas semanas, y se había convertido en un sarpullido. Me había aplicado crema con cortisona, pensando que se debía al sudor y a la fricción al caminar, pero no parecía surtir efecto. Esperé que, fuera lo que fuera, desapareciese pronto.

Mi escala en Karlobag se extendió a unas mini-vacaciones de tres días. Dormí todo lo que pude e incluso disfruté de siestas, aproveché para escribir en mi diario y, por primera vez en un mes, lavé toda la ropa que llevaba en una lavadora. Cada vez que me ofrecía para ayudar en el monasterio, mis servicios eran amablemente rechazados, y me recordaban en todas las ocasiones que necesitaba descansar.

Dediqué mi abundante tiempo libre a leer el Evangelio de San Juan, con la resolución de mantener la mente abierta y el corazón libre de prejuicios. Quería conmoverme, que aquel texto me elevase a nuevos niveles de conciencia y comprensión, pero sus palabras solo me inspiraron apatía. Había estado tan segura de que había un mensaje para mí entre sus páginas que, cuando no pude encontrarlo, me decepcioné hasta el punto de dejar la biblia a un lado y no volverla a mirar más.

* * *

Era trece de febrero, tiempo de volver a caminar, y me senté con fray Ante a examinar el mapa de Croacia. Me aconsejó que me mantuviera cerca de la costa, ya que estaba más poblada, y que mi ruta recorriera los pueblos en los que él tenía amigos, donde me aseguró que me atenderían. Satisfecho con su trabajo, plegó el mapa por mí, y me lo entregó junto a una hoja de papel que extrajo de su bolsillo.

—Esta carta es una introducción que atestigua que eres una peregrina en una misión de paz a Jerusalén. Muéstrasela a cualquier sacerdote o persona que encuentres, y te prometo que te ayudarán.

La nota se agitaba entre mis manos temblorosas. Estaba escrita en croata bajo el membrete y la dirección del monasterio, firmada por fray Ante y estampada con su sello oficial. En mis manos tenía un valioso obsequio. Por la influencia que fray Ante claramente ejercía, supe que quien me rechazase también le estaría rechazando a él.

—*Huala* —susurré con sinceridad.

El rostro serio de fray Ante se suavizó, pero no delató sentimiento alguno más allá. Intercambiamos nuestros números de teléfono y prometí llamarle si necesitaba algo. Me acompañó hasta la puerta principal tras recordarme la ruta que debía seguir. A pesar de no mostrar sus emociones, sentí todo su interés y preocupación en ese momento. Cuando puso sus manos sobre mi cabeza, la incliné, y agradecí en silencio las muchas bendiciones que me habían sido otorgadas. Quería abrazarle, pero había una línea de formalidad que sabía que no podía cruzar. En su lugar, le estreché la mano, volví a darle las gracias, y me alejé.

La jornada de andadura fue larga, pero sin incidentes. Por la noche, en Baric Draga, descansé a gusto en la casa de un conocido de fray Ante y continué hacia Starigrad a la mañana siguiente.

—¿Mónica? ¿Mónica? —llamó un hombre desde la acera de la entrada de su casa.

Al responderle que era yo, entusiasmado, comenzó a decirme algo en croata mientras estrechaba mi mano con una sonrisa de oreja a oreja. No tenía ni idea de lo que hablaba, pero entendí con claridad las palabras «Alberto» y «televisión». Le di las gracias y seguí mi camino.

Unos metros más adelante, me paró otro hombre también al pie de su casa.

—¿Eres la amiga de Alberto, Mónica? —me preguntó en inglés. Cuando le confirmé que era yo, continuó—. Alberto salió esta mañana en la televisión nacional. Habló de vuestro camino y de cómo os habéis separado por un tiempo hasta volveros a encontrar en Medugorje. Dijo que sería fácil reconocerte, ya que llevabas una mochila y un cartel similar al suyo. Solo quería felicitarte. Por favor, ¿puedo ofrecerte algo de comer o de beber?

Le agradecí la invitación y me disculpé, aduciendo que tenía que aprovechar las horas que quedaban de claridad. Ese día, me sentí como una celebridad saludando con la mano a los admiradores que tocaban el claxon desde sus coches, y deteniéndome para dar las gracias a todos aquellos que me felicitaban. Sentí, sin lugar a dudas, que estaba protegida y a salvo en esta mágica travesía que estaba siendo forjada para mí.

26. Rescatada

Continué hacia el sur desde Starigrad por una carretera costera espectacular que bordeaba sinuosa las montañas y pasaba por preciosos pueblos bañados por el mar. Llegado a un punto, el terreno se niveló y me encontré de cara con un puente elevado. El viento Bora, que según los lugareños podía levantar un automóvil, soplaba con tal fuerza ese día que, ciertamente, sentí que podría llevarme con él. Así que me apresuré a cruzar el largo viaducto.

Un terreno desolado me aguardaba al otro extremo. La tierra había sido removida y escarbada sin ninguna consideración, y su vegetación totalmente arrasada. Avancé despacio y con cautela entre las rocas destrozadas que minaban el lugar y los búnkeres que, a ambos lados de la carretera, parecían observar cada uno de mis pasos. Barracas militares, semiderruidas y abandonadas tiempo atrás, permanecían vigilantes en medio de las solitarias ruinas. Sentí que el miedo me invadía y me negué a pensar en lo que podía haber ocurrido allí. Aligeré mis pasos. Aunque sabía que Croacia acababa de salir de una guerra civil, no había visto ninguna evidencia de ello hasta ahora. Esta era la primera cicatriz visible que había encontrado y me pregunté por qué los croatas no la habían sanado todavía.

Fui bien recibida en la gran ciudad de Zadar, y me sorprendió gratamente saber que Alberto también había pernoctado allí y que, entre todas las iglesias que había disponibles, había elegido la misma que yo. Pasada la noche, continué hacia Biograd, pero tuve que parar a medio camino debido a las lluvias torrenciales y a los fuertes vientos. Cosa que al final agradecí, pues me sentía inusualmente decaída y no conseguía librarme de aquella sensación de malestar. Me dolía todo el cuerpo, sobretodo la cabeza, y carecía totalmente de apetito. Me preguntaba si me habría resfriado, pero no quería detenerme a descansar y retrasarme más, ya que estaba cuatro días, como mínimo, por detrás de Alberto. Al día siguiente, caminé con dificultad hasta Biograb, con el único deseo en mente de echarme a dormir. Cuando por fin llegué, me registré en el primer hotel que salió a mi paso, y me derrumbé en la cama sin ducharme siquiera.

Me desperté en medio de la noche gimiendo de dolor. Aún llevaba la ropa puesta, y podía sentir la suciedad en mi rostro y en el cuerpo. Al quitarme la camisa, sentí una aguda punzada en mis axilas que se extendió hacia mis pechos. Su intensidad me dejó sin aliento, y bajé mis brazos asustada. El dolor nunca había sido tan intenso. Hasta entonces, solo había notado cierta sensibilidad al tacto debajo de los brazos, pero podía levantarlos sin problema. Ahora, sentía esa extraña punción tan pronto como los elevaba al nivel de la cintura.

Me quité la camisa y el sujetador con dificultad, y me metí en la ducha. Toqué con precaución mis axilas y noté varios bultos grandes que sobresalían. La cabeza empezó a darme vueltas y sentí cómo se debilitaban mis rodillas. Asustada ante la idea de perder la consciencia, salí de la bañera sin lavarme y me sequé con rapidez. El simple roce de la toalla me hacia sentir como si una oleada de agujas recorrieran todo mi cuerpo, así que las dejé sin secar, me envolví en la toalla y regresé a la habitación. Sentada junto al radiador, me puse con dificultad mis mallas, una camisa gruesa y unos calcetines de lana. Tomé dos tabletas de ibuprofeno y me arrastré hasta la cama, pero, aunque me cubrí con varias mantas, no podía dejar de tiritar.

Me desperté a altas horas de la madrugada apartando a patadas los cobertores. Mi cuerpo ardía de fiebre y, empapada, noté el palpitar de mis axilas bajo mis brazos mientras las gotas de sudor corrían por mi cara y espalda. Reuní toda la energía que pude encontrar y me quité la ropa. Después, me tendí a un lado de la cama sintiendo cómo las sábanas limpias refrescaban mi encendido cuerpo. «Dios mío, ayúdame», supliqué en silencio antes caer de nuevo en la inconsciencia.

* * *

—Tus folículos están inflamados —declaró la doctora—, así como tus nódulos linfáticos. ¿Llevas ropa sintética?

Le expliqué el tipo de ropa deportiva que usaba normalmente.

—Tu piel no respira bien —continuó—. Probablemente te habrás cortado cuando te depilabas y, con todo el sudor y las bacterias atrapadas en las prendas sintéticas, se desarrolló la infección. ¿Has notado algún bulto inusual en los senos?

—¿Qué tiene eso que ver con mis axilas? —le pregunté alarmada.

Mientras me los examinaba, me dijo que los pechos alimentaban a los nódulos linfáticos bajo los brazos. Si los nódulos estaban obstruidos, era posible que también estos se infectasen.

—No tienes ningún bulto ni inflamación extraños —anunció mientras se quitaba los guantes—. ¿Has tenido fiebre en las últimas veinticuatro horas?

Asentí con nerviosismo.

—La fiebre, en estos casos, suele indicar la existencia de un absceso: una infección grave. Si los nódulos linfáticos están bloqueados y el fluido llega a tus pechos, la infección puede extenderse a la sangre, causando serias complicaciones.

Me ayudó a sentarme y añadió:

—Voy a recetarte unos antibióticos: una crema para las axilas y unas pastillas para la infección, que es severa. Pero no estoy segura de si las pastillas harán efecto. Te recomiendo que descanses durante los próximos días. Si no te sientes mejor para entonces, necesitarás pasar por el quirófano para drenar los nódulos.

Con la medicación en la mano, volví al hotel y me acosté. Jamás me había sentido tan desesperadamente sola ni había deseado tanto que Alberto estuviese conmigo.

Las siguientes treinta y seis horas pasaron como algo borroso y sin sentido. No tenía noción del día o de la noche, solo de despertarme con escalofríos y sudores, y de volverme a dormir. Vi innumerables películas en croata sin comprender ni una palabra, pero aliviada por la compañía que me brindaban. Apenas tenía ánimo para comer, aunque, de vez en cuando, ingería algún trozo de pan o galletas saladas, acompañados de pequeños sorbos de agua, con la esperanza de que los antibióticos surtieran efecto.

El segundo día, ya avanzada la tarde, mi teléfono móvil sonó de improviso y me apresuré a cogerlo con expectación.

—Mónica, Mónica —dijo la risueña voz de fray Ante.

Le saludé con un llanto incontenible y la voz frágil y sedienta de contacto humano. Su risa se transformó en preocupación cuando le hablé de mi dolencia y de la posibilidad de ser operada.

—No te preocupes —me tranquilizó—. Conozco a varios médicos muy buenos. Voy a hacer algunas llamadas telefónicas y en breve te informo.

Colgó, y en menos de una hora volvió a llamar.

—He hablado con un amigo que vive cerca del hotel. Se llama fray Drago y es también sacerdote. Te recogerá mañana a las nueve para llevarte al hospital. Tras eso, podrás quedarte con él o regresar a Karlobag para recuperarte.

Lloré durante largo rato mientras mi alma se desahogaba de mis temores a través de las lágrimas. Esta experiencia supondría en mi vida otra prueba irrefutable de que, en mis horas más oscuras, nunca estaba sola, de que los ángeles aparecían en infinidad de formas y maneras, y de que una intención llena de amor y propósito traía consigo la asistencia de los más altos niveles.

* * *

Fray Drago me iba a recoger en una hora y quería dar una buena impresión. El rostro que me miraba desde el otro lado del espejo apenas parecía el mío; lucía ceniciento, con los ojos hinchados y subrayados de oscuras ojeras. Mi cabello se veía grasiento, y se levantaba obstinado en extrañas puntas. Podía oler el hedor que tanto mi ropa como yo desprendíamos y no sabía que otra cosa hacer salvo embadurnarme con más polvos de talco.

Llevé la mochila como si fuese una maleta, ya que no podía elevar mis brazos lo suficiente como para colgármela. Cuando terminé de pagar en recepción, un hombre de baja estatura entró en el vestíbulo y miró expectante a su alrededor. Debía tener unos cincuenta y tantos años y vestía ropa de calle, pero lo que más resaltaba en él era la encrespada mata de cabello gris que coronaba su cabeza. Al percatarse de mi mochila, vino hacia mí con una amplia y acogedora sonrisa.

—Tú debes de ser Mónica —dijo en un italiano rudimentario al tiempo que estrechaba mi mano—. Soy fray Drago. Te llevaré al hospital.

Fray Drago condujo con rapidez, y pronto nos encontramos recorriendo los brillantes pasillos con olor a antiséptico del hospital. Finalmente, mi acompañante se detuvo ante una puerta y llamó con los nudillos. Un hombre ataviado con una bata médica nos abrió de inmediato.

—Buenos días, Mónica—dijo el doctor en perfecto inglés—. La estaba esperando.

Le conté los detalles que conocía de mi infección mientras me tumbaba en la camilla y me quitaba la camisa. El doctor elevó uno de mis brazos sobre mi cabeza y comenzó a apretar los bultos, pellizcándolos entre sus pulgares. Ahogué un grito y apreté los dientes. Después, levantó mi otro brazo y continuó el reconocimiento.

—Algunos de estos bultos tienen alrededor de cinco centímetros de diámetro —declaró—, pero todavía no quiero operarlos. Continúe con los mismos antibióticos un poco más. Aplique hielo a la zona infectada en los próximos días. Si empeora, tendremos que operarla. Hoy es veintiuno de febrero. Quiero que regrese dentro de dos días preparada para la intervención quirúrgica por si hiciera falta.

Todavía esperaba poder eludir la cirugía, pero supe que, si al final la necesitaba, no pondría objeciones a que me la practicaran en Croacia.

Puse al corriente de las novedades a fray Ante, que apoyó mi decisión de quedarme en la casa de fray Drago, en las cercanías de Šibenik, en lugar de volver a Karlobag. Necesitaba sentirme más cerca de Medugorje y de Alberto que, sospechaba, llegaría allí pronto.

Con esmero y cariño, fray Drago me alojó en una habitación privada, y puso a mi disposición a dos bondadosas monjas que me atendieron día y noche. Una de ellas, llamada Dolores, solo hablaba croata y se desvivía por mí. Me enseñó algunas palabras en su idioma y reía con ganas cada vez que las usaba. La expresión *moja draga Monika* brotaba de sus labios constantemente, y finalmente comprendí que significaba *Querida Mónica*. Ella preparaba mi comida, lavaba mis ropas, me hacia galletas y pasteles, y me recordaba cuando debía aplicarme el hielo y tomar la medicina. Me sentí como si hubiera vuelto a casa.

Durante los dos primeros días, mi dolor de cabeza y mi estado de debilidad persistieron, y me despertaba frecuentemente por la noche, entre escalofríos y fiebre. Con la crema antibiótica, la piel de la zona afectada comenzó a pelarse por sí sola y temí que necesitaría operarme después de todo.

Dediqué mi tiempo a estirarme y practicar sencillas posturas de yoga, pero sentía que mi cuerpo necesitaba cuidados que iban más allá de lo físico. Me procuré momentos de soledad para sentarme en silencio, sin hacer otra cosa más que respirar. Con cada toma de aire, me conectaba más profundamente con una corriente de sanación divina que imaginaba a mi alrededor. Mi aliento se convirtió en el portador de aquella energía: una luz dorada que visualicé recorriendo todo mi ser, regenerándolo y devolviéndolo a su estado natural. En respuesta, mi cuerpo se estremecía, lo que me confirmaba que esa hermosa energía fluía, ciertamente, a través de mí.

La víspera de mi cita, ya podía tocar mis axilas sin hacer ninguna mueca de dolor, y elevar mis brazos ligeramente sobre mis hombros. Esa noche la dormí entera sin fiebre ni escalofríos.

—La hinchazón se ha reducido a dos centímetros —confirmó el doctor—. Tu piel está sanando bien, y las capas infectadas están disolviéndose. El hecho de que no hayas tenido más fiebre significa que la infección está desapareciendo. Aun así, quiero que continúes con los antibióticos durante los próximos diez días, solo para estar seguros.

Solté un grito de alegría.

—No más depilación ni desodorante —continuó con una sonrisa—. Solo polvo de talco en las axilas. Utiliza únicamente fibras naturales. Si continúas curándote a esta velocidad, podrás comenzar a andar en dos o tres días.

En las siguientes jornadas, mucha gente vino a mostrarme sus buenos deseos; y algunos amigos de fray Drago, que hablaban inglés, se acercaron para saludarme. Fray Drago gestionó además varias entrevistas de prensa, incluyendo una para las noticias de la noche en la televisión nacional croata, lo que avivó aún más las llamas del mensaje de paz que quería proclamar. Me deleitaba con los encuentros y las conversaciones, y con el esfuerzo que todo el mundo hacía para que me sintiera cómoda.

Finalmente, llegó el veinticinco de febrero y Alberto estuvo en mi mente todo el día. No habíamos vuelto a hablar desde Karlobag, hacía más de dos semanas.

Durante la cena, sonó mi teléfono y lo cogí esperando la llamada diaria de fray Ante.

—*Buona sera* —dije a modo de saludo.

—Hola, sarracena —fue la respuesta.

—¡Alberto! —grité.

—No puedo hablar por mucho tiempo —dijo, con aquella risa profunda que confería calidez a su voz—. Solo quiero que sepas que he llegado a Medugorje. Tengo muchísimas cosas que contarte. Cosas increíbles. ¿Dónde estás ahora?

—Estoy en las afueras de Šibenik —respondí—. He estado aquí casi una semana recuperándome de una seria infección.

—¿Qué? —me interrumpió, preocupado.

—Ya me encuentro mejor —respondí rápidamente—. Estoy bien atendida. Voy a empezar a caminar de nuevo mañana. Me quedan unos doscientos cincuenta kilómetros por delante, y no sé cuánto tiempo tardaré en llegar a ti. ¿Me esperarás?

—Por supuesto que sí —respondió con firmeza—. Quiero que sepas que esta experiencia ha sido muy importante para mí. No fue siempre fácil, pero ahora sé que puedo caminar solo. Sin embargo, quiero hacerlo contigo y que lleguemos juntos a Jerusalén.

—Yo también —respondí con cariño—. Al igual que tú, tengo mucho que contarte, pero quería decirte, antes de nada, que tenías razón acerca de separarnos.

—Tengo que dejarte —se lamentó Alberto—. Apunta este número y llámame cuando estés cerca de Medugorje. Te estaré esperando.

Alberto acababa de llegar a su ansiado destino, y yo comenzaría a caminar en su dirección al día siguiente.

27. La oveja perdida

Me dolían las espinillas y volvía a tener los pies plagados de ampollas. Lo único que no me molestaba eran las axilas. En lugar de renovar mi cuerpo de energía, la semana de descanso parecía haberlo agotado. Yo había calculado que podría caminar con la misma intensidad, o más, que antes, pero esos primeros días me mostraron lo débil que estaba.

Como resultado de los artículos de prensa y el reportaje de televisión, numerosas personas venían a mi encuentro para desearme buen viaje. Los periodistas me buscaban y me hicieron varias entrevistas a pie de carretera. Uno de ellos, incluso me entregó una vela para que la encendiera por él en Jerusalén.

La primera noche la pasé en Pirovac y, la siguiente, de nuevo con fray Drago y mis queridas monjas, pues su casa me cogía de camino. La despedida que celebramos fue emotiva, y lloramos, abrazados, no solo por el hecho de tener que separarnos, sino por la promesa de rencontrarnos algún día.

Seguí adelante y pronto dejé atrás las ciudades de Boraia y Trogir. El sol calentaba con fuerza, durante mi trayecto a Solin, y comencé a notar que sudaba demasiado. Sin querer entorpecer mi recuperación, decidí refrescarme bajo la sombra de un olivar que se extendía tentadora próxima a la carretera.

Elegí un árbol en lo profundo de la arboleda, bien alejado de la transitada vía. Me quité mi chaqueta, la dejé caer a mi lado, y reposé mi cabeza sobre el nudoso tronco. Cerré los ojos, y disfrute la sensación de la tierra labrada bajo mi cuerpo y el olor a primavera que impregnaba el aire.

Un crujido me sobresaltó y me giré para ver a un hombre alto, de edad madura, caminar hacia mí con una sonrisa de reconocimiento en la cara. Asumí que sabía quién era yo y le devolví el saludo. Se arrodilló a mi lado y me dijo en italiano que era el dueño del huerto. Rondaría los sesenta años, vestía un mono ligeramente sucio y tenía una complexión muscular fuerte que supuse era producto de su trabajo en el campo.

Me invitó a descansar el tiempo que desease y, acto seguido, cogió mi cayado para examinarlo de cerca.

—Es de madera de olivo —dijo con aprobación mientras se reclinaba en el árbol—. Ligero y fuerte. Es muy bueno para andar.

Le respondí bromeando que me había ayudado a atravesar muchas montañas, y vi cómo comenzaba a examinar mi mochila. Por primera vez, noté que mi letrero estaba de cara al tronco y oculto a la vista. El hombre tocó y palmoteó la mochila con ganas y, todavía de rodillas, la levantó un poco del suelo para volverla a poner otra vez en su lugar.

—Debe pesar al menos quince kilos —dijo con admiración.

Después, flexionó su brazo y señaló su bíceps diciendo:

—Debes de ser muy fuerte.

Me reí. Sin previo aviso, metió la mano bajo la pernera de mi pantalón.

—Esto debe de ser también muy fuerte —dijo con una sonrisa, dándole un apretón a mi pantorrilla. No tuve tiempo de reaccionar. Su mano cambio rápidamente de posición y se colocó sobre mi pecho—. Esto también —dijo, presionándolo.

Aparté sus manos de mi cuerpo y me incorporé de un salto impulsada por el *shock*, el miedo y la rabia, combinados. Me di cuenta, aterrada, de lo lejos que estaba de la carretera y lo aislada que me encontraba en este huerto que no parecía terminar nunca. Aquel individuo era mucho más grande y fuerte que yo, así que si llegase a atacarme, no tendría ninguna posibilidad contra él. La tierra estaba blanda y embarrada con lo que tampoco podía echar a correr. Respiré hondo y le miré duramente.

—¡*Hodachastiti*, caminando a Jerusalén, *za mir!* —le grité con una voz ronca y quebrada.

Dio un paso atrás, claramente sorprendido. Con las manos alzadas ante sí, se disculpó y se alejó rápidamente hasta desaparecer entre los árboles. Yo respiraba con fuerza y desconfiaba de que no fuera a volver. Cogí mi chaquetón y la mochila y salí del huerto apresuradamente hacia la seguridad de la transitada carretera.

Continué rumbo a Solin sintiéndome agitada y presa de la indignación. Había sido tratada con respeto en todas partes en Croacia, pero este incidente me hizo olvidar todas las buenas experiencias y subrayó el hecho de que era una mujer caminando sola. Ese día, me resistí con fuerza a que las acciones de un hombre ignorante dañaran mi fe en la bondad del corazón humano. Cuando llegué a Solin, me sentía ya más animada, pero también más cautelosa que de costumbre.

Mientras esperaba la llegada del sacerdote, decidí llamar a mi familia del Líbano para saber cómo estaba Yolla, una de mis tías favoritas. Mi padre me había contado hacía unos días que sus síntomas habían empeorado. Habíamos intimado mucho cuando visité el Líbano, poco antes de iniciar mi camino. Durante mi estancia, sufrió un ataque que los doctores diagnosticaron como el resultado de un tumor cerebral. El tratamiento parecía haber funcionado hasta entonces, pero, esta vez, cuando hablé con la familia, me dijeron que las últimas pruebas mostraban que el procedimiento había fracasado y que los doctores no podían hacer otra cosa más por ella que enviarla a casa.

Me vine abajo con la noticia y, en mi desesperación, comencé a plantearme si debería visitarla. No podía creer que lo considerara siquiera, sobre todo cuando me encontraba tan alejada de Alberto todavía, pero mi mente racional no podía convencer al ímpetu de mi corazón, que latía ansioso ante la idea de partir.

Mi angustia debía ser evidente, ya que a la mañana siguiente, cuando me despedía del cura que me había hospedado, este me miró con preocupación y me invitó a que compartiera con él aquello que me turbaba.

—No puedes hacer nada por tu tía ahora —dijo compasivamente, mientras hacía la señal de la cruz en el aire—. Te encuentras en un sendero de Dios. Piensa en todo lo bueno que estás aportando con tu peregrinación. Tu tía está ahora en las manos del Altísimo. Camina y se fuerte.

Pero mi corazón no estaba aliviado. En mi recorrido hacia Bisko, reflexioné sobre una sola y sencilla cuestión: «¿Qué es más importante, la paz que podría llevar a una persona o este camino de paz que está beneficiando a tantas?»

En alguna ocasión, había discutido con Alberto cuando afirmaba que tocar las vidas de las personas con las que nos cruzábamos era un elemento fundamental de nuestro camino, pues aquel enfoque se me antojaba minúsculo y vano comparado con la grandiosa visión de portar un cartel por la paz que influía en la vida de muchos. Sin embargo, en este viaje los extraños se habían convertido en mis mejores maestros y pupilos. En el poco tiempo que pasábamos juntos, intercambiábamos un valioso regalo: la posibilidad de ampliar nuestra visión de las cosas y alcanzar un entendimiento más profundo. Luego, cada uno por su lado, compartía esa nueva parte expandida con aquellos con los que se cruzaba. Y así sucesivamente, en una cadena sin fin. Aunque había proclamado infinidad de veces que la paz comienza en el interior, fue solo entonces cuando empecé a comprender esas palabras. «Sí», concluí. «La paz de una persona es tan importante como la paz de muchas».

Me paré a descansar sobre una roca grande, de las muchas diseminadas a lo largo del costado de aquella carretera. El día se había tornado gris, y una ligera neblina se desplazaba serena por el aire. Como en un sueño, una oveja solitaria emergió de la bruma. Miré alrededor en busca del resto del rebaño o de su pastor, pero no los vi. La oveja se acercó, mordisqueando la escasa vegetación que asomaba en el suelo pedregoso, y parecía contemplarme con la misma atención con la que yo la observaba a ella. Coches y camiones pasaban a toda velocidad por la transitada calzada, subrayando el curioso contraste de la escena. El animal continuó pastando a mi alrededor. Después, tan extrañamente como había aparecido, se esfumó entre la niebla.

Recordé la vez que Alberto me contó una parábola en la que le preguntaron a Jesús por qué se trataba con prostitutas y vagabundos, y Jesús respondió que si un pastor perdía incluso una sola de sus ovejas, dejaría el rebaño entero para encontrar la que se había extraviado. Mi corazón latió con fuerza. Saldría para el Líbano tan pronto como me fuera posible.

28. Un desvío inesperado

Dos días después, gracias al esfuerzo de una extraordinaria familia que me acogió en Bisko, me encontraba ya volando hacia el Líbano. Llegué el cuatro de marzo con un billete solo de ida. Mi madrina y uno de mis primos me recogieron en el aeropuerto, pero nadie más sabía de mi llegada. La noche daba paso al amanecer en el momento en el que llegamos a su casa, así que me fui a dormir.

Me reuní con mi madrina y su asiduo grupo de vecinas amistades para su ritual del café matutino, en el que mi presencia fue un deleite para todos a la vez que sustento para futuros chismorreos. Di por hecho que la noticia de mi aparición habría llegado a la casa de mi tía Yolla antes que yo, y recorrí con mi madrina el corto paseo a su casa a través de los campos, en lugar de ir por la calle principal.

Mi pueblo Kfarhazir, en el norte del Líbano, tiene unos dos mil habitantes, muchos de los cuales trabajan y viven en otros países. La aldea de mi infancia había sido un simple camino rural rodeado de modestas casas, con sus gallinas sueltas, sus ovejas y sus vacas. Cada familia tenía sus propios huertos y olivos. Por aquellos tiempos, la mayoría de la gente vivía de sus tierras y de lo que sus allegados le enviaban desde el extranjero.

El pequeño pueblo agrícola de mi niñez era ahora mucho más grande. Las gallinas y los burros hacía tiempo que habían sido remplazados por los lujosos automóviles que todo el mundo parecía poseer. Villas y chalés exclusivos bordeaban ahora la concurrida carretera y las colinas circundantes. En comparación, nuestra casa familiar, en la que Yolla vivía, era modesta, con dos niveles añadidos con posterioridad para acomodar a la creciente familia. Cada planta tenía su propio apartamento separado. En un país, en su gran mayoría moderno, aún perduraba la creencia tradicional de que las familias debían vivir juntas.

Entramos por la puerta de la cocina y nos abrimos paso hasta la sala de estar adyacente. Me llamo la atención el silencio, una experiencia inusual en una casa por lo general llena de vecinos, de niños, y de la energía inagotable de su matrona, Yolla.

La cama de hospital, que remplazaba ahora a uno de los sofás, era un accesorio nuevo en el salón que se sumaba a esta reciente y más austera realidad. Yolla yacía dormida sobre su costado. Había perdido una gran cantidad de peso, pero aún sostenía más de ochenta kilos sobre su robusto cuerpo. La quimioterapia la había dejado completamente calva, excepto por un parche de cabello que le asomaba en la nuca. Yo ya me había preparado para algo así, por lo que su aspecto físico no me sorprendió demasiado.

Mi madrina la saludó con alegría, y le anunció que traía un visitante muy especial. Yolla abrió los ojos lentamente, una tarea que parecía requerirle un enorme esfuerzo. Parpadeó varias veces, como si tratara de enfocar la vista. Sus labios se separaron con lentitud y sus ojos se abrieron como platos.

—¡Mony! —balbuceó, buscando mi mano con las suyas.

Me puse en seguida a su lado, asombrada de que me reconociese, y la abracé.

—¿Cómo estás? —susurré mientras la acariciaba.

—Cansada —respondió con debilidad.

Sus ojos brillaban de emoción y alegría. Trató de incorporarse, pero se quejó de dolor, y se recostó de nuevo. Mi madrina me trajo una silla y me senté a su lado sin soltarle la mano. Los ojos de Yolla comenzaron a cerrarse poco a poco y sentí que la misma soñolencia recaía sobre los míos. Apoyé mi cabeza sobre su lecho y los cerré también.

* * *

Pasé los primeros días integrándome en la vida diaria de la familia. Pronto, comencé a hacer la comida y a lavar la ropa. Recogía a los tres niños cuando salían de la escuela y los ayudaba con sus deberes. Cuidaba de los aspectos físicos de llevar una casa y trataba de mantenerme abierta a las señales o a cualquier cosa que me sirviera de guía sobre lo que había venido a hacer aquí.

Cuando me quedaba sola, meditaba con Yolla y visualizaba su cuerpo envuelto en una blanca luz sanadora que penetraba y fortalecía cada una de sus células. Le hacia compañía cuando estaba despierta, y le contaba los detalles y anécdotas ocurridos durante el día con su familia. Una débil sonrisa me servía normalmente como confirmación de que me había escuchado, pero no siempre supe si me había comprendido ya que preguntaba con frecuencia dónde se hallaba, así como los nombres de las personas más cercanas a ella, incluido el mío. En esos momentos, yo trataba de no caer en el desánimo y me aferraba con fuerza a mi creencia de que todo se estaba desarrollando como debía.

Ideé mil maneras para convencerla de que tomara algún alimento. Al principio se negaba, pero un día bebió unos sorbos de zumo de piña, lo que todos interpretamos como una buena señal. Comencé a hacer batidos naturales, primero con frutas y, más tarde, con verduras. Impliqué a los niños en la tarea, y vi cuánto disfrutaban al sentirse parte útil y valiosa en la mejora de las condiciones de vida de su madre.

Yolla bebía un poco más cada día, con frecuencia de la mano de sus persistentes hijos. Se mantenía despierta la mayoría del tiempo y, aunque aún le causaba dolor, trataba de incorporarse por sí misma en la cama. Finalmente, lo consiguió, y ya no era una sorpresa encontrarla sentada cuando pasábamos por el salón. Comenzó a tomar comidas blandas y purés y, para el asombro de todos, pidió que la ayudaran a sentarse en el sofá. Y, no contenta con ello, empezó a dar tentativos pasos con la intención de caminar. Nuestro júbilo iba más allá de las palabras a medida que éramos testigos del milagro que estaba tomando forma.

No obstante, mi camino nunca se distanció de mi mente. Me preguntaba si Alberto estaría aún en Medugorje, o si le habrían llegado noticias de mi demora. Había llamado varias veces al número que me dio, pero no respondía nadie. No sabía cuánto tiempo más necesitaría quedarme, y recé por una señal que guiara mis pasos.

Transcurría el décimo día desde mi llegada. Me encontraba arreglando las sábanas de Yolla cuando un pequeño libro de madera, que normalmente siempre estaba bajo la almohada, cayó al suelo. Lo recogí y, por alguna razón, comencé a examinarlo más de cerca. En una de las caras del libro estaba impreso el retrato de un santo libanés y, en la otra, una pintura de la Virgen María. Había visto esa imagen de María muchas veces, pero solo entonces me fijé en la palabra escrita al pie de la foto: «Medugorje».

«¿Cómo ha llegado ella aquí?», me pregunté conmocionada. «¿Quién la trajo? Mi familia jamás ha oído hablar de Medugorje siquiera».

Tuve entonces la certeza de que mi trabajo allí estaba hecho, y que cualquier cosa que sucediera, a partir de ese momento, sería para el mayor beneficio de todos los implicados. Reservé mi vuelo al día siguiente.

* * *

El dieciocho de marzo, pisé de nuevo el suelo croata. Llegué aquejada de una fuerte gripe y con laringitis, pero aquello no fue obstáculo para mi urgencia. Mi cuerpo respondió con eficacia moviéndose rápida y rítmicamente al tiempo que acortaba distancias entre Medugorje y yo. Fui recibida en cada pueblo en el que me detuve: Blato na Cetini, Lovrec, Imotski…, y cada sacerdote avisaba al siguiente para anunciarle mi llegada. Crucé a Bosnia sin incidentes. Y si no hubiera sido por la frontera, me hubiera resultado difícil decir que estaba en otro país, dado que el lenguaje sonaba de igual manera a mis oídos.

Gracias al relevo de llamadas entre monasterios e iglesias, fui acogida en Drinovci, y ahora me apresuraba a Ljubuski, el último pueblo antes de llegar a Medugorje. Una vez allí, llamé a Alberto ansiosa, como había hecho cada día desde mi regreso, pero la señal volvió a sonar sin que nadie la atendiera. Dormí mal aquella noche y me levanté temprano con la intención de salir cuanto antes. Al pasar junto al teléfono, decidí intentarlo una vez más y marqué el número de Alberto.

—*Bog* —respondió la voz de una mujer, usando el típico saludo croata.

No esperaba una respuesta y, por un momento, me quedé sin palabras. Ella repitió el saludo de nuevo e, inmediatamente, le expliqué en italiano quién era yo.

—Alberto me ha hablado mucho de ti —dijo con calidez.

—¿Está aún ahí? —pregunté esperanzada.

—Sí, lo está —contestó.

—Por favor, dígale que llegaré hoy —proferí entre lágrimas—. Salgo ahora y me reuniré con él enfrente de la iglesia.

Salí del pueblo a la carrera. Milagrosamente, Alberto me había esperado y pronto volveríamos a estar juntos.

29. Reunidos

Atravesé a toda velocidad las tiendas de *suvenires* alineadas en la calle principal de Medugorje, y entré en la plaza de la iglesia mientras mis ojos vagaban en busca de Alberto. Finalmente, lo vi allí de pie, al fondo de la explanada, y le saludé eufórica. Él hizo lo propio y vino lentamente hacia mí. Mi paso se aceleró, al igual que el suyo, y pude ver su alegría reflejada tanto en su sonrisa como en sus brillantes ojos. Cada uno se precipitó a los brazos del otro y nos miramos como dos viejos amigos largo tiempo distanciados, balanceándonos agarrados, sin cesar de decirnos lo contentos que estábamos de volver a vernos. Tras cuarenta y cuatro días separados, por fin me había reunido con mi amigo y compañero de camino.

Le solté, incapaz de contener mi felicidad ni de apartar mi vista de su cara, y él me devolvió la sonrisa con afecto. Sus ojos verdes tenían la misma dulzura y bondad que tanto había echado en falta, pero ahora bordeados de una luz acerada que no estaba antes ahí. Tenía el cabello más largo y rizado, y su cara se veía más delgada, pero más luminosa.

Nuestras palabras brotaron entusiastas y tropezaron entre ellas desatinadamente, lo que provocó nuestras risas. Le sugerí que buscáramos un lugar donde sentarnos para hablar con tranquilidad, y me llevó hacia una zona repleta de restaurantes. Vi que se movía con confianza, pero que había perdido peso y que sus ropas le colgaban. Sentí un nudo en la garganta al pensar que quizá hubiera pasado hambre y, al ver una pizzería, le propuse que comiésemos allí.

—Estoy ayunando —dijo.

—¿Qué? ¿Por qué? —le pregunté mirándole con incredulidad.

—Esta es la semana que precede al domingo de resurrección y aquí la mayoría de la gente ayuna en estas fechas —respondió—. Pero no lo hago por eso, sino por razones más personales. He estado a pan y agua los últimos tres días.

—Por eso estás tan delgado —le regañé.

—De hecho, me siento muy bien.

—¡Pero no puedo disfrutar de mi pizza mientras tú tomas solo pan y agua! —contesté.

—Puedes comer lo que quieras —dijo con una sonrisa al tiempo que meneaba la cabeza—. No te preocupes por mí.

Era como si nunca nos hubiéramos separado.

Hablamos de las rutas que habíamos tomado y de las personas en común que habíamos conocido. Alberto escuchó afligido cuando le hablé de mi infección, y luego admirado por la asombrosa bondad con la que fui tratada durante mi viaje en solitario. Comprendió mi decisión de ir al Líbano y se maravilló con la asombrosa coincidencia, relacionada con Medugorje, que me trajo de vuelta. Estuvimos de acuerdo en que la magia, claramente, había encauzado nuestros caminos, y que nuestra separación había sido un grandioso regalo.

La tarde estaba avanzada y yo necesitaba buscar a un sacerdote llamado padre Zvetozar que, según me dijeron, estaría esperándome. El cura me saludó cálidamente en su oficina y, de inmediato, me preguntó por mi salud. A juzgar por sus apresurados movimientos, comprendí que era un hombre muy ocupado. Más tarde me enteraría de que era el superior de la orden franciscana que dirigía los asuntos de aquella iglesia.

El padre Zvetozar me informó de que había hecho todos lo arreglos necesarios para mi estancia, y me pidió tomar algunas fotos para el boletín de su parroquia. Acepté encantada y le hice una señal a Alberto para que nos siguiera.

El sacerdote se mostró sorprendido cuando presenté a Alberto como mi compañero de camino, y le comenté que me había estado esperando en Medugorje durante más de un mes. Entonces, se acercó a estrecharle la mano y le ofreció quedarse en mi mismo hostal.

Alberto rechazó la oferta educadamente aduciendo que ya tenía alojamiento. Después se colocó a mi lado y el sacerdote nos hizo la foto.

Como acto final, pedí al padre Zvetozar que me sellara la carta de presentación de fray Ante, y le expliqué que se trataba de una tradición del Camino de Santiago. Había empezado a recolectar los sellos en cada iglesia y monasterio desde que partí de Brodarica, el pueblo de fray

Drago. Se había convertido en mi credencial de peregrino, un registro de los lugares donde me hospedaba.

Padre Zvetozar se mostró encantado con la peculiar idea, entró en su oficina y, al poco, regresó con el sello en el documento. El 23 de marzo de 2002, llegué oficialmente a Medugorje.

Después, el sacerdote sacó un pequeño sobre abultado.

—Esto es para vuestros gastos mientras estéis aquí —dijo, y me lo entregó—. Sois huéspedes de nuestra comunidad. Por favor, aceptad este presente de nuestra parte.

Mi insistencia en que ya tenía suficiente, y en que los fondos fuesen destinados a otras actividades cayó en oídos sordos. El risueño sacerdote apretó el sobre en mis manos y se fue. Dentro había una carta de bienvenida de su puño y letra, y casi doscientos euros en metálico.

—Me gustaría que te quedases con esto —le dije a Alberto.

—No lo necesito, pero sé de alguien que sí —respondió mientras lo tomaba. Me pregunté por qué no lo quería para sí mismo.

Alberto se ofreció a acompañarme al albergue y dejamos, por fin, el concurrido centro. Discurrimos entre campos de cultivo por senderos que de vez en cuando compartíamos con animales de granja. Pasamos junto a humildes casas de ladrillo y granjeros que trabajaban la tierra dando claro testimonio de las raíces rurales de la localidad. Alberto señaló una colina y me explicó que la llamaban Podbrdo, el lugar donde ocurrieron las primeras apariciones. Resolví visitarla al día siguiente.

—¿Te ha resultado difícil aguardarme aquí? —pregunté—. Sé que no tenías mucho dinero cuando nos separamos.

—No he tenido una moneda en el bolsillo desde hace un mes.

—¡¿Qué?! —exclamé sin aliento.

—Cuando me separé de ti, llegué pronto a darme cuenta de que el dinero seguía siendo un gran desafío en mi desarrollo espiritual —dijo Alberto—. Ya te lo he contado anteriormente, crecí con la idea de que la riqueza y la espiritualidad eran términos incompatibles, y que la pobreza era un camino honorable hacia Dios. He realizado mucho trabajo de sanación a este respecto, y hace tiempo que me abrí a recibir abundancia en mi vida. Durante este tiempo a solas, comprendí que para disponer de esa abundancia necesitaba antes liberarme del miedo a no tener suficiente, y confiar en que siempre obtendría lo que necesitara. Yo no podía probarme eso a mí mismo contigo a mi lado, y la seguridad material que tu compañía me ofrecía. Así que, cuando alguien me pidió algo, simplemente, se lo di. Entregué mi último billete de diez euros, hará cosa de un mes, y he estado viviendo sin dinero desde entonces.

—¿Cómo pudiste darlo todo? —pregunté estupefacta.

—Porque, cada vez que alguien me rogaba por unas monedas, las siguientes palabras acudían a mi mente: «Sé que el Universo siempre me dará lo que necesito, pero ellos no lo saben». Se trataba de una prueba importante para mi fe ya que, al entregárselas, me demostraba a mí mismo que creía lo que afirmaba. Ahora sé que puedo caminar a Jerusalén sin preocuparme de cuánto tengo en mi haber.

Miré con asombro al hombre que caminaba a mi lado. Le admiraba en gran manera, pero no estaba segura de que yo pudiera hacer lo mismo.

—¿Y dónde duermes, entonces? —me pregunté en voz alta—. En la iglesia nadie parecía conocerte.

—Es una de esas mágicas historias que quería contarte, Mony, porque retrata a la perfección mi experiencia en solitario —respondió Alberto.

»Llegué a Medugorje el veinticinco de febrero sintiéndome fuerte, lleno de fe, y más seguro en mí mismo que nunca. Inmediatamente, me dirigí a la Colina de las Apariciones. No sé por qué, pero reparé en que, curiosamente, todos los aviones que cruzaban el cielo sobre mi cabeza llevaban la misma trayectoria, dirección a la colina. Parecían flechas blancas que me conducían hasta allí.

»Cuando llegué a Podbrdo, un edificio en construcción, justo al pie de la loma, llamó mi atención. No solo porque era el más cercano al lugar de las apariciones, sino porque, al pasar a su lado, me percaté de una pequeña estatua de la Virgen María que me observaba desde una de sus cornisas de cemento. Se veía tan fuera de lugar que parecía estar allí para darme personalmente la bienvenida. La saludé y le di las gracias, luego comencé a subir la cuesta hacia el lugar en cuestión. No te contaré mis impresiones hasta que no lo veas por ti misma.

»Aquel día pasó con rapidez. Recogí el mensaje que los visionarios habían recibido de María ese mes, pero me pareció escrito desde una perspectiva católica y conservadora, muy lejano al mensaje universal de paz que esperaba. Lo descarté de inmediato, e intuí que debía existir otra razón para estar aquí, y me abrí a descubrirla.

»Cayó la noche, y me dirigí por fin a la oficina parroquial con la intención de pedir ayuda pero, cuando comencé a presentarme, el joven fraile que abrió la puerta me interrumpió con desdén.

»—Vale, vale. ¿Qué es lo que quieres?

»Le miré con seriedad y le dije:

»—Quiero hablar con alguien que esté dispuesto a escucharme.

»Él pareció desconcertado, y en un tono más respetuoso me pidió que continuara. Le expliqué mi situación y vi que se mostraba más abierto que antes. Cuando acabé, me dejó por unos momentos y volvió con un montón de billetes doblados.

»—Con esto tienes bastante para esperar a tu amiga por unos días.

»—No necesito dinero, solo un techo sobre mi cabeza —contesté.

»Él insistió, con sinceridad, en que aceptase el dinero mientras yo trataba de explicarle que buscaba un refugio, no solo físico sino espiritual. Pude sentir como su frustración aumentaba, hasta el punto que, en un momento dado y sin más preámbulos, cerró la puerta en mi cara.

Alberto hizo una ligera pausa y le vi reflexionar.

—Creo que cometí un error. En todo caso, aquello allanó el terreno para lo que sucedió a continuación.

»Como puedes imaginar, me sentía conmocionado. Abandoné los escalones de la oficina parroquial sin saber qué hacer. Miré alrededor y comprobé que en la plaza de la iglesia, abarrotada pocas horas antes, no quedaba un alma. Estaba completamente solo. La noche era fría y el viento calaba hasta los huesos. Me dirigí al centro de la plaza y esperé a que ocurriera un milagro. "Aquí estoy, Madre", supliqué, mirando al cielo. "Ayúdame". Por primera vez reparé en la luna llena. Esa noche, estaba radiante, y resplandecía como un sol nocturno, rodeada por un halo enorme con los colores del arcoíris. Jamás había visto nada parecido. Sentí un amor inconcebible pues sabía que ella, mi Madre Divina, a la que María y la luna representaban, brillaba en lo alto del firmamento velando por mí.

»Con los pies ateridos y el cuerpo temblando de frío, decidí caminar alrededor de la iglesia para entrar en calor. Yo esperaba que algo ocurriese y repetía una y otra vez: "Confío en ti, Madre".

»Ya estaba pensando en buscar alguna casa abandonada cuando escuché un ruido sobre mí. Era un avión que volaba en la dirección de Podbrdo, como los que había visto en la mañana. Lo tomé como una señal y decidí seguirla. Mi mente argumentaba que la colina era rocosa y que no había dónde dormir, pero la ignoré. "Si te aferras a lo conocido, nunca podrás descubrir lo desconocido", pensé recordando una de mis citas favoritas.

»Solo había caminado a Podbrdo durante el día y ahora, en la total oscuridad de la noche y en un camino rural rodeado de campo abierto, no sabía cómo llegar. Oí ladridos a mi espalda, y apresuré mis pasos.

»De improviso, un pequeño perro pasó junto a mí, sus uñas repiqueteando en el asfalto. "Guíame a la colina", susurré. El perro se detuvo, giró la cabeza y me miró como si me hubiera oído. Nos estudiamos el uno al otro por unos instantes, luego volvió a mirar al frente y continuó adelante. No tenía ni idea de hacia donde iba, pero en aquel momento ese perro era mi ángel y yo lo estaba siguiendo. Me llevó por una calle tras otra. Cuando se alejaba demasiado o llegaba a una intersección, se detenía y miraba hacia atrás, y luego me esperaba hasta que me acercase. Yo tenía la piel erizada.

»Una luz iluminó la carretera y una furgoneta me adelantó a continuación. Su conductor sacó la cabeza por la ventana para mirarme y proseguir luego hacia su destino. El perro seguía su camino y pronto llegamos a la aldea al pie del Podbrdo. En el último cruce, mi guía canino se detuvo, una vez más, a esperar a que le alcanzara. A mi izquierda estaba la colina de las apariciones; a mi derecha, la aldea; y delante continuaba la carretera. El perro torció a la derecha y giró de nuevo su cabeza para observarme. Con dulzura, sus ojos parecían pedir que le siguiera. Dudé, mi corazón tiraba de mí hacia la colina, pero decidí seguir a mi ángel y di mi primer paso hacia él.

»—*Hello* —dijo una voz en inglés.

»Me giré y vi al conductor de momentos antes salir de su furgoneta que acababa de estacionar. Le devolví el saludo y le dije que era español.

»—¿Qué necesitas? —me preguntó. Imagina mi cara cuando me di cuenta que lo había preguntado en mi propio idioma.

»También en español, le respondí que solo necesitaba un techo sobre mi cabeza y le expliqué brevemente lo que estaba haciendo. El hombre se quedó impresionado con mi historia y me pidió que le siguiese. Se encaminó a la colina en la dirección opuesta a la del perro y me giré para despedirme de mi pequeño amigo, pero ya se había ido.

»Yo caminaba un poco aturdido, como si estuviera dentro de un sueño, o de una película surrealista.

»—¿Solo un techo? —preguntó de nuevo el hombre.

»—Sí, nada más —dije.

»Se detuvo frente a un edificio en construcción, y me quedé perplejo. Se trataba del último edificio en la base de la colina, el mismo que llamó mi atención esa mañana. Y allí estaba también, en la cornisa, la pequeña estatua de María. Su mirada puesta en mí, dándome la bienvenida una vez más. Todo mi cuerpo tembló de emoción.

»El edificio de tres plantas, de ladrillo y cemento estaba vacío. El viento aullaba a través de las cavidades que algún día se convertirían en puertas y ventanas. El hombre era su vigilante nocturno, y me condujo escaleras arriba hasta una habitación con las cuatro paredes construidas. Sacó algunos materiales que guardaba allí mientras me aseguraba que en aquel lugar estaría a resguardo. Cubrió el hueco de la ventana con una tabla de madera, y desplegó en el suelo una cortina de bambú de desecho a modo de esterilla. Nuevamente me sentí como si formara parte de un sueño, y observaba el cuidadoso esmero con el que mi benefactor preparaba el cuarto, como si estuviese destinado a un huésped de honor. Repetí la palabra "gracias" una y otra vez, sin saber qué otra cosa decir. El buen hombre replicaba que no era nada y, cuando terminó, me estrechó la mano, y prometió regresar a la mañana siguiente con una taza de café.

»Me acosté en mi saco de dormir aquella noche, caliente y cómodo, agradecido más allá de las palabras, y conmovido en maneras que me sería imposible describir. Tras un viaje iniciático, de diecisiete días de mágicas experiencias y revelaciones, me encontraba en Medugorje la noche del veinticinco, como me había propuesto. Iba a dormir en el monte de las apariciones, el punto más sagrado de este centro de peregrinación y lo más cerca que podía estar, simbólicamente, de mi Diosa Madre. Había sido guiado hasta aquí y milagrosamente auxiliado bajo la más hermosa luna llena que era capaz de recordar. Podía verla allí arriba, radiante en el negro cielo, coronada todavía por aquel misterioso arcoíris nocturno y rodeada de estrellas. Me sentía totalmente sumergido en su presencia. Me sentía enamorado. Me sentía en paz. Fue el día más grandioso de mi vida.

La cara de Alberto resplandecía con suavidad bajo el sol del ocaso, e irradiaba algunas de las emociones que, sin duda, debió sentir aquel día inolvidable. Llegamos a mi hostal, y nos dimos las buenas noches con la promesa de vernos por la mañana. Había mucho más que contar, pero, por ahora, estar de nuevo juntos era más que suficiente.

30. Medugorje

—Te espera una sorpresa allá arriba —declaró Alberto, y se detuvo al pie de la empinada cuesta de Podbrdo.

Acababa de mostrarme el edificio a medio construir en el que durmió sus primeras noches en Medugorje, y la pequeña figura de porcelana de María asomada en el segundo piso.

—Presta atención —sonrío antes de proseguir—, esta es una experiencia que necesitas vivir sola. Te esperaré aquí.

Las rocas que formaban el ascendente sendero eran grandes e irregulares, y no invitaban, precisamente, a transitar por ellas. Pero su desgaste atestiguaba el paso de los numerosos peregrinos que las habían hollado, y a los que ahora yo me sumaba. Ascendí lentamente, meditando cada zancada. Varios peregrinos me adelantaron. Algunos iban descalzos, otros incluso de rodillas, mientras recitaban fervorosas oraciones con el rosario en sus manos. Ni siquiera en el Vaticano había presenciado tal apasionada devoción.

Cuanto más alto subía, más se tornaba mi vista hacia mi interior. Tan solo veía la senda bajo mis pies, los pasos que necesitaba avanzar. El resto de la gente pasó a un segundo plano. Consciente solo de mi expectante ilusión, llegué finalmente al inicio de una gran planicie rocosa. Una blanca figura de mujer vestida con una túnica apareció en la distancia, de espaldas a mí, con su mirada orientada hacia el valle que dominaba. Supe que era la estatua de María, situada en el mismo lugar donde se apareció a los niños por primera vez. Tiritando de frío, o quizá de emoción ante lo desconocido, me acerqué hasta colocarme frente a ella.

Mi mirada se posó sobre la suya y sentí la calidez de su sonrisa amorosa. Tenía una de sus manos posada sobre el corazón, y la otra extendida hacia el mundo, ofreciéndoselo. Para mi asombró, comprobé que la figura se erguía desde el centro de una gran estrella de seis puntas de mármol blanco. Mi estrella. La misma que me guiaba a Jerusalén. «Esta debe de ser la sorpresa que me prometió Alberto», pensé mientras sonreía ante el mensaje que los cielos me enviaban: me encontraba, ciertamente, en el sendero de la paz, y bien acompañada; y el amor, junto a todo lo que María representaba, era el centro de esa paz.

Me entretuve en aquella sensación de certeza mientras me llenaba de ella, pues sabía que la iba a necesitar en mis momentos de duda y flaqueza. Finalmente, me abrí paso hasta el borde del claro donde, entre unos árboles, encontré una piedra que me sirvió de asiento.

Tomé mi diario y lo abrí por la lista de las personas que me habían pedido que rezase por ellas. Había empezado la lista en Roma cuando una monja requirió de mí, por primera vez, tan singular favor. «Querido Dios, no estoy segura de lo que te piden, pero por favor escucha sus plegarias. Bendíceles y protégeles en su viaje por la vida».

Pronuncié, uno a uno, sus nombres en voz alta, y sentí que cumplía con el invisible pacto de confianza que había realizado con cada una de ellas. Después, fui al comienzo de mi diario y, día por día, añadí una oración por todos los que nos habían ayudado en el camino. Mis sentimientos de gratitud y amor se desbordaron cuando les llegó el turno a personajes como fray Ante, fray Drago, Micho y algunos más, y los destaqué en mis oraciones.

«Gracias por traer a estas personas a mi existencia, y por mostrarme el rostro de la bondad. Mi vida ha sido enriquecida para siempre por haberlos conocido. Ellos son tus instrumentos de paz en la tierra, los creadores del mundo que deseamos ver hecho realidad. Bendíceles y guíales siempre en su camino de paz y amor».

Cuando llegué a los nombres de aquellos que nos habían rechazado, hice una pausa. Quería pasar página, no revolcarme en el daño que nos habían causado; pero cuanto más reflexionaba, más cuenta me daba de que ellos también eran ángeles en mi camino, y no menos importantes para mí que aquellos que nos habían acogido. Sus rígidas actitudes me habían mostrado las mías y, de igual manera, sus miedos y prejuicios. Deseaba creer que yo actuaría de forma diferente si nuestros roles se invirtieran, pero ahora no estaba tan segura. Vi mis propias fragilidades y, en consecuencia, también vi las suyas.

Por primera vez sentí despertarse mi compasión hacia ellos. Inexplicablemente, los recuerdos de aquellos que me habían herido o traicionado en el pasado emergieron. Sus crueldades se proyectaban en mi mente de nuevo, tentándome a retomar mis juicios y mi inflexible condena. Quería seguir siendo la víctima, aferrarme al sentimiento de injusticia o moralidad. Pero, en aquel momento sagrado, algo dentro de mí se elevó, y sentí una gratificante paz que me había eludido durante mucho tiempo.

«Gracias por venir a mi vida», dije en silencio. «He aprendido mucho de vosotros sobre mí misma. Pero ya no tenéis ningún poder sobre mí. Os libero ahora de mi corazón».

Cerré mi diario y, con él, una parte importante de mi peregrinaje.

* * *

Para mi mayor frustración, aparte de ir a la iglesia, había poco más que hacer en Medugorje. Comencé a comprender lo aburrido que Alberto debió sentirse y el enorme sacrificio que había hecho al esperarme. La vida de la gente giraba en torno a la oración y a los mensajes de la Virgen. Me invitaban a asistir a la misa y a rezar el rosario al menos dos veces al día. Acepté en principio, por agradecimiento y por respeto a sus costumbres, pero dejé de hacerlo cuando vi que la invitación se convertía en expectativa. Me sentía constantemente presionada a adaptarme a sus creencias y rituales, y me asfixiaba ante tanta instigación.

—Este es el sitio más conservador que he visto nunca —exploté frustrada un día—. ¿Cómo sobreviviste?

—No fue fácil —confesó Alberto—. Puedo decirte que aquí casi me pierdo a mí mismo.

—Puedo imaginarme cómo —contesté—. Es insidioso.

—No lo vi venir hasta que ya fue demasiado tarde —continuó Alberto, para luego detenerse.

Sentí que algo importante había pasado, y esperé a que revelase lo que guardaba en su corazón.

—Estaba esperándote en el edificio en construcción junto a Podbrdo —dijo finalmente—, y quiso la providencia que conociera a otro hombre que también hablaba español llamado Gerardo. Me invitó a su casa. Nos hicimos amigos al instante, pero pronto me di cuenta de que, como casi todos en esta empobrecida región, apenas tenía dinero, y yo, nada que ofrecerle.

»Un día, mientras paseaba, comencé a recibir señales que me llevaron hasta las puertas de una comunidad católica. Me presenté a mí mismo y a nuestro camino sin saber qué podía esperar del encuentro. Me recibieron con amabilidad y me preguntaron por mis creencias espirituales, de las que hablé brevemente pero con sinceridad. Me escucharon con respeto e interés, pero vi que les resultaba difícil entender algunas de mis abiertas ideas, especialmente que Jesús no era el único hijo de Dios. No obstante, a pesar de nuestras diferencias, me invitaron a almorzar cada día con ellos y a pasar todo el tiempo que quisiese en la comunidad. Pensé que era la manera ideal de no ser una carga para mi amigo Gerardo. Los jardines eran además hermosos, y el lugar, tranquilo e idílico para meditar y reflexionar. Así que acepté su invitación, sintiéndome contento de formar parte de su pequeño paraíso.

»Los miembros de la congregación me invitaron afectuosamente a unirme a sus cantos, rituales, y oraciones del rosario, cosa que hice, pero pronto me di cuenta de que muchas de las ideas que expresaban diferían mucho de mi visión del amor de Dios. Sus rezos estaban llenas de devoción y bondad, pero también de auto-humillación, pecado, miedo al diablo, e incluso temor a Dios. Sin embargo, no dejé de asistir a ellos, pues di por hecho que tenía la suficiente fuerza emocional y espiritual como para participar de sus rituales sin que tal concesión me afectase.

»Los días pasaron y no volvimos a hablar más sobre mis creencias espirituales, ni siquiera de mi peregrinación. Por aquel entonces, había un grupo de jóvenes estudiantes en la comunidad que contemplaban la posibilidad de hacerse miembros. Presentí que, de alguna manera, la congregación trataba de protegerles de mis ideas, así que reservé mis opiniones para mí mismo, especialmente las más conflictivas.

»Desde entonces, poco a poco y sutilmente, me descubrí a menudo tratando de complacerles, en vez de actuar con naturalidad. Cosa que atribuí a los buenos modales y a la gratitud que les debía. Rezaba y cantaba con ellos, incluso cuando no me apetecía. Como muestra de respeto a sus creencias, me arrodillaba ante al sagrario igual que ellos cada vez que entraba y salía de la capilla. Sentía la necesitad de pagar de alguna manera lo que me estaban dando, así que me ofrecí a cuidar del jardín y a realizar varias reparaciones y chapuzas. Hice lo mismo con varias personas de la aldea que, de una manera u otra, me estaban ayudando. Mi existencia cotidiana se centró en recompensar los favores que otros me hacían. Empecé a sentirme infeliz y miserable, e incluso deseé marcharme, pero no sabía dónde estabas ni cuando llegarías. "Hágase tu voluntad", me repetía una y otra vez. "Me cuesta soportar esta situación y no se bien cómo afrontarla, pero sé que me has traído aquí por algún propósito".

»Traté de enfocarme en los aspectos positivos de la comunidad: su amorosa devoción a Dios, su fe en la providencia, su camaradería, su dulzura y la sencillez de sus vidas. Luché por ignorar sus constantes postraciones ante el altar, su lastimera autoinculpación, su continua proclama pública de que eran pecadores que no merecían la gracia divina, su ruego incesante de protección frente a las tentaciones del diablo... Sentí que perdía mi autenticidad, pero quería que confiaran en mí, y así continuaba la mentira.

»Mi seguridad y mi coraje comenzaron a flaquear. Me sentía débil, emocionalmente susceptible, y preocupado sobre lo que la gente podía pensar de mí, no solo en la comunidad sino en general. Me sentí perdido e inseguro de mis propias convicciones, y ya no me reconocía en el peregrino pleno de confianza que había arribado a Medugorje. Me culpé a mí mismo por mi debilidad, y luché por cambiar. Pero cuanto más luchaba, más débil me sentía. Imploré al Universo una y otra vez que pusiera fin a este suplicio, terminando siempre con mi nuevo mantra: "Hágase tu voluntad".

»Un día, mientras rezaba con fervor pidiendo una señal, vi algunos caballos que correteaban en libertad en una pradera vecina, para luego reparar en uno que, tranquilo y solitario, pacía a escasos metros de mí. Una cuerda corta amarrada a su cuello lo mantenía atado al suelo, con el fin de evitar que no fuese muy lejos. De inmediato comprendí el mensaje: me estaba encadenando a esta comunidad por seguridad, por un miserable plato de comida. Quise partir de allí en ese mismo instante, pero seguía sin saber nada de ti.

»Esa tarde le conté mi situación a Gerardo, que me reprochó con firmeza:

»—Has olvidado la razón por la que estás aquí. Has olvidado tu propósito, tu misión. Lo que estás haciendo es muy importante. Deja de sentirte obligado e indigno por pedir ayuda. Haz lo que has venido a hacer aquí.

»A la mañana siguiente, en vez de ir a la comunidad, me dirigí solo a la Montaña de la Cruz, otra colina de peregrinación que frecuentaba a menudo. Me planté en la primera estación de la cruz, donde una gran placa de piedra mostraba un relieve con la escena de Jesús en el Jardín de Getsemaní. Grabada bajo la imagen, se encontraba aquella cita que había hecho mía: "Hágase tu voluntad". Aquellas palabras me habían inspirado a menudo, causándome gran alivio cada vez que las recitaba. Pero esa mañana sentí que algo se despertaba dentro de mí, una certeza que no había sentido desde mi llegada. "No", declaré. "Ya no voy a delegártelo todo a ti, por más tiempo. Nunca más pediré que se haga tu voluntad, porque ahora sé que tu voluntad es precisamente que se haga la mía. Tú y yo somos uno. Tú apoyas cada elección que tomo. Ya no volveré a usar más esas palabras por temor a equivocarme. Tú deseas mi evolución personal, y la única manera de saber si mi voluntad beneficia a otros y a mí mismo es a través de la experiencia. Esa es la única manera en la que puedo crecer. Esa es tu voluntad más alta: que se haga mi voluntad".

No estaba segura de estar de acuerdo con Alberto, pero no le interrumpí. Sabía que, en cierta forma, yo era la creadora de mi realidad, pero además creía que había una amorosa sabiduría que me guiaba, y que escucharla contribuía al crecimiento de mi alma. Ahora me preguntaba en dónde residía el equilibrio. ¿Radicaba el propósito de mi vida en rendirme a una voluntad superior, o en llevar por completo las riendas para crear la vida que deseaba?

—Ese día, decidí ayunar hasta que llegases —continuó Alberto—, tomando solo pan y agua para auto-disciplinarme y liberar mi dependencia de los demás. Me sentí inmediatamente libre. Resolví esperarte una semana y, a no ser que recibiese una señal clara, continuar mi camino solo. Además, volví a comprometerme a decir mi verdad en todo momento y bajo cualquier circunstancia. Continué participando en los rituales de la comunidad, pero dejé de pronunciar sus oraciones. También dejé de arrodillarme y de postrarme. Cada vez con más frecuencia, rechazaba ir a la iglesia, alegando que tenía otros compromisos o mi necesidad de meditar en soledad. Nadie preguntó, y no ofrecí ninguna explicación, pero los notaba cada vez más incómodos en mi presencia.

»Una noche, la superiora me dijo que quería hablar conmigo. Sabía lo que iba a suceder, pero, incluso así, me entristeció en gran manera. Sus razones para pedirme que me marchara fueron débiles y pude sentir su ansiedad. Le dije que me hubiera gustado tener la oportunidad de conocernos realmente el uno al otro, y luego me fui, sintiendo a la vez melancolía y agradecimiento por las experiencias allí vividas. "De nuevo tú y yo solos", susurré al Universo con cariño y reverencia. A la mañana siguiente, Gerardo irrumpió en la casa para anunciarme que llegabas al mediodía.

—Asombroso —exclamé.

—Ya sabes, vine a Medugorje con la esperanza de tener un encuentro íntimo con Dios —observó Alberto—. Y así fue, pero no en la manera que imaginaba. Dios estaba y siempre estará en mí. Medugorje me forzó a mirarme a mí mismo, a confiar en mi camino y en mis propias elecciones, y a tomar las riendas de mi destino. Ese es el regalo más valioso que Medugorje me dio, y siempre estaré agradecido por ello.

31. Lo que haría el amor

Llevaba tan solo un par de días en Medugorje cuando una situación que no había previsto, en el hostal donde me alojaba, comenzó a incomodarme. La propietaria era una italiana llamada Isabella, que me había recibido cortésmente, pero que, a pesar de mis mejores esfuerzos, mantenía la distancia entre nosotras con un aire de severa formalidad. En el gran albergue solo había otros dos huéspedes además de mí y, desde el principio, pude sentir también su tensión alrededor de Isabella. Eran evidentes sus deseos por complacerla e, incluso, de no molestarla al infringir alguna de las muchas reglas que había impuesto. Cada cosa tenía designada su lugar. Los platos tenían que lavarse en un orden determinado, en un momento concreto, y debían ser apilados de una cierta manera. Y además, el silencio debía observarse durante las comidas. El primer día de estar allí, me pidió sin rodeos que no hablase de mis viajes ni de mis experiencias con nadie, ni siquiera cuando los otros preguntaran sobre ellas porque, en su opinión, esas historias eran jactanciosas. Me reprendió más de una vez por mostrarme demasiado feliz, recordándome que los siete días previos a la Semana Santa era una época del año que debía ser acogida con seriedad; un tiempo de contrición y sufrimiento, y que mi alegría era una absoluta falta de respeto.

Su crudeza me hizo saltar las lágrimas más de una vez. No me fui porque sentía que estaba allí por alguna razón determinada, por algo importante para mi camino espiritual. Quería comprender por qué ella removía esas poderosas emociones en mí. Pero la sensación de enclaustramiento que me infundía aquel entorno tan restrictivo, junto a mi horrible resfriado, me habían restado la energía necesaria para manejar sus críticas con gracia.

—No lo estás haciendo bien —me reprochó Isabella una noche mientras me arrebataba el plato de las manos para reorganizar la mesa. Nuevos huéspedes iban a llegar al hostal y ella quería que todo luciera perfecto.

Me alejé de allí, cansada de sus ataques y enojada conmigo misma por permitir que me lastimaran. Estaba a punto de entrar en mi cuarto cuando una franja de luz dorada al final del pasillo llamó mi atención. Parecía como un delgado dedo luminoso que me hacía señas en la oscuridad, invitándome a seguirlo. Me dirigí lentamente hacia su origen, una íntima capilla cuyas paredes resplandecían a la luz de innumerables velas. Me senté y comencé a llorar.

«¿Por qué es tan dura conmigo? Nada de lo que hago es lo suficientemente bueno para ella. Solo parece feliz cuando obedezco sus órdenes como una niña sumisa. Quiero irme, pero mi instinto me dice que me quede, que esto es una parte importante de mi camino por la paz. Pero, ¿de qué se trata?»

A medida que mis sentimientos se aliviaban, comenzaron a destellar imágenes por mi mente: la niña que trataba de sacar las mejores calificaciones, para que luego le dijeran que no habían sido las más altas; la joven que decepcionó a su familia al elegir el mundo de los negocios en vez de llegar a ser la doctora que todos esperaban; la mujer de desbordabas expectativas que buscaba el éxito como prueba de su valía.

Entonces, vi con claridad que Isabella era mi madre, mi padre, mi ex marido y tantas otras personas cuya aprobación tan desesperadamente había anhelado. Ella era la rebelión contra la autoridad, y la rabia que bullía ante la injusticia. Era el dolor del rechazo y la sensación de insuficiencia, que no había conseguido aún sanar.

Traté de mirar más allá de sus ásperas maneras para ver al ser humano escondido tras aquella máscara de autoridad y seguridad en sí misma. Comencé a preguntarme acerca de su historia, sobre qué la había llevado a ser tan controladora. Las personas más dominantes que había conocido albergaban miedos e inseguridades tan profundos que la única forma en la que podían lidiar con ellos era a través de controlar su mundo. Protegían su flaqueza bajo la apariencia de invulnerabilidad. Comprendí a Isabella perfectamente porque yo también era como ella, una adicta al control. Pero una que estaba rehabilitándose.

A medida que mi corazón se abría a esta verdad, a que ella y yo éramos una, su imagen comenzó a suavizarse. Detrás de la tirana, entreví a una niña asustada y ávida de amor, que anhelaba la aprobación de los demás. Inmediatamente, quise acercarme a esa niña, para consolarla.

«¿Qué haría el amor?», escuché susurrar en mi oído.

«El amor es un hermoso ideal», contestó mi mente, «pero no siempre es efectivo. Tengo derecho a sentirme enfadada».

«El amor vería la luz en el otro», insistió mi corazón. «Quizá ella sea tan niña como yo. Quizá esté tan dolida como yo lo estoy. Cuando un niño está dolido y tiene miedo, lo abrazas y le dices que le quieres. Le dices que todo irá bien. Eso es lo que haría el amor».

«¡De ninguna manera la voy a abrazar!», repliqué exaltada. «Puede que eso sea lo que el amor haría, pero no yo. ¿Y si se ríe de mí o, peor aún, me empuja a un lado? No podría soportar ese rechazo».

Me incorporé y salí de la capilla, feliz ante mi última revelación, aunque no estuviera preparada para actuar en consecuencia. Entré en el baño para enjuagarme la cara y me miré al espejo. La imagen que me observaba era la de la niña pequeña que había vislumbrado en mi mente hacía solo un momento.

«No se trata de ella, se trata de mí. Necesito desprenderme de mi orgullo. Debo dar ese paso adelante o quedarme anclada para siempre en el pasado».

Corrí a la cocina antes de que mi mente tuviera tiempo de contradecir mi corazón. Isabella estaba aún moviéndose, rauda, de un lado para otro y me miró distraída. Esperé a que hiciera una pausa, luego me acerqué a ella y la abracé con torpeza. Su cuerpo se tensó. Yo contuve la respiración. Poco a poco, levantó sus brazos y me envolvió en un fuerte abrazo. Nos mantuvimos así largo tiempo, sin dejarnos ir.

—Creo que estás haciendo un gran trabajo aquí —dije en voz baja, retirándome por fin. La cara de Isabella estaba encendida, sus ojos brillantes de lágrimas.

—Siento haber sido tan dura contigo —dijo, con mis manos aún entre las suyas—, pero creo que te das demasiada importancia.

—¿En serio? —dije con picardía—. Yo pensaba exactamente lo mismo de ti.

Ante su espontánea carcajada, añadí:

—Quizás, somos más parecidas la una a la otra de lo que estamos dispuestas a admitir.

Apretó mi mano antes de soltarla y volvió a su trabajo, pero sus movimientos parecían más relajados y su sonrisa no abandonaba su rostro. Salí de la cocina como si flotara, sintiéndome más lúcida y ligera de lo que podía recordar. En Podbrdo, *La Colina de las Apariciones*, me había liberado de mis miedos; con Isabella, finalmente, los había abrazado.

* * *

En nuestro último día en Medugorje, Alberto y yo volvimos a subir a la colina, donde presenciamos la puesta de sol y cómo se encendían las luces del pueblo. Recordé la localidad de Villafranca del Bierzo, en el Camino de Santiago, y la famosa Puerta del Perdón, la entrada principal de su iglesia de Santiago. Aquel lugar era considerado un punto final para aquellos peregrinos que no podían continuar hasta la santa ciudad de Compostela por razones de enfermedad o lesiones. Al llegar a esa puerta, los peregrinos recibían las mismas bendiciones que en la capital de Galicia. Yo sabía que llegaría a Jerusalén, pero sentía que Medugorje había sido mi Puerta del Perdón. Había traído conmigo las esperanzas y oraciones de aquellos que no podían venir por sí mismos, y las había entregado intactas. Había traído un mensaje de paz y apreciado el peso de tal elección; y lo que era más milagroso: había descubierto que lo que menos me gustaba de otras personas, se escondía también en mi interior, y que el amor era el remedio más seguro para sanarlo.

Aquella noche, parada en la cima de la colina, con un lienzo de luces a mis pies y la mirada de María a mi espalda, era fácil creer que los niños vieron algo en este lugar. Algo hermoso y radiante que los llenó de esperanza y amor. Sin duda, eso era lo que yo también sentía, pero, para mí, esa energía iba más allá de formas y religiones. Ella era lo que María representaba: la divina energía femenina, el amor incondicional, la compasión infinita, la paz imperturbable, la gracia sublime. Esa energía era atemporal y eterna, y quería llevarla conmigo a Jerusalén.

El 1 de abril de 2002, Alberto y yo comenzamos a caminar, juntos de nuevo.

32. Regalos del cielo

Con renovado propósito y vigor, recuperamos rápidamente el ritmo de la marcha, y volvimos a entrar en Croacia para recorrer el tramo que nos quedaba de su costa antes de llegar finalmente a Serbia y Montenegro. La gente nos saludaba con reconocimiento allá donde íbamos y, por regla general, éramos bienvenidos sin reservas.

—¿Puedes prestarme algo de dinero? —preguntó Alberto una mañana durante uno de nuestros descansos.

—Por supuesto —dije inmediatamente. Nunca antes me había pedido dinero.

—Terminé mi último cigarrillo y no tengo suficiente para un nuevo paquete —añadió con aire despreocupado.

Alberto había comenzado a fumar en Medugorje. Aunque no estaba de acuerdo, trataba de respetarle, pero casi siempre fracasaba, y terminaba sermoneándole sobre los peligros de fumar. Él escuchaba con paciencia mientras encendía otro cigarrillo, y argumentaba que estos, como cualquier otra cosa, solo podían dañarle si él creía que podían hacerlo.

—¡De ninguna manera te daré dinero para tabaco! —dije indignada mientras me alejaba de mi boquiabierto compañero—. ¡Para comida, ropa u otra cosa sí, pero no seré yo la que contribuya a ese vicio!

Un poco después, Alberto me alcanzó y, con una sonrisa de satisfacción, afirmó:

—Te dije que siempre recibo lo que necesito.

—Felicidades —repliqué con sarcasmo.

—Cuando te fuiste me quedé molesto por tu reacción, y comencé a hablar con la Vida —prosiguió Alberto—. Me sentía enojado conmigo mismo. Allí estaba yo, un hijo de las estrellas, mendigando unas monedas y teniendo que argumentar en que pretendía gastarlas. Consciente de que no tenía por qué suplicar ni padecer ninguna carencia innecesaria, le pedí a Dios los cigarrillos que quería, confiando en que, si mi deseo no perjudicaba a nadie, los obtendría en cualquier momento. El tabaco ya no me importaba y me daba igual si lo conseguía o no; lo importante era el haber reconocido que merecía disfrutarlo, y que no había nada erróneo en ello. Aquella simple conclusión me llenó de determinación y confianza. Había recordado mi propia valía, había recordado quién soy, ¿comprendes?

Continué sin decir palabra, impaciente por que finalizara su relato.

—Mi decreto ya estaba hecho, así que dejé a un lado tanto mis dudas como mis expectativas y, simplemente, caminé. Dos minutos más tarde, algo en la carretera llamó mi atención.

Alberto introdujo la mano en el bolsillo de su chaqueta y sacó un paquete de cigarrillos todavía precintado en su envoltorio original, nuevo, flamante y en perfecto estado. Se trataba de la marca Marlboro que a él le gustaba, pero estos eran los habituales, y no los *light* que solía fumar.

—Estaban tirados ahí, en el arcén de la carretera —continuó, entusiasmado, agitando los brazos—. No había coches ni personas alrededor, así que no tengo ni idea de cómo llegaron allí. Además, no son los suaves sino los de toda la vida, con toda su nicotina ¿irónico, no?

Le miré fijamente, incrédula. No solo recibía lo que necesitaba: comida, refugio y dinero, sino que ahora hasta le llovía tabaco del cielo. Me pareció una petición de lo más frívola, cuando podía solicitar cosas mucho más importantes. Sin embargo, ahí estaba él con sus cigarrillos en la mano.

—¿No lo ves, Mony? —continuó con pasión—. Esta es la prueba definitiva de que la magia existe y que, para recibir, lo único que necesitas es creer.

No sabía lo que me enojaba más; si el hecho de que hubiera logrado el tabaco o la posibilidad de que tuviera razón en que lo que él llamaba magia funcionase, y pudiéramos recibir cualquier cosa que pidiésemos sin importar lo banal e inapropiada que pudiera parecer. Seguí adelante hecha una furia.

—No puedo creer que te enfades —protestó detrás de mí —. No lo entiendes. ¿Mony? ¡Mony!

Abandoné la cuestión de los cigarrillos aquel día y cuando encendía alguno, simplemente, le dejaba solo. Este sencillo pero notable incidente destacaría como un hito culminante en el viaje de Alberto.

* * *

5 de abril de 2002. Era el cumpleaños de Alberto y estábamos alojados en el precioso monasterio de Slano. Su amable sacerdote había atendido todas nuestras necesidades, e incluso lavado nuestras ropas, y nos encontrábamos sentados con nuestro anfitrión, compartiendo historias de nuestro camino.

Había tenido la esperanza de escaparme un momento y comprar una pequeña tarta para completar el día de Alberto, pero no había encontrado aún la oportunidad. Un golpe en la puerta interrumpió nuestra conversación y el cura fue a responder. Cuando regresó traía consigo una caja blanca de cartón.

—¿Os apetece tomar pastel? —ofreció abriendo la caja. Voy a oficiar una boda este fin de semana, y la pareja me ha regalado este pastel como muestra de agradecimiento.

Entre los cigarrillos y el pastel de cumpleaños, ya no sabía si estaba empezando a perder mi noción de la realidad o si Alberto era en sí un verdadero mago.

La redonda tarta de chocolate estaba hermosamente decorada con flores y aderezo, y en su centro refulgían dos corazones entrelazados, formados por diminutas perlas plateadas. Nos quedamos sin palabras, pero no tuvimos reparos en aceptar su invitación y nos servirnos dos grandes porciones ante la divertida mirada de nuestro anfitrión.

—Ahora estoy trabajando en atraer más dinero —me dijo Alberto con un guiñó, entre bocado y bocado.

Continuamos hacia el sur a lo largo de la costa croata y llegamos a la espectacular Dubrovnik. Estábamos ahora a menos de cuarenta kilómetros de la frontera serbia. Nos quedamos en el convento que fray Drago nos había recomendado y donde, para el deleite de Alberto, una de los monjas hablaba español. Seguí la mayoría de su conversación que, de manera natural, se centró en nuestras creencias. Cuando Alberto trataba de explicarle nuestra fe en la bondad de la gente, ella interrumpió con amargura.

—No toda la gente —pronunció—. No los serbios. No hay bondad en sus corazones. Son una raza de bárbaros. No puedes confiar en ellos. Masacraron a la gente de una aldea no muy lejos de aquí, incluyendo mujeres y niños. Decapitaron a los niños y colgaron sus cabezas en picas en medio de la plaza. ¡Niños! —reiteró, con la voz rota.

La sangre se me heló en las venas de terror. Siguió contando horrores, subrayando especialmente la brutalidad de sus vecinos serbios. Cuando nos dimos las buenas noches, me sentía menos ilusionada por dejar Croacia que, como Italia, se había convertido en un lugar muy cómodo. Me había acostumbrado a la gente y a la tierra. Nos habían recibido a nosotros y a nuestro mensaje con los brazos abiertos, y habían tejido una red protectora que nos acompañaba dondequiera que íbamos. Ahora, me sentía reacia a dejar esa seguridad y caminar, una vez más, hacia lo desconocido. A pesar de mi intención de no dejarme influir por los juicios de los demás, me encontraba exactamente con ese estado de ánimo. Las grotescas y vívidas descripciones de la monja, me persiguieron esa noche, mezcladas con las continuas advertencias de nuestros familiares y amigos sobre la deteriorada situación en Jerusalén.

Nuestros anfitriones nos invitaron a pasar un día extra en Dubrovnik, que aprovechamos para visitar la histórica ciudad. Por la noche, conocimos a Neda, una mujer llena de energía, que estaba a la cabeza de la orden franciscana femenina de la localidad. Con voz temblorosa, nos contó que nuestra historia había resonado profundamente con ella y que deseaba ayudarnos. Hablamos largo y tendido con esta encantadora mujer, a la que reconocimos de inmediato como a una compañera del alma. También nos informó entusiasmada de que un pequeño grupo de feligreses quería mostrarnos su apoyo, acompañándonos en nuestra marcha fuera de la ciudad a la mañana siguiente. Me emocionó la idea de contemplar mi gran sueño de una marcha por la paz en Jerusalén hecho realidad a esta pequeña escala.

Para terminar, Neda metió la mano en su bolso y sacó un abultado sobre, que colocó sobre la mesa.

—Hemos hecho una colecta en la parroquia. Por favor, aceptad esto en nombre de nuestra comunidad —dijo, y deslizó el sobre hacia Alberto mientras yo observaba la escena incapaz de ocultar mi asombro.

—Gracias —dijo él con sinceridad.

* * *

Una estatua de Jesús lucía decapitada sobre el pedestal. Cerca de ella había otra de San José en condiciones similares. Al otro lado de la sala se podía ver también otra estatua de la Virgen María con los ojos vaciados. Los cuerpos de las imágenes estaban todos desconchados y llenos de muescas. Restos dañados de varias reliquias se exponían en sus distintas bases y vitrinas, todas testimonios de verdaderas atrocidades. Una pequeña placa explicaba que todo ello era obra de los serbios. La escena era aún más perturbadora e intimidante al descubrirla en el interior de la pequeña iglesia de una aldea de nuestra ruta.

Finalmente, llegamos a Gruda, a las puertas de la frontera serbia. Allí pasaríamos nuestra última noche en Croacia. Fuimos huéspedes en la casa de una activa e ingeniosa mujer llamada Pavica que era amiga de Neda de Dubrovnik, y aparentaba muchos menos de los setenta y un años que afirmaba tener. Su casa era cómoda y acogedora, pero estaba plagada de cicatrices de la guerra. La fachada de cemento había desaparecido por muchas áreas o estaba marcada por agujeros de bala. Los bordes de las ventanas estaban tan rugosos y deteriorados que no encajaban bien. El mobiliario se veía gastado y roto. Pavica nos explicó que tropas serbias habían ocupado su casa durante la guerra civil y que ella había regresado hacía poco tiempo para comenzar las reparaciones.

Quizás porque notó mi tensión, Pavica supervisó con mimo y sumo cuidado cada detalle durante nuestra estancia en su casa: nuestra comida, nuestras alcobas, las provisiones para el siguiente día... Nos entretuvo tocando el piano y cantando canciones tradicionales croatas, por todo lo cual se ganó aún más nuestra simpatía. Yo admiraba el coraje de aquella mujer que había elegido volver para reconstruir su hogar cuando podía haber continuado fuera fácilmente, y el esfuerzo que hacía para aplacar mis temores, cuando era yo la que debería estar haciendo eso por ella.

Su hijo Miro, que había pasado los cuarenta e irradiaba un espíritu sereno, acudió a conocernos. Gracias a su orgullosa madre nos enteramos de que era un solicitado artista, especializado en restaurar obras de arte. Tras mucho insistir, nuestro tímido amigo finalmente accedió a mostrarnos su trabajo.

Su pequeño estudio estaba invadido de infinidad de figuras religiosas, en su mayoría rotas o decapitadas, y pinturas parcialmente dañadas o descoloridas. Ver todo aquello aún me perturbaba y me di la vuelta. Miro apartó la sábana que cubría una figura colocada sobre la mesa, revelando una estatua de la Virgen de hermosos y vibrantes colores.

—Reparo objetos religiosos que han sido dañados durante la guerra —dijo Miro con calma.

Pasamos las horas siguientes entre numerosas fotos que mostraban con gran detalle el esmerado proceso al que se sometía cada pieza para poder devolverla a su esplendor original. La belleza resultante era un testigo imperecedero del gran amor que Miro vertía en su labor. Con cada pintura o escultura retocada, le vi restaurar algo infinitamente más hermoso y poco común: la esperanza.

Estar con Miro, me recordó que el trabajo de la paz requiere paciencia, dedicación y un amor infinito. Una tarea que muy pocos están dispuestos a asumir, pero que tuve el privilegio de contemplar en la figura de un humilde artista llamado Miro, un hombre cuyo nombre significa *Paz*.

33. Los serbios

Multitud de saludos y parabienes nos acompañaron hasta el lado croata de la frontera, pero no pudieron reprimir mi inquietud al entrar en territorio serbio.

Lo primero que me llamó la atención del guardia serbio fue lo grande que era físicamente. Su cuerpo, su rostro, su cabeza, sus manos... eran enormes. Tuve la sensación de encontrarme ante un gigante. Él se limitó a mirarnos de arriba a abajo sin expresión alguna en la cara mientras hojeaba nuestros documentos.

—¿Qué hacéis aquí? —preguntó educadamente en inglés.

Me giré para mostrarle el mensaje de mi espalda, pues sabía que la lengua serbia y la croata apenas se diferenciaban. El guardia hizo muchas preguntas sobre los lugares concretos por los que habíamos caminado, y escuchó con atención nuestras respuestas. Era cortés en su trato y, aunque no mostraba emoción alguna, no me sentí amenazada o incómoda en su presencia. Con la fecha 11 de abril de 2002 sellada en nuestros pasaportes, entramos en Serbia y Montenegro, a punto de descubrir por nosotros mismos si todo lo que habíamos oído sobre ellos era cierto.

Nuestro destino era Herceg-Novi, a escasos quince kilómetros de la frontera. No estábamos seguros de dónde íbamos a dormir, pero nos garantizaron que allí vivía una gran comunidad croata. Fray Ante llamó ese día, como hacía con regularidad para ver cómo iba todo. Cuando supo de nuestro destino, nos dijo que allí tenía otro amigo sacerdote, y que le iba a llamar para informarle de nuestra inminente llegada. Me pregunté si su influencia se extendía hasta la misma Jerusalén. Empezaba a confiar en que si le dijera que caminaba por China, también me hablaría de un amigo suyo de allí.

Ya una vez bajo techo y mientras nos preparábamos para pasar la noche, sonó mi teléfono. Respondí, esperando oír a fray Ante, pero me sorprendió escuchar en su lugar la voz de Hannah. No habíamos hablado desde hacía más de un mes, ni tampoco había llamado para preguntar por Alberto. Tras ponernos al día sobre nuestras vidas, era natural que terminásemos hablando sobre él.

—Alberto me envió un e-mail desde Dubrovnik —dijo ella—, me dijo que estaba preocupado por mí y planteó la posibilidad de que termináramos nuestra relación. Aún existe mucho cariño entre nosotros, pero no siento el mismo amor ni la pasión que sentía cuando estábamos juntos. No sé si alguna vez podré sentirlos de nuevo, pero incluso si así fuera, no podría vivir con el temor de que volviera a marcharse.

Alberto había salido de la habitación y cuando regresó le avisé por gestos de que se trataba de Hannah. Pregunté si quería hablar con él, a lo que respondió un triste *sí*. Nos dijimos adiós y le pasé el teléfono a Alberto. Ya sola, decidí ocuparme de lavar y tender la ropa. También inspeccioné mis axilas por primera vez en mucho tiempo, y me complació comprobar que no había hinchazón o molestia alguna.

Cuando me disponía a acostarme, regresó Alberto.

—Las cosas no están bien entre nosotros —dijo dándome el teléfono—. No lo han estado desde hace mucho tiempo, desde antes del día de San Valentín. Estamos hablando más en serio sobre separarnos, pero ninguno quiere dar el primer paso. Le tengo muchísimo cariño, pero mis sentimientos han cambiado y los de ella también. No se trata solo de volver con ella. La cuestión de fondo reside en lo que espera de mí, y en la garantía que me pide de que nunca más vaya a dejarla para hacer algo parecido. No puedo prometerle eso. Dentro de la relación, necesito sentirme libre para continuar mi camino espiritual. Necesito seguir creciendo.

—Jamás lo había entendido antes —respondí—. Pensaba que la libertad significaba darle a la otra persona tiempo para que persiguiese sus intereses, pero ahora veo que incluye también apoyarle en su búsqueda personal, incluso cuando pueda significar tener que separarse. Ahora que dispongo de mi libertad y que estoy siguiendo ese camino, no puedo imaginarme renunciar a él solo por mantener una relación con alguien.

—Exacto —respondió Alberto mientras colocaba distraídamente su ropa sobre el radiador antes de acostarse en la cama y apagar las luces—. Se ha acabado —susurró finalmente.

* * *

La línea de costa serbia era tan magnífica y montañosa como la croata. En las localidades de Risan y Kotor fuimos recibidos por las comunidades croatas, y nuestro contacto con la población serbia se limitaba, por el momento, a la carretera. De vez en cuando, se oía el claxon de un coche y algunas personas sacaban las manos por las ventanas mostrando su apoyo, pero en general nadie se acercaba a nosotros.

A continuación, nos dirigimos a Budva, a lo largo de una alarmante carretera en la que los coches transitaban a gran velocidad. Nuestro mapa indicaba un camino paralelo a la autovía y decidimos tomarlo para evitar el peligro, pero este serpenteaba de una manera tan insólita que pronto perdimos de vista la carretera principal y nos encontramos vagando por un sendero desierto, que continuamente se bifurcaba en varias direcciones.

Cuando volvimos a consultar el mapa, pasó un coche y paró delante de nosotros. El conductor, un hombre de mediana edad, con incipientes canas en su oscuro cabello, se acercó y, en inglés, se presentó como Zelko. Dijo que nos había reconocido por los programas de la televisión croata y que había conducido por la carretera principal varias veces durante las últimas semanas con la esperanza de encontrarnos.

—Lo que es extraño —añadió— es que nunca cojo por esta carretera, pero por alguna razón hoy lo hice.

Una calmada fuerza emanaba de él, y sentí que era un hombre de gran integridad y convicción. Estuvimos de acuerdo en que nuestro encuentro no era una mera coincidencia, y aceptamos su invitación de conocer a su familia. Nos prometió que su casa era fácil de encontrar y nos la señaló en el mapa, asegurándonos que aquel tranquilo camino rural era idóneo para andar.

La ruta que indicó era sin duda pintoresca, pero no mencionó las empinadas montañas. El camino se contorneaba a través de aldeas encantadoras que asomaban del exuberante bosque de los alrededores. Los pastores nos saludaban y, movidos por la curiosidad, intentaban comunicarse con nosotros. Entonces, decíamos simplemente «Zelko» y ellos asentían con reconocimiento y nos guiaban como a sus ovejas en su dirección. Las frondosas copas de los arboles nos sirvieron de refugio ante el ardiente sol, pero aun así nuestras piernas temblaban cuando llegamos.

La familia de Zelko se había reunido en el comedor para darnos un cariñoso recibimiento. Nuestro nuevo amigo nos presentó a su esposa y a sus hijas pequeñas con orgullo, y luego, a sus padres y otros familiares presentes. De inmediato, trajeron pasteles y galletas caseras que sirvieron con agua y bebidas heladas. Las niñas, de entre ocho y doce años, nos observaban con timidez y fueron a sentarse en el regazo de su padre. Él les habló en voz baja con dulzura, sin duda refiriéndose a nosotros, mientras ellas nos miraban furtivamente con curiosidad. Las saludamos con la mano y ellas escondieron sus caritas entre los brazos de su padre que sonreía feliz. Era fácil ver cuánto lo querían y cuánto él las adoraba. Me sentí conmovida y aprecié sinceramente la bienvenida de esta familia tan unida y entrañable.

—Soy serbio —declaró Zelko—. Estoy orgulloso de mi país y de su gente. Sé lo que cuentan los medios de comunicación sobre nosotros y sobre las atrocidades que han sido cometidas en Croacia. Los croatas también cometieron crímenes semejantes aquí, pero no es eso de lo quería hablaros. Quería que supieseis que esas barbaridades no representan el corazón del pueblo serbio. No somos los monstruos de sangre fría que nos acusan de ser.

—Hace muchos años —continuó—, fui marinero. He estado en todos los rincones del mundo, incluido Jerusalén. Una vez, nos encontrábamos atracados en un puerto del sur de los Estados Unidos y tuve la oportunidad de conocer a algunos marineros americanos. Cuando les dije que era serbio, uno de los hombres me comentó que había oído que éramos salvajes que incluso masacrábamos y comíamos niños. Pensé que se trataba de una broma de mal gusto, pero me horrorizó comprobar que no era así. No puedo expresaros lo indignado e impotente que me sentí en aquel momento. Su comentario me ha perseguido hasta nuestros días. Aún no logro entender cómo podía pensar algo así de nosotros.

Este hombre digno hizo una pausa y nos miró fijamente.

—Ahora soy padre y no quiero que mis hijas crezcan en un mundo que tenga semejante opinión de ellas. Quiero que sepáis que somos gente de paz. Tenemos los mismos sueños y aspiraciones para nosotros y nuestros hijos que el resto de la humanidad. Queremos vivir en paz.

La imagen imborrable que guardo de aquel encuentro es la de Zelko asomado a la terraza con una sonrisa de alegría en su rostro, sosteniendo sus niñas en cada brazo mientras nos despedían con la mano.

Ante aquella imagen, renové la promesa que hice en su día de no dejarme llevar por los miedos y opiniones de aquellos que encontraba en mi camino y, por encima de todo, de confiar en el corazón humano, porque sus esperanzas y sueños trascienden fronteras y nacionalidades.

No podía imaginarme lo pronto que olvidaría esa promesa.

34. Temida Albania

Subimos los anchos escalones y entramos en el blanco y sencillo edificio que constituía la frontera albanesa. Un corpulento oficial de aduanas aguardaba sentado detrás de un largo mostrador de mármol. El resto del mobiliario lo formaban unas cuantas sillas viejas apoyadas contra una pared, y una mesa con diversos formularios junto a otra. Una sensación general de caos dominaba la estancia. La gente entraba y salía apresurada, muchos con impaciencia, para reclamar la ayuda del imperturbable guardia que hacía oídos sordos a sus quejas.

Cuando llegó nuestro turno, nos examinó con suspicacia y gruñó varias palabras en albanés. Le pregunté si hablaba alguna otra lengua y me respondió con un rotundo *no*. Puse una mano palma arriba e hice que los dedos de la otra corrieran sobre ella. El guardia se limitó a responder con más palabras albanesas.

—Lo que está diciendo es que tenéis que rellenar el impreso del visado, que está sobre la mesa —dijo una voz con un claro acento australiano.

Me giré para ver a un hombre delgado de unos cuarenta años vestido de color caqui y un sombrero de safari. «Estoy hablando con Cocodrilo Dundee», reí para mis adentros.

—Cuesta solo doce euros —continuó—, pero os está pidiendo veinte. Estas personas son muy pobres y necesitan dinero desesperadamente. Es probable que este hombre no haya cobrado en mucho tiempo. Si queréis entrar en el país, ese es el precio que tendréis que pagar.

Yo no sabía si se refería al monetario o al coste emocional de tener que enfrentarme a mis temores. Desde los primeros días de nuestro camino, nos habían alarmado del peligro que representaba caminar por Albania. Nos habían advertido seriamente sobre la violencia despiadada que reinaba en sus calles y la corrupción que sufría a todos los niveles. Pero no había manera de llegar a Macedonia sin atravesar su perímetro. Después de todo lo que había vivido, y especialmente tras el encuentro con Zelko, tendría ya que haber aprendido a confiar en la vida y a dejar todo lo demás a mis espaldas. Pero, por alguna razón, no pude hacerlo.

El australiano intercambió algunas palabras en albanés con el guardia. No tuve la impresión de que fueran amigos o cómplices de aquel engaño, tan solo advertí que ese hombre conocía las reglas del juego. Después fue a la mesa del fondo, recogió por nosotros los papeles requeridos y nos explicó cómo rellenarlos, antes de perderse por la puerta.

El oficial tomó entonces los documentos junto a nuestros pasaportes y, tras una hora de espera, nos llamó para entregarnos una pequeña hoja de papel a cada uno.

—Muy importante —dijo con seriedad mientras agitaba el papel—: no lo extravíen. Ténganlo siempre en el pasaporte. Veinte euros, por favor.

—Así que habla inglés —dije, animándole a explicarse.

—No —fue su sonriente respuesta.

Pagamos el precio y selló nuestros documentos. El 19 de abril de 2002 entramos en Albania.

Comenzamos nuestra marcha en dirección a Bajza, una localidad en la que también fray Ante, nuestra inagotable fuente de recursos, tenía amigos que nos esperaban. La carretera, estrecha e irregular, estaba plagada de enormes baches y parecía que no había sido pavimentada en años. Ni siquiera existía un indicio de arcén, solo la cuneta separaba la carretera de la yerma tierra. La basura salpicaba el paisaje y aparecía acumulada en montones cada cientos de metros. Los pocos edificios por los que pasamos habían sido bombardeados o necesitaban desesperadamente una reparación. Me sentí conmocionada hasta el punto de dudar de que aún estuviésemos en Europa.

La gente conducía de forma agresiva, y tocaban la bocina y nos hacían gestos para que saliésemos de la calzada. Un hombre incluso aminoró la velocidad y sacó su cabeza por la ventanilla para admirar mis pechos; asintió como si apreciara lo que veía y luego se alejó. Yo no sabía si reír o llorar. Llegué con los nervios destrozados a la iglesia, un amplio edificio de reciente construcción que contrastaba con la escasez de recursos que la rodeaba.

El sacerdote que la atendía nos dio la bienvenida e insistió en acompañar a Alberto a comprar alimentos aduciendo que, como turista, se aprovecharían de él si acudía solo. Volvieron pronto cargados de pan del pueblo, queso, aceitunas y tomates. El cura se quejó amargamente de que, a pesar de su presencia y mediación, le cobraron dos veces más del precio habitual.

—Por nada del mundo me atrevería a hacer lo que estáis haciendo aquí —proclamó—. Este país acaba de salir de una opresiva dictadura y la gente está desesperada. No guardan respeto a la ley ni a la vida humana. No puedes confiar en ellos. Los ladrones detienen coches en pleno día, roban y matan a sus ocupantes. Incluso a mí me han robado, sin importarles que fuera sacerdote. A la policía le da igual. Son inútiles y tienes que sobornarles si quieres que hagan algo. Si yo estuviera en vuestro lugar, cogería un autobús y me iría de aquí ahora mismo.

Traté de ignorar sus comentarios cuando me senté a meditar esa noche. Remplacé la visión que nos había dado de su país por otra repleta de paz y armonía, donde solo encontrábamos bondad en cada persona que conocíamos. Alberto recortó las letras para nuestro cartel en albanés, que el cura escribió para nosotros: *Ecim për në Jeruzalem për Paqe*, para mí, y solamente *Paqe*, «Paz», para Alberto.

Nuestra jornada de treinta kilómetros a Skadar, la siguiente ciudad donde fray Ante disponía de amigos, estuvo acompañada de una mañana gloriosa. La carretera nos condujo a través de pequeños pueblos que, supuse, se mantenían con la agricultura y la ganadería. El paisaje seguía dominado por la basura cuyo hedor se mezclaba a veces con el de desechos humanos. Era insoportable. Niños descalzos con ropas harapientas jugaban en las calles y nos perseguían al pasar. Bares minúsculos asomaban con frecuencia al pie de la carretera con sus terrazas llenas de hombres de todas las edades que dejaban transcurrir así las horas. Muchos nos llamaban para que nos sentásemos a charlar, cosa que hicimos en las primeras ocasiones hasta que nos quedó claro que no tenían nada más que hacer en esa empobrecida parte del país.

Eran amigables y respetuosos, y nos hablaban en italiano, una lengua que manejaban gracias a los programas de la televisión italiana.

A través de ellos aprendimos más sobre la historia del país y conocimos sus deseos de abandonarlo para encontrar mejores oportunidades de trabajo en otro lugar. Se admiraban del hecho de que nosotros pudiéramos salir del nuestro a voluntad, un privilegio del que la mayoría de ellos jamás gozaría. Todos sin excepción nos aconsejaron que no nos fiáramos de ningún albanés, y menos de la policía.

Así que, cuando ese mismo día, un coche de patrulla paró a nuestros pies, yo me temí lo peor. El joven oficial solicitó nuestros pasaportes y los hojeó lentamente, examinando los visados con detenimiento. Cuando nos preguntó por nuestro lugar de destino, me giré para dejarle ver mi letrero y le expliqué brevemente el porqué de nuestra aventura.

—Les he parado por su propia seguridad —dijo mientras me devolvía los documentos—. Tienen que tener cuidado en estas carreteras. Nunca caminen de noche. Esta parte del país es aún inestable y les podría ocurrir cualquier cosa. Comunicaré sus datos para que la policía no les moleste. Que tengan un buen viaje.

—Es curioso —rio Alberto—. Solo encontramos buenas personas que tienen miedo las unas de las otras.

Pero su comentario no disipó mi preocupación.

Continuamos adelante por la que, supuestamente, era la carretera principal que nos llevaría a Skadar, y que no solo compartíamos con coches y autobuses, sino con caballos, burros y mulas. Mucha gente que paraba nos ofrecía llevarnos en sus vehículos, y se mostraban confundidos cuando rechazábamos la oferta. Luego supimos que para los lugareños, solo los más pobres caminaban. Incluso ir en burro estaba mejor visto.

Por fin llegamos a Skadar, donde la muchedumbre, la suciedad y el hedor, mezclados con el calor de la tarde, el humo de los coches y el polvo, me sofocaron. No podía evitar toparme con la gente o rozarme con ella cuando pasaba a su lado. Me sentía invadida, como si careciera de espacio personal, de un lugar donde yo acabara y empezasen los demás. Algunas personas nos seguían y nos pedían dinero en inglés. Un joven señaló mi anillo. Una mujer mayor hizo lo mismo con mi collar de la Tau, y luego con el reloj de Alberto. En comparación con su precaria existencia debíamos parecerles unos turistas ricos. Todo era demasiado abrumador.

Comencé a retraerme, y a poner una barrera de autoprotección. Dejé de saludar a la gente y evité todo contacto visual. Me coloqué delante de Alberto para abrirme camino entre la multitud mientras trataba de crear una distancia de seguridad a mi alrededor. Algunos señalaban a nuestros letreros y se reían. Otros nos miraban con mal gesto. Por primera vez desde que entramos en Albania, temí por mi integridad física. Mi temor aumentó y me descubrí respondiendo de mala manera a algunas personas, y diciéndoles bruscamente que se apartaran de mi camino.

—Eh, relájate —dijo Alberto al tiempo que sujetaba mi brazo—. Lo que haces no mejora la situación. Cambia tu actitud o quítate el cartel.

—¡Déjame en paz! —grité, y me liberé de su agarre.

Alberto me tomó de nuevo del brazo, esta vez con más fuerza. Tenía una mirada seria que raramente veía en él.

—Sé que estás cansada y molesta, pero debes controlarte. No llevas un cartel publicitario a tu espalda. Recuerda lo que estás haciendo.

Tiré de mi brazo y seguí adelante a ciegas. La rabia, el miedo y el cansancio habían conquistado mi cuerpo y sentía su efecto en cada uno de mis músculos. Alberto me alcanzó y se puso en cabeza para que simplemente le siguiese y confiara en que él encontraría el monasterio que nos aguardaba.

En lo alto de una pequeña colina, lo hallamos. Con sus frondosos árboles y sus jardines bien cuidados, nos pareció un oasis en aquel desierto de ciudad. Nos llevaron a una habitación limpia con dos camas donde, nada más entrar, dejé la mochila en el suelo, saqué la ropa para cambiarme y me dirigí a la ducha.

Me quité mis atuendos de peregrina y los sumergí en el lavabo, mientras veía con disgusto cómo se oscurecía el agua. Me metí en la ducha ansiosa por deshacerme de todo lo indeseado, físico y no físico, que había acumulado durante el día. El agua caliente se precipitaba en cascada sobre mi cabeza y hombros, y descendía por mi exhausto cuerpo. Su caricia era cálida y relajante. Su susurro, amable y tranquilizador. Noté que mis lágrimas, largo tiempo retenidas, acudían de nuevo a mí, imposibles de contener. Apoyé la cabeza contra la pared y rompí a llorar.

«No sé si puedo seguir haciendo esto. No sé si tengo la fuerza suficiente. Solo llevo dos días aquí y ya estoy enfrentándome con la gente. Alberto tiene razón. Tengo que controlarme. Estas no son maneras, y mucho menos, las de la paz».

Me senté en el plato de la ducha mientras dejaba escurrir junto al agua todo lo demás. Los suaves susurros y caricias se precipitaban tan tiernos y reales como los de la mejor de las madres, hasta que la dulce corriente se llevó consigo mis fracasos de aquel día. Cuando salí de la ducha estaba dispuesta a intentarlo otra vez.

Las hojas murmuraban con la brisa fresca mientras los pájaros cantaban alegres en lo que parecía ser una bienvenida a mi renovación. Alberto se duchó también y fuimos a unirnos con los monjes, que nos esperaban para cenar. Allí conocimos a un sacerdote croata que se llamaba Marcello. Un hombre pequeño pero fornido cuyo aspecto me recordaba al de un perro pitbull. Escuchó con agrado nuestras historias, y parecía especialmente interesado en la particular visión que tenía Alberto de Dios, y en sus experiencias en Medugorje. Aún me sentía emocionalmente frágil, por lo que agradecí que Alberto liderase la conversación. Cuando mencioné mi temor a caminar por Albania, el padre Marcello dijo:

—Lo que habéis oído era cierto hace cinco años, pero no hoy. Llevo aquí casi una década y he vivido lo peor del asunto. Podéis confiar en la gente de esta tierra. El albanés es uno de los pueblos más generosos y hospitalarios del mundo. La mayoría de ellos no tienen nada, pero os darían de corazón lo poco que tienen. No tengáis miedo. Aquí estáis a salvo. Si necesitáis ayuda, pedidla. Les encanta ayudar.

El padre Marcello hablaba con tal franqueza y autoridad que confié en sus palabras de inmediato y le prometí seguir su consejo. Después, ante la dificultad de encontrar mapas de la zona, procedió a dibujarnos una ruta que nos llevaría hasta Tirana, la capital del país, y señaló los lugares del camino en los que disponía de amigos que nos recibirían de buen grado. Me fui a dormir esa noche aferrada a la visión que el padre Marcello nos había otorgado de Albania, e intentando borrar de mi memoria las tribulaciones de aquel aciago día.

* * *

El mapa del padre Marcello nos llevó hasta sus amigos de Bushat, Lezhe y Laç, donde nos recibieron encantados. Conocimos a misioneros de todo el mundo que trabajaban para reconstruir el país, como enfermeras filipinas con su hospital de campaña y monjes de la India representando la labor de la Madre Teresa de Calcuta. Su humildad, su amor y su entrega por los más pobres de los pobres nos impresionaron. Fuimos testigos de una espiritualidad cuya puesta en acción iba mucho más allá de los dogmas religiosos.

Envidiaba su pasión y compromiso, y esperaba que, al encontrarme entre ellos, reviviera esa misma chispa en mí. Pero no fue así. Cada día que pasaba me sentía más débil.

En una de nuestras estancias, conocimos a un caballero inglés retirado llamado John, que coordinaba la ayuda humanitaria del Reino Unido a Albania. John habló largo y tendido de sus muchos logros y reconocimientos, pero ni una sola vez preguntó por nuestro viaje. Las pocas ocasiones en las que tratamos de hablar sus ojos vagaban y parecía poco interesado en lo que teníamos que decir, hasta que volvía a llevar la conversación hacia sí mismo.

Mientras contemplaba nuestro encuentro, no pude evitar sentir que me había sido enviado como un aviso. Estaba en peligro de convertirme en alguien superficial que contaba anécdotas e historias divertidas, pero carecía de sinceridad. Podía imaginar la reacción de la gente ante esas historias, «¡Oh, lo que haces es genial! ¡Oh, la BBC te entrevistó acerca de tu trabajo! ¡Oh, te hicieron ciudadano de honor de un pueblo de Albania! ¡Oh!».

John era un hombre bien intencionado que, sin duda, estaba realizando grandes cosas, pero, en realidad, lo que se mostraba ante mí era mi propio reflejo, uno que evitaba a toda costa contemplar. Estaba cansada de hablar sobre nuestro camino, de repetir las mismas historias una y otra vez. Mis palabras habían pasado a ser una rutina bien ensayada, y las pronunciaba con poca pasión o autenticidad. A veces, mi mente vagaba en medio de las conversaciones. La gente reaccionaba ante mí con el mismo entusiasmo que, estaba segura, manifestaba hacia John, pero yo me sentía cada vez más vacía, como un fraude.

Necesitaba dejar de caminar y tomarme un descanso, pero no me lo permitía porque, para mí, eso significaría fracasar, y yo sabía que ese fracaso me acosaría con más intensidad que cualquier fatiga emocional que pudiera experimentar.

Estaba proclamando un mensaje de paz interior del que me sentía muy alejada, y temía que los demás llegaran a descubrirlo; especialmente Alberto, que parecía más seguro que nunca. Aunque trataba de consolarme, veía en sus ojos su desaprobación y lo decepcionado que estaba conmigo, y yo me retraía, más y más profundamente, rezando para que Albania no me destruyera.

* * *

Aunque parecía imposible, entrar en Tirana fue incluso más duro que caminar por Skadar. A pesar de mis mejores esfuerzos, no pude evitar caer en la desesperación, y abrirme paso con airado ímpetu a través de aquel infierno interminable.

No obstante, a medida que nos acercábamos al centro de la ciudad, el deteriorado camino se fue convirtiendo en una carretera bien pavimentada con marcas viales que los conductores respetaban. Las chozas y los techos de metal ondulado dejaron paso a verdaderos edificios de ladrillo, algunos con azulejos tradicionales. Según avanzábamos, las condiciones fueron mejorando hasta que, finalmente, llegamos a una impecable vía principal en la que los modernos y recién pintados edificios rivalizarían con los de cualquier ciudad de la histórica Europa. Una línea divisoria de árboles y parcelas de flores añadía un toque de color y elegancia a las anchas avenidas cuyas tiendas exclusivas mostraban la última moda.

—¿Qué ha sido de Albania? —pregunté a Alberto con incredulidad.

Encogió los hombros, y sus ojos abiertos mostraban el mismo gesto de sorpresa que los míos tratando de adaptarse a esta nueva realidad. Unas pocas manzanas más allá, la miseria y el caos eran la norma general, sin embargo, esta zona del centro lucía inmaculada. No podía dar crédito a tanto contraste y me preguntaba cómo el gobierno no hacía algo por nivelar esa enorme disparidad.

El padre Richard, el cura que nos acogió esa tarde, se mostró de lo más atento, y nos invitó a quedarnos un día más. Aprovechamos ese tiempo para descansar y para mandar a casa algunos de nuestros artículos de invierno más pesados, aunque conservamos nuestros sacos de dormir. Mi uniforme diario consistiría ahora en mis pantalones habituales, una camiseta, una camisa ligera de manga larga y un sombrero de verano. Alberto hizo una limpieza similar de su mochila y enviamos por correo más de cuatro quilos, una diferencia que sabía que apreciaríamos al caminar. Y para más alivio, en el país donde menos lo esperaba, pude usar mi tarjeta de débito para sacar euros de un cajero automático.

El padre Richard apareció entrada la noche para invitarnos a cenar. Me desconcertó montar en un nuevo y flamante Land Rover que, según nos explicó con satisfacción, era propiedad de la Iglesia. No supe que decir. Viajamos en silencio a lo largo de las tranquilas y tortuosas carreteras hasta llegar a lo que parecía la puerta de una finca privada. Se trataba de un restaurante de lo más suntuoso. Pequeñas mesas adornadas con blancos manteles bordados, cubiertos de plata, y porcelana y cristalería relucientes llenaban el íntimo espacio. La tenue iluminación y el parpadeo de las velas se sumaban a la sensación acogedora que respiraba el ambiente. Los clientes estaban vestidos de forma elegante, algunos con chaqueta y corbata. Miré mis polvorientas y gastadas botas, y mis ropas de peregrino y me sentí completamente fuera de lugar.

El metre saludó al sacerdote por su nombre y nos condujo a una mesa encantadora pegada a uno de los amplios ventanales. La cocina era italiana y los platos fácilmente reconocibles. El padre Richard eligió una botella de vino tinto de la carta y pedimos nuestra comida. El camarero nos trajo un variado surtido de pan, colocó la servilleta sobre mi regazo, y a continuación sobre el de mis compañeros de mesa. Estaba acostumbrada a este nivel de servicio y atención, pero no pude evitar sentir que estábamos haciendo algo inapropiado.

Quise desesperadamente preguntar sobre las condiciones atroces del país, pero no me atreví para no molestar a nuestro anfitrión que tan solo pretendía que nos sintiéramos a gusto. Su intención era noble. La batalla contra las incongruencias era solo mía.

El tiempo pasó velozmente, y hablamos largo y tendido sobre nuestras creencias espirituales, con las que el padre Richard parecía congeniar.

—Eres un hombre de profundas convicciones —le dijo a Alberto—. Quizá tú también te ordenes sacerdote al final de tu peregrinaje.

—Sólo tengo un pequeño problema con la obediencia —rio Alberto—. Yo nunca podría ir en contra de mi conciencia, no importa lo que cualquier persona o autoridad me diga que haga.

—Pero... Entonces... eso te convierte en protestante —exclamó el padre Richard con incredulidad—. Ellos tampoco creen en la jerarquía de la Iglesia católica.

La cara de Alberto reflejó sorpresa por un momento, pero respondió con calma:

—No me gustan las etiquetas. Atiendo a los consejos de los demás e incluso estoy abierto a seguir las enseñanzas de un maestro, pero, en última instancia, siempre escucho a mi corazón porque es allí donde Dios reside. Si eso significa ser protestante, puede que lo haya sido siempre sin saberlo.

Aunque todos lo intentamos, fue imposible disfrazar la sensación de incomodidad que acompañó al resto de la cena.

La mañana de nuestra partida, buscamos al padre Richard para despedirnos y lo encontramos en las oficinas de la iglesia. El suelo de mármol y los brillantes cristales volvieron a dejarme perpleja. En contraste con toda la pobreza que habíamos visto, esta extravagancia combinada con la cena del día anterior me pareció un insulto a la gente de este país. En aquel momento, olvidé toda la amabilidad y la asistencia que habíamos recibido de la Iglesia en nuestro viaje. Me olvidé de fray Ante y fray Drago, y de la larga cadena de sacerdotes y monjas que nos había ayudado. Olvidé todo el bien que su labor aportaba al mundo, y solo fui consciente de su fracaso. Compartí mi frustración con Alberto.

—Soy el primero en estar de acuerdo en que para ayudar a los pobres no hace falta ser pobre —dijo—. Creo en ayudar a otros a despertar su ilimitado poder para crear abundancia en sus vidas y a cambiar su conciencia de pobreza por una de riqueza. La Iglesia habla de ayudar al necesitado y compartirlo todo con él; pero ¿cómo pueden vivir con tanto lujo rodeados de tanta miseria, y seguir predicando ese mensaje?

Las contradicciones que estábamos viendo, y peor aún, de las que, sin querer, habíamos formado parte, nos causaban una angustia tremenda. Hablamos más seriamente de alojarnos en pensiones cuando diésemos con ellas, y explorar otras opciones de refugio. Por primera vez, Alberto se mostró de acuerdo. Con ese simple pronunciamiento sentí una libertad que no había sentido en mucho tiempo.

* * *

Continuamos hacia el este, y pasamos por las ciudades de Eba, Elbasan, Librazhd y Prrenjas. Las condiciones de vida parecían mejorar cuanto más avanzábamos en esa dirección.

Uno de aquellos días, acabamos en compañía de tres jóvenes misioneros evangélicos que nos habían visto en la carretera y que amablemente nos invitaron a cenar con ellos.

Mi nivel de paciencia para los asuntos religiosos había disminuido bastante, así que dejé que fuese Alberto quien llevase las riendas del debate teológico. Me pareció interesante descubrir que los evangélicos no veneraban a María como los católicos y que no creían que fuera virgen. Tampoco aceptaban la jerarquía de la iglesia y permitían a sus pastores contraer matrimonio. Sin embargo, su más férrea creencia consistía en que Jesús era el único camino a la salvación, y dedicaron la mayor parte de la noche a tratar de convencernos.

Edona, la más joven de los tres, transmitía candidez así como un sincero entusiasmo por su doctrina, que se mostraba ansiosa por compartir. En un momento dado de la cena, me preguntó directamente por qué creía que la paz era una elección cuando esta solo podía provenir de Dios. Miré a Alberto con desesperación.

—Por supuesto, la paz proviene de Dios —dijo, acudiendo en mi ayuda—. Todo proviene de Dios, pero él también nos da la libertad para elegir el camino que queremos seguir. Incluso si caminamos senderos en los que somos ajenos a su existencia, podemos encontrar la paz. La paz no viene de creer en Dios, sino de amarnos a nosotros mismos y al mundo de forma incondicional, como él nos ama.

Con paciencia, Alberto siguió dialogando con ellos mientras yo me retraía, cada vez más agazapada en mi esquina. Observé con envidia a las parejas en el restaurante; comían en silencio, algunas se reían, otras conversaban en intimidad. Estaba segura de que no hablaban sobre Jesús y la salvación, y anhelaba ese tipo de velada, libre de preocupaciones.

Durante el postre, y tras una nueva explicación de Alberto sobre el porqué de nuestra libertad religiosa, Edona interrumpió para pedirnos un favor.

—Me gustaría que orásemos juntos —declaró.

Nos tomamos todos de las manos tal y como nos solicitó y, a continuación, cerró los ojos y comenzó a hablar fervientemente en albanés. Las palabras «Jesús», «Alberto» y «Mónica» eran frecuentes.

Me sentí violentada espiritualmente. No solo había menospreciado mis creencias, sino que me había impuesto las suyas. La miré fijamente y vi como se ruborizaba. Los otros intercambiaron nerviosas miradas. Alberto se dio cuenta en seguida de mi reacción y del cambio general de humor.

—Gracias, Edona —dijo con amabilidad—. Aunque no compartimos del todo tus convicciones, aprecio tu oración.

La cena acabó pronto después de aquello y, una vez en la calle, nos dispusimos a decirnos adiós. Abracé a cada uno, tratando de ser sincera en mis buenos deseos, pero consciente de que no lo era. Alberto hizo lo mismo y, cuando llegó a Edona, cuyo pesar era evidente, descansó las manos sobre sus hombros y la miró a los ojos con compasión.

—No quiero que te sientas mal por la oración que nos dedicaste —dijo—. Lo que hiciste fue bueno porque, por encima de todo, lo hiciste por amor.

Los ojos de Edona se llenaron de lágrimas y me pregunté si aquellas nobles palabras le habían llegado, por fin. Alberto fue un caballero espiritual aquella noche. Los había tratado con más amabilidad y cariño del que yo podría haber reunido jamás. Le admiré por ser capaz de mantener su compostura y, al mismo tiempo, me sentí muy alejada de él.

* * *

Nuestro último día en Albania fue magnífico, con espectaculares vistas de frondosos valles y un aire fresco que vigorizaba todos mis sentidos. Escuché el piar de los pájaros y el gorgoteo de los arroyos. Todo, a mi paso, me ofrecía su canción de despedida.

Mi entusiasmo por marcharme estaba teñido por la sensación de que, de alguna manera, huía del conflicto. Albania me había presionado y puesto a prueba de una manera que nunca pude imaginar, y me entristecía reconocer que había fracasado terriblemente frente a ella. Había dejado Croacia como una celebridad, confiando en mí misma, en mi camino y en mi propósito. En cambio, ahora me cuestionaba todo, y mi única esperanza era que un nuevo país, con sus diferentes ideas y costumbres, llegara a inspirarme el amor que una vez sentí por este viaje. Era la única manera que sabía de manejar aquello que entendía como una humillante derrota.

Estaba tan abatida anímicamente, que ni siquiera me detuve a apreciar que ninguna de las temibles advertencias que recibimos sobre Albania se había materializado.

El guardia de la frontera cogió nuestro visado sin decir palabra, y selló nuestros pasaportes. Luego, pasamos a la zona neutral, y no miré atrás. No quería mirar atrás.

Sin embargo, cuanto más me alejaba de la línea divisoria, mayor era la sensación de que olvidaba algo importante. Algo que había hecho sistemáticamente en cada frontera que había cruzado. Me detuve y me di la vuelta. La caseta de vigilancia apenas era ya visible.

—Gracias, Albania, *faleminderit* —susurré.

La brisa que soplaba esa mañana no me trajo su respuesta, pero yo sabía que algún día lo haría. Me volví para mirar nuevamente hacia delante, y junto con Alberto caminé hacia el puesto fronterizo macedonio. Era el 1 de mayo de 2002; un nuevo mes, un nuevo país, y lo que anhelaba que fuera un nuevo comienzo.

35. La explosión

Cruzamos la frontera de Macedonia sin novedad y nos dirigimos hacia Struga, la ciudad más cercana, de la que nos separaban treinta kilómetros. Las montañas descendieron, poco a poco, hasta dar paso a exuberantes tierras de labranza que se extendían hacia nuestro destino. Nos habían dicho que un considerable número de albaneses vivía en Macedonia, especialmente cerca de la frontera, así que optamos por seguir llevando nuestros carteles en albanés. Nuestro trayecto hasta Grecia era apenas de cien kilómetros y estuvimos de acuerdo en que tan corta distancia no merecía el esfuerzo de traducir los letreros.

Cuando llegábamos a la ciudad, tanto Alberto como yo, comenzamos a recibir sucesivas señales para que nos detuviéramos y prestáramos atención. Momentos más tarde, un taxi paró cerca de donde estábamos y un hombre se bajó de él.

—Hola, ¿habláis inglés? —nos preguntó. Se trataba de un individuo atractivo, de unos cuarenta y tantos años, con el pelo corto y oscuro peinado hacia atrás. Lucía una cuidada perilla y hablaba con claro acento americano.

—Sí —respondí sorprendida.

—Estupendo —contestó—. Dejad que os invite a tomar algo. Venid conmigo. Me llamo Robert.

Le seguimos hasta la terraza de un bar, donde nos sirvieron unos refrescos, y allí nos enteramos que era un estadounidense de origen albanés, que estaba en la ciudad para pasar el verano y visitar a familiares y amigos. Era un hombre extrovertido y sociable, al que todo el mundo parecía conocer. Mantuvimos una charla ligera que ayudó a que el calor y la pereza de la tarde pasaran fácilmente. Al saber que no teníamos todavía dónde dormir, nos invitó a quedarnos en su casa, donde conocimos a su esposa Denise, una albanesa nacida en Estados Unidos, y a varios de sus parientes.

Terminado el día, fuimos a dar un paseo con nuestros interesantes anfitriones por el peculiar centro de la ciudad mientras encauzábamos nuestros pasos lentamente hacia el restaurante donde otros miembros de la familia nos esperaban. La cena estuvo muy animada. La gente hablaba en voz alta y las carcajadas llenaban el recinto. Abundaba el vino y la comida. Como la mayor parte de la conversación se desarrollaba en albanés, me senté junto a Denise para poder hablar en inglés con ella. Alberto había quedado aislado en una esquina al otro extremo de la larga mesa mientras Robert la presidía sentado junto a nosotras.

Al comienzo, yo traducía parte de lo que hablábamos a Alberto, pero a medida que avanzaba la noche me cansé de hacerlo y empecé a conversar con Denise y Robert directamente. Alberto se mantuvo en silencio toda la velada, intentando seguir nuestra rápida conversación. Nos preguntaron por nuestro viaje y yo respondí la cuestión superficialmente evitando cualquier discusión profunda.

Siempre que Alberto intervenía para dar su opinión, yo le restaba importancia a sus palabras o las transformaba en algo superfluo. Su mirada se tornó dura y me advirtió que parara. Pero no lo hice. Yo estaba pasando un buen rato, y deseaba disfrutar de aquella charla en mi propia lengua sobre las cuestiones triviales de las que la gente corriente suele hablar: sus vidas, su familia, su trabajo... Yo quería formar parte de ese mundo, al menos por una noche, lejos de aquel en el que llevaba viviendo demasiado tiempo.

—Con todas esas historias podrías escribir un libro cuando acabes tu camino —dijo Denise con entusiasmo.

—No tendría mucho de qué hablar, en realidad —respondí casualmente—. Solo de haber conocido a diferentes personas con diferentes ideas.

—No, eso no es cierto —interpuso Alberto con frialdad—. Aunque Mony no quiera admitirlo, nuestro camino es también un viaje espiritual. Ella no está hablando sobre lo que en verdad vivimos, los milagros que experimentamos cada día. Esas son las realidades de nuestro camino, ya que sin ellas no estaríamos aquí.

Lancé una mirada feroz a Alberto que a su vez me respondió de la misma forma. Denise se aclaró la garganta y rápidamente cambió de tema. Pocas palabras fueron pronunciadas durante el largo paseo de vuelta a la casa. Alberto y yo ni siquiera nos miramos. Cuando llegamos, dije adiós a todo el mundo y corrí a mi habitación donde me derrumbé sobre la cama, borracha, y temiendo la discusión que sabía tendría lugar a la mañana siguiente.

* * *

Dijimos adiós a nuestros anfitriones y comenzamos nuestra marcha en aquel caluroso día con Ohrid en nuestra mira. Una sorprendente paz reinaba entre los dos, que esperaba disolviera la necesidad del esperado argumento. Al entrar en la ciudad, nos encantó descubrir un *camping* donde alquilaban casas remolque a la orilla de un gran lago. La nuestra era pequeña pero estaba limpia, con dos habitáculos separados por una puerta corredera. Afuera había duchas con agua caliente y una cocina compartida.

Por seis euros la noche, pensamos que hacíamos un buen negocio.

Nos sentamos en uno de los bancos del parque que dominaba el lago, y disfrutamos del paisaje. En un momento dado, Alberto llamó mi atención sobre una curiosa formación de nubes que flotaba sobre el lago y, con su dedo, contorneó cada una de ellas para mostrarme lo que él veía. Primero dibujó una que tenía la forma de hongo de una explosión nuclear. Luego, trazó a su derecha un gran dragón que parecía reír a carcajadas mientras señalaba con su garra el estallido, y finalmente dos grandes ojos que contemplaban desde más arriba toda la escena. Era fácil de interpretar cuando los señalaba.

—Algo grande va a pasar —dijo—. Algo importante, algo que le dará poder al dragón del miedo; pero detrás está la mano de Dios, que observa lo que está ocurriendo. Forma parte de su plan.

Alberto se fue a dar un paseo y yo me quedé para disfrutar de la serenidad del lugar. Las proféticas nubes ya se habían disipado. Contemplé la puesta de sol y, por un rato, fui testigo de la progresiva aparición de las estrellas. Cuando regresé a la caravana me sentía relajada. La noche era cálida, así que abrí la pequeña ventana, apagué las luces, me quité la ropa y me introduje bajo las sábanas.

Sentí entrar a Alberto, que se dirigió a su cuarto y cerró tras de sí su puerta corredera. Comenzaba ya a dormirme cuando, inesperadamente, oí deslizarse la mía.

—Quiero hablar contigo —anunció en la oscuridad.

—Mañana —respondí.

—No —dijo con firmeza, encendiendo las luces—. Ahora.

Consciente del hecho de que estaba desnuda bajo la sábana, la rodeé sobre mi pecho y me senté en la cama abrazando mis rodillas. Alberto se encontraba bajo el umbral de la puerta con el rostro enojado.

—No puedo soportar esto por más tiempo —explotó—. Anoche fue el colmo. ¿Cómo pudiste mirar a la cara a Denise y decirle que no tenías nada importante sobre lo que escribir? ¿Cómo puedes mentir de esa manera? Estoy cansado de todos tus embustes y medias verdades. Ahora comprendo muchas cosas, como por qué insististe en empezar a solas en Roma. Querías poder presumir ante todo el mundo de que este era tu camino, de que lo habías iniciado tú y nadie más, de lo valiente e intrépida que eres. Pero no me engañas. No eres otra cosa que una mujer débil e insegura, que busca desesperadamente la aprobación y el reconocimiento de la gente. Si quieres seguir haciendo esto por ti sola, adelante. No seguiré tu juego ni un minuto más.

Sus palabras me hirieron como puñales, pero no iba a permitir que lo notase.

—Tanto tiempo juntos y sigues sin saber nada de mí —mi voz se rompía a pesar de mis intentos por parecer fuerte—. Si es tan difícil caminar conmigo, entonces vete. No te necesito.

Quería tener esta discusión de una vez por todas y acabar con ella. No me importaba si se marchaba en ese mismo instante.

—¿Tienes alguna idea de lo que estas últimas semanas han sido para mí? —dejé escapar. Mis palabras brotaban de mi boca antes de que pudiera censurarlas, las lágrimas resbalaban por mis mejillas—. ¿Crees que habría sufrido lo que sufrí por publicidad, especialmente en Albania? ¿Crees que disfruto de no poder ducharme durante días, de comer siempre la misma comida y de dormir en el suelo? ¿Crees que me gusta sentir dolores en cada rincón de mi cuerpo?

Alberto me miró dudando, pero su cara todavía mostraba una dura expresión.

—Tal vez —respondió—. Si eso te hace más atractiva para los medios de comunicación, y contribuye a que tu historia se venda mejor.

—Me aterrorizaría que algún periodista contactase conmigo ahora —repliqué—. No sabría qué decir por temor a que pensasen que estamos locos. Si hubiese querido la atención de los medios, habría permitido que un amigo mío enviase comunicados de prensa y los convocara para mi partida en Roma, como él pretendía. Obviamente no lo hice porque el camino nunca fue eso para mí.

De repente, me sentí agotada. Me cubrí la cara con las manos y comencé a llorar balanceando mi cuerpo hacia delante y atrás.

—Estoy harta de que la gente me mire —solté—. Cansada de llevar ese letrero. No puedo seguir así. Es demasiado. Yo tenía una vida normal, amigos... Lo dejé todo para hacer esto. Me siento atascada. No sé si podré continuar adelante, ni si puedo volver atrás. La pasada noche fue una oportunidad para distenderme, para pasarlo bien, para hablar sobre tonterías que nada tienen que ver con Dios, la espiritualidad o la paz en el mundo. Solo quería ser mi viejo yo para variar.

Hundí la cabeza entre mis rodillas y sollocé desconsoladamente. Sentía una profunda pena en mi corazón que las lágrimas no parecían aliviar. Mi llanto, finalmente, se calmó, y el silencio invadió una vez más la habitación. Todo lo que podía oír era el sonido de las olas rompiendo contra la orilla.

—Lo siento —dijo Alberto en voz baja—. Creo que he sido demasiado duro, e injusto.

Se sentó al borde de la cama y alcé mi vista para mirarlo. Su rostro mostraba cansancio. Sus ojos, una expresión suave. Gentilmente, comenzó a secar mis lágrimas con su dedo.

—¿Puedo abrazarte? —preguntó.

—¡Uh! —contesté con una sonrisa nerviosa—. Estoy desnuda bajo la sábana.

—Por favor —dijo, y se acercó a mí y me estrechó entre sus brazos.

Noté sus cálidas manos sobre mi espalda, y disfruté del placer de ser acogida, consolada. Enterré mi cabeza en su hombro y sollocé aún mas mientras me abrazaba con más fuerza. Por fin, nuestras máscaras habían caído, y quienes se sostenían esa noche no eran más que dos seres humanos solitarios y asustados. Tomé un último aliento tembloroso y me separé. Él me sonrió con ternura, y finalmente se levantó.

—Necesito dar un paseo —dijo—. Buenas noches.

Oí alejarse sus pisadas en la arena hasta que se desvanecieron en la distancia. Me dejé caer en la cama y cerré los ojos permitiendo que el cansancio piadosamente me venciera, antes de que pudiese reflexionar sobre el impacto de lo que acababa de suceder.

36. Resistencia

El derroche de emociones de la noche anterior nos había dejado exhaustos, así que no fue difícil convencernos mutuamente de la conveniencia de permanecer un día más en Ohrid. Salimos a explorar la hermosa ciudad con pasos ligeros, relajados, que acompasaban nuestro estado de ánimo. Las barreras protectoras que existían entre Alberto y yo habían sido abandonadas, y el sosiego que ocupaba ahora su lugar nos invitaba a apoyarnos el uno en el otro. Ya no me importaba más su intrusión en ese espacio íntimo que tanto había defendido, y me uní a su espíritu alegre y risueño de aquel día. Un día en que los compañeros de camino pasaron a ser íntimos amigos.

Desde la oficina municipal de correos, enviamos de vuelta nuestros sacos de dormir de invierno. Fue una decisión difícil de tomar, pero abrigaban demasiado y las noches eran cada vez más calurosas. Estábamos seguros de que encontraríamos unos más livianos en la turística Grecia. Con unos doce kilos cada una, nuestras mochilas parecían ligeras como plumas cuando reanudamos la marcha.

Tomamos además otra decisión importante: no mostrar el cartel por ahora. Aunque no me permitiría dejar de caminar, sentí la necesidad de guardar el mensaje de paz hasta que estuviese lo suficientemente fuerte como para llevarlo de nuevo. Ese simple acto me hizo sentir liberada y caminé a Zavoj ese día, sintiendo que había aligerado también el peso de mis emociones.

Aquella noche fuimos recibidos como huéspedes de honor en el hogar de una familia tan unida como la comunidad de vecinos de la que formaban parte. Cuando nos mostraron el cuarto en el que íbamos a dormir, me quedé parada en la puerta. Aparte de una silla y una mesita baja, el único otro mueble que había en la pequeña estancia era una cama de matrimonio. Alberto y yo no dijimos nada, ni siquiera nos miramos el uno al otro. Una vez solos, me quité la chaqueta y los calcetines, pero me dejé puestas las mallas y la camiseta interior. Alberto hizo lo mismo. Me metí en la cama primero y me pegué todo lo que pude a la pared, pero descubrí con horror que el colchón se hundía en el centro. Alberto se acostó y nos dimos las buenas noches de forma un tanto embarazosa. Yo me agarré al borde de la cama, con la esperanza de que no termináramos encontrándonos en el medio.

Abrí los ojos. Mi cuerpo estaba presionado contra el de Alberto, y mi cara enterrada en su pecho. Uno de sus brazos se extendía por encima de mi cabeza y el otro descansaba sobre mi cadera. Escuché los latidos de su corazón y noté su respiración suave en mi pelo. Me aparté con esfuerzo pues la hondonada del lecho me atraía hacia él y, todo lo deprisa que pude, me deslicé hacia afuera por los pies de la cama mientras anunciaba a un adormilado Alberto que ya era hora de levantarse.

Pasamos la siguiente noche en Resen en camas separadas, como de costumbre, y la posterior en Bitola, cerca de la frontera de Grecia, y el 7 de mayo de 2002 la cruzamos, para comenzar la que se convertiría en nuestra inolvidable experiencia helénica.

Habíamos apagado ya las luces de la habitación del hostal que encontramos en la ciudad griega de Florina cuando Alberto dijo:

—¿Puedo comentarte algo?

—Claro —respondí.

—Desde nuestra discusión en Ohrid —comenzó lentamente—, siento que te conozco mejor. Ahora me doy cuenta que tenía algunos prejuicios sobre ti y que te juzgué mal. Discúlpame, realmente eres una gran persona. Además eres divertida y abierta. Me gusta mucho esa faceta de ti. Es muy atractiva.

—Gracias. Yo pienso lo mismo de ti —le respondí casualmente.

—No es eso lo que quiero decir —prosiguió—. Creo que esa noche llegué a vislumbrar tu luz, tu alma, tu verdadero ser, y me encantó de inmediato. Y me parece que ahora siento algo por ti.

«Esto no puede estar pasando», pensé, con un nudo en la garganta. «Debe ser un malentendido por mi parte».

—¿A qué te refieres exactamente? —pregunté.

—No estoy seguro —dijo. Esperé, durante lo que me pareció una eternidad, a que Alberto se explicase—. En fin, me siento mejor ahora que te lo he contado. Buenas noches.

Me quedé mirando el techo intentando asimilar esta bomba que acababa de estallar. Por su respiración supe que Alberto tampoco dormía pero, desde luego, yo no iba a continuar el debate. Aquella era la complicación que menos quería o necesitaba en ese momento de mi vida, especialmente con Alberto.

* * *

Nos sentamos a desayunar a la mañana siguiente, sin habernos dirigido más que un tímido «buenos días». Fuimos cada uno por su lado a servirnos al buffet, y comentamos brevemente lo buena que estaba la comida, para volver al silencio otra vez.

—Por cierto, ¿reflexionaste acerca de lo que te comenté anoche? —preguntó Alberto, con cierta inquietud.

—Creo que tus sentimientos hacia mí están un poco confundidos —respondí con sinceridad—. Tuvimos una experiencia muy poderosa en Ohrid y asomaron muchas emociones. Fue muy beneficioso e hizo que nos acercáramos más el uno al otro. Puede que lo que sientes sea una reacción a esta nueva apertura entre nosotros.

—No —contestó, sacudiendo la cabeza —. No pienso que se trate de eso. Creo que me siento atraído hacia ti.

—¿Quién no lo estaría? —bromeé. Él soltó una carcajada y continuó mirándome dulcemente, con ternura, como un adolescente enamorado. Le miré con determinación.

—Escucha, no creo que te sientas atraído por mí —aseguré—. Lo que sucede es que te sientes solo y posiblemente eches de menos a Hannah. Estamos juntos las veinticuatro horas del día y no hay nadie más con quien compartir todo esto. Así que es natural que recurras a mí. A veces yo también me siento sola y sería muy sencillo acudir a ti porque estás a mi lado, fácilmente accesible y disponible, pero sé que no me sentiría bien haciéndolo. No se me ocurriría porque nunca pondría en peligro no solo mi amistad contigo, sino con Hannah.

—Tu sabes que todo ha acabado entre nosotros —interpuso.

—Ella es aún mi amiga —respondí—. Creo que le dolería mucho.

Un silencio largo e incómodo llenó el espacio entre nosotros. No quería dañar los sentimientos de Alberto, pero necesitaba ser absolutamente clara.

—Lo siento, Alberto —dije con suavidad—, pero simplemente no te veo de esa manera. Eres como un hermano para mí. Me atraes como amigo y compañero, pero nada más, ¿comprendes?

Alberto dirigió la mirada a su plato y tomó algo de comida.

—Mira —continué—, creo que esto no es otra cosa que un sencillo revuelo hormonal. Es primavera y el amor está en el aire. Lo que ambos necesitamos es encontrar a alguien, fuera de nuestro círculo, con quien descargar esa energía.

Esbozó una ligera sonrisa, pero su mirada se había tornado triste.

—Puede que tengas razón —dijo finalmente—. Probablemente solo sea cosa de hormonas.

El cielo se había cubierto con oscuros nubarrones de tormenta, por lo que acordamos pasar el día en la ciudad. Compramos un mapa de Grecia y algunos alimentos, y fuimos a buscar sacos de dormir ligeros, sin el menor éxito. Nuestra intención era empezar a caminar a la mañana siguiente, pero me vino el periodo y me sentí fatigada. Alberto me dejó descansar y regresó a la hora de la cena. Nuestra incomodidad anterior parecía haberse aliviado y volvimos a tratarnos el uno al otro con la misma naturalidad que de costumbre.

Me senté en la cama, y contemplé cómo Alberto, en la suya, hacia botar despreocupadamente un pequeño vaso de plástico en sus manos para ver cuánto tiempo podía mantenerlo en el aire; entretenimientos de peregrino. Un par de veces, cuando cayó por mi lado, me agaché a recogerlo del suelo y se lo lancé de vuelta. Pronto, estuvimos los dos, desde nuestras camas, lanzándonos el vaso el uno al otro con contundencia, en una nueva modalidad de balonvolea inventada por nosotros. Nuestras risas y la naturaleza competitiva de cada uno, que hacia lo posible por ganar el tanto, llenaron la habitación. En un momento dado, la mirada traviesa de Alberto volvió a suavizarse, y me sentí turbada frente a sus ojos. Paré el juego y le mentí diciéndole que me sentía cansada. Su decepción fue evidente.

Encendí la televisión y, de forma distraída, me puse a cambiar los canales, dejando pasar el tiempo. La película *Magnolia* comenzaba en inglés, así que me dispuse a verla.

—¿Puedo sentarme a tu lado? —preguntó Alberto.

—No creo que sea una buena idea —respondí con seriedad.

—Solo seremos dos amigos que se sientan juntos para ver una película. Eso es todo, te lo prometo —sonrió con la mano en el corazón. Yo miraba fijamente la pantalla.

«¿Qué está pasando aquí? ¿Dónde está el límite entre nosotros? Tenemos que marcar alguno; de otra manera las cosas se podrían ir de las manos. Puede que no me sienta atraída por él, pero no soy de piedra».

—Solo quiero sentarme a tu lado, nada más —reiteró Alberto. Me moví hacia un lado de la cama, sin despegar la mirada del televisor, con las piernas extendidas y mis brazos plegados sobre el pecho. Alberto se sentó junto a mí, estiró también sus piernas y cruzó las manos sobre su regazo. Nuestros brazos se tocaron. Pude sentir el calor de su cuerpo y oler la frescura de su gel de ducha.

Sin previo aviso, el televisor y todas las luces de la habitación se apagaron. Nos incorporamos y a tientas probamos los interruptores, pero nada ocurrió. Busqué mi linterna en la oscuridad y Alberto encendió su vela, y la puso en la mesita de noche. Un resplandor suave iluminó la habitación. Mi incomodidad regresó y, sin decir palabra, cada uno retornó a su cama. Me deslicé bajo las sábanas y le di la espalda mientras le susurraba las buenas noches. Él me deseó lo mismo.

Yo me movía inquieta, sin saber qué estaría pensando él o sintiendo, y lo que era peor; sin saber lo que yo misma pensaba o sentía.

«Fue agradable tenerlo cerca», me dije.

37. Un placer conocerte al fin

—Déjame llevar algunas de tus cosas —me ofreció Alberto.

—No te preocupes. Estoy bien.

—En serio, me gustaría hacerlo—insistió—. No llevo mucho peso ahora. Además, veo que cojeas un poco.

Caminábamos hacia Vevi por una carretera tranquila que se ondulaba suavemente. De alguna manera, había forzado mi pantorrilla izquierda en una de las subidas, y a pesar de mis esfuerzos por no descargar mi peso sobre ese pie, aún sentía dolor al apoyarlo. Alberto continuó insistiendo hasta que al fin le entregué mi botella de agua, mi cámara, el teléfono y una bolsa pequeña con artículos de aseo. No pesaban más de un kilo, pero sentí la diferencia de inmediato y pude andar más aliviada.

Alberto caminó a mi lado casi todo el día, para ayudarme a mantener el ritmo de nuestro paso, y distraerme del dolor. De vez en cuando, lo miraba y lo veía observarme con una dulce intensidad. Me sentí flaquear en su presencia y noté cómo se despertaba en mí una sensación de deseo que me dejó confundida.

«¿Qué me ocurre? —me regañé—. No me puedo creer que esté considerando esa posibilidad con él? Si ni siquiera me atrae, ¿o sí? ¿Cómo puedo incluso dudarlo?»

Llegamos a Vevi después de haber caminado veinticuatro sólidos kilómetros. El gemelo izquierdo me ardía de dolor, por lo que me alegré mucho al encontrar un hostal abierto nada más entrar en la ciudad. Me duché enseguida y luego me senté en la cama dispuesta a darme un masaje, pero la pierna estaba demasiado sensible al tacto todavía, así que la extendí con cuidado y me tomé una tableta de Ibuprofeno. Alberto salió de la ducha y se sentó en su cama mientras me miraba en silencio.

—¿Quieres que te de un masaje? —preguntó. Le lancé una mirada de sospecha.

—Ya te he dicho que sé dar masajes —añadió con seriedad—. Te lo ofrecí una vez, pero casi me mordiste porque estabas enfadada conmigo. Ese día me prometí no volver a preguntártelo más.

Dudé, tratando de sopesar los motivos ocultos de su tentadora propuesta, pero llegué a la conclusión de que cualquier cosa que aliviara mi dolor me ayudaría a caminar mejor al día siguiente y, confiando en sus más puras intenciones, acepté su ofrecimiento. Remangué mis pantalones a la altura de las rodillas, me tumbé boca abajo, giré a un lado la cabeza y cerré los ojos.

Le oí frotarse las manos con rapidez y, a continuación, sentí su calor en mi pantorrilla. Noté cómo la acariciaba con suavidad extendiendo el aceite de oliva. Sus pulgares presionaron gentilmente la base del gemelo, y subieron hasta la corva. Hice una mueca, mezcla de dolor y placer, y traté de contener los gemidos, pero finalmente los liberé en la almohada. Repitió el movimiento una y otra vez, cada vez con más profundidad, hasta que el músculo se fundió entre sus dedos. Después apoyó las palmas de sus manos sobre la zona afectada, y noté un calor penetrante que se propagó suave por toda la pierna.

Sentí frío cuando quitó las manos y deseé que las volviera a colocar, pero no fue así. La sesión había concluido. Permanecí con los ojos cerrados, bañada en las sensaciones. Cuando volví a abrirlos, Alberto estaba tumbado en su cama, y me miraba con melancolía.

—¿Puedo tomarte de la mano? —preguntó con dulzura. Se veía tan triste que sin pensarlo dije que sí.

Me di la vuelta para mirarle y me desplacé hasta el borde de mi cama. Extendí mi mano sobre el espacio que nos separaba y la coloqué sobre la suya, que estaba aguardándola. Quise abrazarle, pero temí las consecuencias de aquel simple gesto. En el estado de confusión e inestabilidad en el que tanto él como yo nos encontrábamos, presentí que ir más allá resultaría demasiado peligroso.

—¿Qué piensas? —susurró.

—Pienso que podrías abrazarme —musité mientras mi mente me increpaba alarmada.

—Me gustaría mucho hacerlo —dijo con su voz cargada de emoción.

Me quede mirando al techo durante largo tiempo antes de responder, y luego dije:

—Está bien.

Alberto vino a mi cama y nos sentamos el uno frente al otro. Mi corazón latía con fuerza. Ya no me preocupaba qué sentiría Alberto al abrazarme, sino cómo me sentiría yo. Su mirada llenó la mía, y la luz resplandeció en sus ojos verdes. Pasé mis brazos, torpemente, alrededor de su cuello. Envolvió con los suyos mi cintura, y me acercó a él. Nuestras cabezas se posaron sobre el hombro del otro. Su corazón latía con la misma ferocidad que el mío, pero no nos movimos. No estaba segura de si siquiera respirábamos.

Esperé a que saltara la chispa, a que la pasión tomara las riendas, pero cuanto más tiempo permanecía en sus brazos, más se relajaba mi corazón y más calmada me sentía.

—Puede parecer raro decir esto —confesé en voz baja, alejándome—, pero me siento curiosamente tranquila contigo. No sé por qué. Lo siento.

Alberto bajó su mirada, apartó lentamente sus brazos y regresó a su cama.

—Gracias por ser sincera —dijo.

Me había arriesgado a tocar el fuego, solo para descubrir que no había fuego allí. Estaba contenta por el éxito de nuestro pequeño experimento, y más confiada que nunca de poder concentrarme en mi camino sin distracciones.

* * *

Los veintiocho kilómetros que recorrimos al siguiente día en dirección a Arnissa se hicieron mucho más largos por la distancia que nos separaba ahora al uno del otro. Apenas hablamos y cuando lo hicimos la tensión era evidente. La experiencia de la noche anterior había clarificado mis sentimientos, pero no estaba segura de que hubiera ocurrido lo mismo con los de Alberto.

La frialdad entre nosotros continuó en nuestro trayecto a Edessa, la siguiente mañana. La carretera era estrecha y carecía de arcenes, y la compartíamos con coches y camiones que conducían a demasiada velocidad. El calor sofocante, mezclado con los gases de los vehículos, nos dificultaba la respiración. Nuestro único alivio eran los vendedores ambulantes de frutas del tiempo, esparcidos por el camino. Nos detuvimos en uno de sus tenderetes y disfrutamos de una gran bolsa de fresas y cerezas bajo la sombra de una higuera.

Encontramos fácilmente un hostal cuando llegamos a la ciudad, y nos concedimos el lujo de tomar pizza para cenar. Nuestra acostumbrada camaradería había retornado, por lo que pasamos una velada agradable. De vuelta a la habitación, noté que tenía el estómago revuelto. Traté de ignorarlo, pero comencé a sentir la necesidad de vomitar. Corrí al baño y me dejé caer sobre las frías baldosas, con la cabeza apoyada sobre el inodoro. Alberto se apresuró tras de mí. Lo intenté, una y otra vez, pero no pude vomitar. Sentí que un sudor frío corría por mi frente y empecé a temblar de arriba a abajo. Alberto me sujetó y me ayudó a tumbarme en el suelo. Me acurruqué hecha un ovillo, abrazada a mí misma, mientras sentía cómo los azulejos refrescaban mi húmeda piel. Las arcadas se repitieron, y me incorporé en cada ocasión, pero no pude vomitar.

Alberto me hablaba con dulzura, en un tono tranquilizador, y trataba de convencerme de que introdujese los dedos en mi garganta. Me negué con la cabeza enérgicamente. Odiaba vomitar. Siempre me requería un tremendo esfuerzo conseguirlo. Respiré larga y profundamente, con la intención de evitarlo, pero no pude. Finalmente sentí subir una arcada, pero solo tuve energía para arrastrarme hasta la placa de ducha. Alberto se arrodilló conmigo, y me apartó el cabello de la cara mientras frotaba mi espalda. El olor era insoportable y me provocó que volviera a vomitar. Mientras Alberto me sujetaba con una mano, abrió con la otra el grifo de la ducha y me lavó la cara, el cuello y la boca.

—Lo siento mucho —le repetí entre lágrimas.

—No te preocupes —me confortó—. Estoy aquí. Pronto te sentirás mejor.

Vomité una vez más y volvió a limpiarme de nuevo. Amparada en sus brazos, contemplé con creciente vergüenza cómo retiraba con sus dedos lo acumulado en el desagüe. De repente sentí un gorgoteo en el bajo vientre y ordené a Alberto que saliera, cosa que hizo en cuanto me ayudó a alcanzar el baño. Gemí de pura agonía cuando me atravesaron los calambres. Lo que surgió era todo líquido. Mis dientes castañeaban y no podía contener los temblores.

Al oír el sonido de la cisterna, Alberto llamó a la puerta y entró. Me ayudó a incorporarme, y me lavó las manos y la cara mientras yo me apoyaba en el lavabo. Me trajo el cepillo de dientes, y me obligó a cepillármelos para quitarme el mal sabor de boca. Seguí sus instrucciones sin pensar ni cuestionarlas, agradecida por tenerlo conmigo en ese momento. Con mi cuerpo aún tembloroso, me llevó a la cama, me ayudó a tumbarme entre las sábanas y me cubrió con varias mantas. Cerré los ojos y oí cómo Alberto limpiaba todo lo que yo había ensuciado.

—¡Alberto, no! —grité débilmente—. Yo lo haré después.

—Tú descansa. Ya casi he terminado —respondió.

Dormí profundamente. Cuando desperté estaba oscuro. No tenía noción del tiempo, solo de que había dormido durante horas. La presión en mi estómago se había aliviado y me sentía mucho mejor. Vislumbré a Alberto en el balcón, asomado a la calle, y me sentí aún más avergonzada al recordar que había limpiado mi vómito. Era una labor más que desagradable, que apenas toleraba ni cuando se trataba del mío propio. Yo solo lo había hecho con personas a las que amaba profundamente. Mientras le observaba en el balcón, comprendí que solo el amor haría lo que él hizo. Tibias lágrimas se deslizaron por mis mejillas, y sentí que mi anterior resolución sobre Alberto se disolvía con ellas.

Al ver que me movía, entró en la habitación y se sentó a mi lado.

—Gracias —le dije.

—No fue nada —respondió—. Sus ojos estaban llenos de cariño y de lo que me había negado a ver hasta entonces: amor. Sus dedos rozaron mi pelo, y desplazó un mechón de mi frente. Secó con dulzura mis lágrimas y acarició mi cara, su tacto me resultaba cálido y suave como una pluma. Cada caricia me complacía.

Le tendí mi mano y le dije:

—Por favor, quédate conmigo.

Besó mi mano y se deslizó junto a mí sobre su costado. Besó mi frente, y sus labios apenas tocaron mi piel. Besó uno de mis párpados, luego el otro. Besó mi nariz, luego una mejilla, después la otra. Sentí retornar mis lágrimas, ante el amor y la ternura con la que me trataba. Me acerqué a sus labios y lo besé dulcemente.

El tiempo se detuvo. Cerré mis ojos y le volví a besar. Algo me resultaba familiar. Le miré a los suyos, tratando de ver más allá de ellos, y tuve un vislumbre atemporal de reconocimiento. La faz de Alberto cambió momentáneamente y vi la fugaz imagen de alguien que conocía, alguien cercano y querido, que pronto desapareció. Desbordada por las emociones, le atraje hacia mí y le abracé fuerte.

—Te conozco —susurré entre la confusión y la alegría.

Pasamos el resto de la noche acostados. Acariciándonos, explorando, sintiendo. Había una magia y una química entre nosotros que me dejaba sin aliento. La electricidad emanaba de cada poro de mi piel. Nunca había experimentado algo así, y Alberto era el último hombre en la tierra con el que hubiera esperado sentirlo.

No tuvimos sexo esa noche. No hizo falta. El amor que hicimos fue infinitamente más poderoso que ninguna experiencia física.

Cuando envolvió mi cuerpo con el suyo una vez más, antes de dormir, me susurró al oído:

—Es un placer conocerte al fin.

38. Enamorados

Me desperté a la mañana siguiente en la misma posición en la que me quedé dormida. Notaba el aliento cálido de Alberto en mi nuca y su cuerpo estrechamente pegado al mío. A la luz del día, los acontecimientos de la noche anterior ya no me parecían tan mágicos. Mis miedos tomaron la iniciativa, y me hicieron verlo todo como un tremendo error.

Me di la vuelta para mirarle. Tenía el aspecto de un ángel dormido a mi lado. Le aparté el cabello de la cara y le vi sonreír. Abrió con lentitud los ojos y su sonrisa se hizo aún más evidente.

—Buenos días —dijo con voz profunda, acercándome con su abrazo. Suavemente, me volqué sobre él y permanecí tendida allí unos momentos, escuchando los latidos de su corazón y sintiendo el calor de su cuerpo, mientras sus manos se entretenían en acariciar mi pelo.

—Tú sabes que tenemos que hablar de esto —dije.

—Hmm, hmmm —le oí murmurar sintiendo la vibración en su pecho. Me aparté de mala gana y miré sus ojos sonrientes.

«Esto no me va a ayudar a concentrarme», pensé. Me senté con las piernas cruzadas y lo miré tratando de parecer decidida. Coloqué mi pelo tras las orejas e improvisé mi mejor *cara de negocios*.

—No estoy segura de si lo que acaba de ocurrir entre nosotros es bueno para mí, para ti, y sobre todo para el camino —declaré.

—Todo lo que venga del amor es bueno para el camino —ronroneó mientras se estiraba en el lecho.

—Hablo en serio —respondí—. Ya sabes lo importante que es esto para mí. No quiero que nada ni nadie me aleje de ello. ¿Entiendes?

—Por supuesto —dijo mientras se sentaba apoyándose en la cabecera de la cama—. También lo es para mí. No tengo ninguna intención de abandonarlo tampoco.

—Bien, pues estamos de acuerdo entonces —contesté. «Eso era lo primero», me dije mentalmente.

No parecía estar tomándose la conversación tan en serio como yo, y me miraba con los mismos ojos que habían provocado que tuviéramos este debate ahora.

—También quiero dejar claro que no estoy segura de lo que siento por ti —dije lentamente—. Lo de anoche fue increíble, pero no sé si estoy enamorada. Mi mayor temor es que te enamores de mí porque no puedo darte ningún compromiso ni garantía. No sé lo que deparará el futuro. Todo lo que puedo ofrecerte es este momento.

—Eso está bien —respondió despreocupado mientras se encogía de hombros—. No necesito nada más que eso. Mi temor era el mismo que el tuyo, que tú te enamorases de mí y tratases de retenerme.

—Eso no pasará nunca —dije totalmente convencida.

—Y estoy seguro de que tampoco me ocurrirá a mí —dijo alegremente mientras colocaba las manos detrás de su cuello y me miraba con convicción—. Entonces, ¿cuál es el problema?

No pude pensar en ninguno, en ese momento. «Punto dos».

—¿Y qué ocurriría si apareciese alguien que fuera mejor para mí? —pregunté—. ¿Alguien que yo sintiese más adecuado para mi futuro, para el propósito de mi vida?

—Pues, voluntaria y amorosamente te dejaría marchar sabiendo que eres feliz y que vives la vida que quieres vivir —respondió con seguridad.

«Punto tres». Me quedé sin más argumentos y me acurruqué entre sus brazos.

—Entonces, ¿si siento, en cualquier momento, que lo nuestro me aparta de mi camino, me dejarás ir? —repetí para cerciorarme.

—Cállate—fue su única respuesta antes de atraerme hacia sí.

* * *

Nuestra excusa para no caminar ese día fue la lluvia y mi gastroenteritis, pues aún no me sentía lo suficientemente recuperada como para andar. Dormí sola la mayor parte de la mañana, pero acompañada el resto de la tarde. Éramos como niños, jugando

235

alegremente y explorando, como si no hubiésemos tenido ninguna relación antes y estuviéramos descubriendo esas embriagadoras sensaciones por primera vez. Fue mucho más que sexo. Eso habría sido fácil de entender y manejar. Esto era más íntimo, más intenso, más dulce.

A la mañana siguiente, caminamos hasta Giannitsa, que distaba cuarenta kilómetros de Edessa, la ciudad que había sido la cuna de nuestro amor. Me sentí fuerte durante la primera hora, pero rápidamente comencé a perder energía. La diarrea regresó, y me vi forzada a parar varias veces. Tomé algunas pastillas para paliar los síntomas pero, sin apenas nada en el estómago y con el sofocante calor, me sentí mareada y avancé más despacio que de costumbre. Como el pueblo más cercano era Skidra, decidimos que pararíamos allí. Nuestra ruta era preciosa. Pasamos junto a huertos plagados de cerezas, ciruelas, albaricoques y manzanas. Los árboles habían florecido y lucían todos los colores imaginables. Flores silvestres salpicaban el paisaje y sus vivos matices se complementaban con la variada gama de verdes que las rodeaban. Cada casa por la que pasábamos parecía estar adornada con fragantes rosas de todas las formas y tamaños. Eran demasiado hermosas como para no detenerse a observarlas, así que lo hice con frecuencia, y disfruté inmensamente de este sencillo placer.

Dormí todo el día otra vez y me desperté cuando estaba anocheciendo. Alberto escribía en su diario sentado a mi lado. Vi que ya había lavado nuestras ropas y las había tendido por la habitación para que se secasen. Sentí hambre y me arriesgué a comer algo de pan.

—No entiendo por qué tiene que pasarme esto a mí—dije mientras bebía unos sorbos de agua. Alberto me miró, como si sopesara sus próximas palabras.

—¿Es posible que lo estés manifestando? —preguntó con cautela.

—¿Qué quieres decir? —respondí procurando no ponerme a la defensiva.

—Sé que, como yo, crees que las enfermedades físicas son la manifestación de conflictos emocionales —dijo con suavidad—. Puede que tu diarrea solo intente decirte algo.

—¿Como qué...? —pregunté con impaciencia.

—¿Hay algo que quizás no puedas digerir? —continuó en el mismo tono suave—. Como nuestra relación, por ejemplo. Puede que estés cansada de caminar, pero no quieres admitirlo. Tal vez te gustaría parar y descansar una temporada. Una enfermedad es la excusa perfecta para hacerlo sin sentirte culpable.

Quise contradecirle, pero no pude. Él vino hacia mí y me abrazó, y me sostuvo en sus brazos durante largo tiempo. No necesité decir nada. Alberto tenía razón.

—Veamos lo que dice el Universo —sugirió Alberto, y sacó una moneda de su bolsillo—. Cara: nos quedamos unos días y disfrutamos de nuestra estancia sin sentirnos culpables por ello. Cruz: salimos mañana y caminamos con la misma alegría y pasión que teníamos el primer día que comenzamos esta aventura.

La moneda dio cara. Eufórica, abracé con fuerza a Alberto. Necesitaba descansar y, lo que era más importante, explorar más a fondo esta floreciente relación.

39. Turbulencias

Los días y las noches transcurrieron deprisa en Skidra. Nuestros sentimientos se intensificaron y, poco a poco, mis dudas fueron desapareciendo. Había tenido la esperanza de adentrarme con cautela en esta relación y navegar despacio entre sus aguas, pero me vi arrastrada por una ola de sublimes emociones que cada día que pasaba parecían más permanentes. Sentí cómo se abría mi corazón y mi alma de una forma que jamás hubiera imaginado con Alberto, ni con ningún otro hombre. Hubo momentos en los que nos sentíamos uno, en todos los niveles. No había lugar donde terminara yo y donde él comenzara. Nuestros cuerpos eran el vehículo para que nuestras almas hicieran el amor.

No quería dejar la intimidad de nuestro pequeño paraíso, pero, al sexto día, comenzaron a invadirme los remordimientos. Me sentía ya mucho mejor y caminamos con fuerza hacia Giannitsa... para quedarnos a tan solo diez kilómetros de ella. Parecía como si mi mochila estuviese llena de piedras y mis pies anduvieran sobre lodo. Alberto comenzó a quejarse de un dolor tras la rodilla y temió que fuera tendinitis. Nos costó alcanzar nuestro destino, y lo hicimos como guerreros derrotados. Ni siquiera discutimos si habíamos creado esa situación. Lo dimos por sentado.

Los peregrinos por la paz desaparecieron una vez más, y dejé atrás mi culpa con ellos. Nos transformamos en una pareja de enamorados que paseaban agarrados de la mano, compartían helados, se sentaban a ver pasar el mundo en las terrazas de los cafés, salían a ver películas de cine y a bailar pegados en románticos bares nocturnos. Sin itinerario ni lugar a donde ir, obedecíamos un nuevo ritmo invisible que nos avisaba de cuándo comer, dormir, o desplazarnos a cualquier sitio. Nos sentíamos ebrios de amor, y muchos nos preguntaron si estábamos de luna de miel. Los desconocidos nos saludaban y nos sonreían al pasar. En una panadería nos obsequiaron con una tarta de queso extra sin razón aparente. El dueño de una tienda nos entregó incienso como regalo. Una camarera nos invitó a unas copas de más sin apenas haber cruzado palabras con ella. Era como si nuestra sola presencia irradiase amor, una poderosa energía que parecía conmover a la gente. Abrumada por esta inesperada bendición que se había derramado sobre mí, solía llorar agradecida, y sentía en mi interior una calma y una paz que nunca imaginé posibles en una relación.

La rodilla de Alberto siguió mejorando, aunque con lentitud. Él me animó para que tratase de curarla transmitiéndole por medio de mis manos ese amor que sentíamos el uno por el otro. Me enfoqué en aquel maravilloso sentimiento y percibí una tremenda fuerza que recorría mi cuerpo. Me sentí recargada, y mis manos estaban calientes cuando las puse sobre su pierna. Había hecho sanaciones sobre mí misma, anteriormente, pero ninguna tan poderosa como esta. La sensación física que la acompañaba era totalmente nueva y me desbordaba. Era como si el amor estuviera abriendo puertas, canales latentes en mi cuerpo, de tal suerte que podía transmitir esa energía sin barreras. Me fascinó este descubrimiento y comencé a visualizar como la dirigía, en la distancia, a personas que podían beneficiarse de ella, como mi madre o mi tía Yolla. Luego, la extendía hacia el exterior, hasta cubrir la Tierra en su totalidad y suspenderla en una bola de radiante energía amorosa que la impregnase a ella y a todos sus habitantes. Me sentí plena, conectada a todo ser viviente de este planeta, y deseosa de explorar más a fondo esta extraordinaria forma de sanación.

* * *

Tras otra semana de descanso, la rodilla de Alberto estaba lo suficientemente recuperada como para intentar retomar el camino. Al enterarnos de que la mayoría de los griegos conocían la lengua inglesa, nos sentimos inspirados para llevar un nuevo letrero en inglés, uno que rezaba: *Jerusalem in Peace*. Y con este original mensaje volvimos a la carretera.

En los días que siguieron, dejamos atrás Gefyra, Tesalónica, y Langadikia, y ya nos encontrábamos camino de Loutra Volvis. En ese día espectacular, nos detuvimos más de una vez a disfrutar del sol radiante y aspirar los dulces perfumes de la primavera.

—Mira esto —dijo Alberto con entusiasmo, en uno de nuestros descansos, mientras señalaba los posos de mi taza de café—. Eres tú con un bebé en los brazos.

Incluso yo lo vi claramente.

Habíamos hablado de construir un futuro juntos, incluso de tener niños, y en medio de la pasión, parecía una hermosa idea. Sin embargo, al ver esa imagen, todo se me hizo de repente demasiado real. Habíamos pasado de la amistad a los hijos en menos de dos semanas. Me entró el pánico. Fui evasiva con mi respuesta, en ese momento, y lo seguí siendo el resto del día, hasta el punto de encerrarme completamente en mí misma. Alberto no cesaba de preguntarme qué me pasaba, y yo le mentía restándole importancia al asunto. Pero su insistencia me hacía sentir más atrapada cada vez, y más retraída, de manera que, ya en Loutra Volvis, se podía palpar un claro distanciamiento entre nosotros. Finalmente, cuando le sugerí que durmiésemos en habitaciones separadas, explotó.

—¡¿Qué te pasa?!

—Tal vez no quiera apegarme a ti demasiado —solté—. Quizá tengo miedo de que algún día tú también me abandones.

Alberto me miró con incredulidad. Ni siquiera yo creía mis propias palabras.

—Creo que estás buscando cualquier excusa para alejarme de ti —respondió, furioso—. ¿Estás diciendo que no crees que podamos tener un futuro juntos?

—No sé lo que quiero —repliqué—. Toda esta charla en relación a nuestro futuro me asusta. Necesito que des un poco de marcha atrás.

—Bien. Voy a tomar el aire —dijo, y salió dando un portazo.

Aquella vez, decidí dar un paseo yo también.

Yo sabía que aquello era solo miedo al compromiso, pero lo que más me asustaba, en verdad, era la otra cara de la moneda: perder mi libertad. Tenía que terminar primero mi viaje. Quería tener claridad en mi vida y, luego, compartir con Alberto lo que tuviese que compartir. No quería que él me influyera ni que me desviara de mi camino. No permitiría que ni él ni nuestra relación me definiesen pues, por encima de todo, yo aspiraba a definirme a mí misma.

Cuando volví a la habitación, me sentía ya más centrada y dispuesta a hablar con honestidad. Alberto me estaba esperando.

—Puedo dormir en otro cuarto si lo prefieres —dijo, con desánimo.

—No es necesario, pero tenemos que hablar —respondí.

Hablamos hasta bien entrada la noche y, aunque a veces fue difícil, le revelé mis temores más ocultos. Alberto escuchó en silencio hasta la última de mis palabras, y comprendió. Al final, solo me pidió una cosa: que no le excluyera de mi vida.

Lo único que podía hacer era prometerle que lo intentaría.

40. Asuntos de familia

—Me van a operar la semana que viene —dijo mi madre—. Los médicos encontraron un quiste de quince centímetros en mi ovario y otro más pequeño en el riñón.

Yo la escuchaba en absoluto silencio. Estábamos en Alexandroupolis, a un tiro de piedra de la frontera turca, tras haber recorrido las localidades de Paralia, Kariani, Kavala, Xanthi y Komitini.

—Los doctores dicen que hay menos de un diez por ciento de probabilidades de que sea cáncer —continuó—. Están haciéndome pruebas para ver si mi corazón puede soportar la operación.

Mi madre raramente me pedía que volviera a casa, pero había ocasiones en las que podía sentir su miedo y, cuando era así, yo regresaba. Nunca sentí que mi presencia fuese realmente necesaria o que llegase a aportar algo, ya que mi hermana menor, Susan, la doctora de la familia por defecto, atendía todas sus necesidades médicas. Esta vez, sin embargo, advertí la súplica silenciosa de mi madre para que volviera junto a ella. Le expliqué la situación a Alberto que, comprensivo, me animó a regresar.

A mis padres les emocionó la noticia, pero no podía evitar sentir que había tomado esta decisión principalmente para complacerles. Después de todo, había ido al Líbano a ver a mi tía; ¿cómo podía hacer menos por mi madre? Hubiese querido decirle que iba a meditar por ella como había hecho en otras ocasiones, pero que no estaría allí físicamente. También me hubiera gustado que Alberto me acompañara, pero sabía que mi padre, con su ética tradicional, no aceptaría que llevase a casa a un hombre que no era mi marido. Me sentí como una cobarde, que vivía una mentira, movida por la culpa y la obligación. Los billetes de avión en mi bolsillo eran la prueba de mi cobardía.

Por segunda vez en esta peregrinación, tomaba un vuelo que me separaba de Alberto y del camino por la paz para estar con mi familia. Cuando abordé el avión, el 16 de junio de 2002, quise confiar en que lo que dejaba atrás estuviese allí todavía a mi vuelta.

Tras cuatro escalas, llegué finalmente a Ottawa, Canadá, fatigada por el cansancio. Mi padre fue a recogerme al aeropuerto. Parecía más mayor y demacrado pero, sin duda, encantado de verme. Más allá de los detalles de mi vuelo, mi salud, y el estado general de mi madre, nos mantuvimos en silencio durante todo el trayecto en coche, cosa que agradecí. Era la primera vez que estaba en casa después de más de dieciocho meses y necesitaba tiempo para ajustarme a esta nueva realidad.

Todo se veía limpio y en orden. Los automóviles transitaban por los carriles designados a tal efecto y obedecían las leyes de tráfico. Los peatones cruzaban la calle por los pasos de cebra y respetaban los semáforos. Comprendía cada señal de tráfico, cada cartel publicitario, cada conversación que escuchaba. Me había pasado seis meses tratando de comunicarme en lenguas que jamás había oído antes, y ahora me sentía abrumada al entenderlo todo.

El bombardeo a mis sentidos continuó al día siguiente. Mientras me dirigía al hospital me sentí desorientada. La carretera, las casas, los barrios, todo me resultaba familiar y, al mismo tiempo, extraño. Tuve nauseas y me vi obligada a parar varias veces para tomar aire, con la esperanza de que fuera lo que fuese aquello que me sucedía, pasase rápido.

Encontré a mi madre sentada en su cama de hospital con los ojos cerrados y sus labios curvados en una ligera sonrisa. A pesar de su deficiente salud, su rostro lucía joven y desmentía sus sesenta años. Me sentí aliviada cuando vi que no tenía tubos o dispositivos conectados a ella. Cuando oyó mi alegre «buenos días», giró en la dirección de mi voz y extendió sus brazos hacia mí. La abracé con fuerza.

—Bueno, háblame de Alberto —fueron las primeras palabras que salieron de su boca.

Entre risas, me senté a su lado y le conté cómo nos habíamos conocido, cómo nuestra relación había evolucionado recientemente y cómo seguía desarrollándose. Sus preguntas eran directas y sinceras, como también lo fueron mis respuestas. Solo se detuvo cuando creyó haber oído toda la historia.

Pasamos ese día y los que le siguieron hablando sobre mi peregrinaje y las personas y experiencias que habían cambiado para siempre mi manera de pensar. La habitación de hospital se transformó en mi punto de encuentro para la gente que llevaba años sin frecuentar. Primos, tíos, parientes, amigos... Todos se acercaban a desearle a mi madre que se recuperase. Muchos habían oído de mi viaje y querían saber acerca de los países que había visitado, pero raramente parecían interesados en conocer mis verdaderas intenciones por la paz. Incluso cuando trataba de explicarlo tenía la impresión de que pensaban que se trataba de una gran aventura. También percibí velados juicios en sus comentarios, como si ellos fueran consecuentes con sus responsabilidades mientras yo escapaba de las mías. Quizá, en realidad, no eran más que un reflejo de mis propias inquietudes, pero solo contribuyó a que me aislara aún más de ellos.

La operación de mi madre fue un éxito y los doctores le extirparon los quistes sin que surgieran complicaciones para su corazón. Estuve meditando durante todo el rato que duró la intervención. Al poco tiempo, salió de cuidados intensivos y la bajaron a planta, donde me ofrecí a practicar la sanación con energías sobre ella. No sabía cómo me iba a responder, ya que era una actividad que distaba mucho del pragmático entorno médico que la rodeaba.

—¿Qué tengo que hacer? —dijo, para mi sorpresa.

—Solo relajarte y abrirte a recibirla. Eso es todo —respondí, encantada de que quisiera participar activamente. Le expliqué que iba a visualizar su cuerpo envuelto en una luz tan amorosa y acogedora que sanaría y fortalecería todo lo que encontrara a su paso.

—Imagina esa luz y siente como se mueve por tu cuerpo. Si quieres, puedes llevarla a cualquier zona que intuyas que la necesita. Yo solo voy a enfocarla contigo.

Tras unas cuantas respiraciones profundas, comencé a sentir como ese calor familiar fluía a través de mí. Desplacé las hormigueantes palmas de mis manos sobre su cuerpo, hasta posicionarlas sobre su torso. Noté que palpitaban de energía, como si mantuviesen el ritmo con los latidos de su corazón. Mi madre puso las suyas sobre el área de su estómago, primero, y luego las llevó a sus ojos, antes de descansarlas sobre mis manos, a la altura de su pecho. Me sentí inmensamente feliz. Había ayudado a mi madre en su camino de sanación y, lo más importante, había compartido con ella una nueva dimensión de mi ser que estaba emergiendo; una que deseaba expresarse más allá del círculo protector de mi relación con Alberto, y declarar su presencia al mundo. Y aquel día dio su primer paso.

Alberto no se apartaba de mi mente, pero debido al ajetreo por todo lo que estaba ocurriendo, y a la diferencia horaria, no hallaba el momento para llamarle. Le envié un par de mensajes por e-mail, pero pude sentir su malestar entre líneas, así como acusaciones indirectas. No sabía lo que me esperaba a mi regreso.

Mi madre continuó recuperándose rápidamente para el asombro de los médicos. No obstante, dos días antes de mi partida, comenzó a quejarse de dolores en el pecho y dificultad para respirar. Fue readmitida en cuidados intensivos, donde los doctores descubrieron que su corazón no bombeaba correctamente y que sus pulmones se estaban llenando de líquidos. Realicé algunos ejercicios más de sanación que, según me contó, la ayudaron a sentirse mejor, pero su condición no daba señales de cambio.

Mi último día había expirado. Me quedé de pie junto a su cama, y observé su frágil cuerpo. Una máscara de oxígeno cubría su nariz y su boca, e incontables tubos salían de sus brazos. Me centré lo mejor que pude, y realicé una nueva visualización al tiempo que estrechaba sus manos entre las mías.

—Mamá, tengo que irme —le susurré al oído. Ella asintió débilmente.

—Cuídate —murmuró.

La abracé y mis lágrimas se mezclaron con las suyas. Después salí de la habitación para despedirme de mi familia. No pude mantener el aplomo. Los besé y los abracé, uno por uno, mientras contemplaba sus rostros tan compungidos como el mío. Mi padre me retuvo un poco más y me pidió que tuviese cuidado. Salí corriendo del hospital, cegada por mi llanto, y me recibió una feroz tormenta. El viento y la lluvia golpeaban mi rostro, y los truenos retumbaban amenazantes. Los mismos cielos reflejaban mi turbulencia interna y mi desesperación.

Mi hermana más joven, Laurie, sorteó como pudo la tormenta mientras me conducía al aeropuerto. Sollozamos durante todo el trayecto en el coche y, luego, en el abrazo de despedida, lloré aún más cuando me dejó ir. Abordé mi vuelo más abatida que nunca, con imágenes de mi madre grabadas a fuego en mi memoria, que alimentaban un sentimiento de culpa que ninguna lógica podía aliviar.

Veinticuatro horas más tarde, estaba de vuelta en mi otra realidad, y con Alberto. Ambos me habían esperado. Corrí hacia sus brazos y me quedé allí, ansiosa de un refugio seguro contra la furiosa tempestad que acababa de dejar atrás. Su amorosa bienvenida me alivió como el mejor de los bálsamos.

Después de un paréntesis de diecisiete días en nuestra marcha por la paz, Alberto y yo dimos nuestros primeros pasos, desde Alexandroupolis, para afrontar los cuarenta kilómetros que nos separaban de la frontera turca. Otro mes había terminado, ¡pero vaya mes! Grecia me había proporcionado inusitadas experiencias. Pero, sobre todo, me había sorprendido con el regalo más inesperado, uno que había caminado conmigo todo el tiempo. Siempre asociaría Grecia con el nuevo amor que en ella descubrí. Gracias, Grecia. *Efharisto*.

41. Turquía

La gente iba con prisa y hablaba alto y rápido, gesticulando los unos con los otros. Gallinas y otros animales de granja compartían el terreno con sus propietarios humanos. Una espesa neblina cubría toda el área provocada por el polvo que levantaban animales y personas por igual. Era la frontera turca: caótica, ruidosa y desordenada. Y me encantaba. Vibraba con una energía que me recordó al mundo árabe. El 1 de julio de 2002 entramos en la república de Turquía.

Me encontraba de muy buen humor y colmada de sensaciones de aventura. Imaginaba que Turquía iba a ser una atractiva mezcla entre oriente y occidente, en la que encajaría a la perfección. En la distancia, un delgado minarete nos indicaba la ciudad de Ipsala, nuestro próximo destino. Lugareños de todas las edades pasaban por nuestro lado montados en burros y tractores, en su trayecto de ida y vuelta a los campos de cultivo que nos rodeaban. Sus miradas curiosas, directas y firmes, les diferenciaban de los europeos, que eran mucho más discretos. La mayoría de las mujeres y niñas llevaban el *hijab*, el vestido típico musulmán que cubre todo el cuerpo y la cabeza. Algunas solo mostraban sus ojos.

En la ciudad, los hombres se agrupaban en las cafeterías y bebían té en diminutos vasos de cristal mientras jugaban al *tavla*, o *backgammon*, el juego de mesa favorito de los árabes. Me acordé de los muchos días de mi infancia, cuando mi padre se reunía con sus amigos y golpeaba con las fichas el tablero en el calor de una partida reñida, para a continuación alzar los brazos al aire en señal de disgusto o de triunfo. Vi reflejados esos recuerdos en las caras de los hombres con los que nos cruzamos ese día y me sentí aún más conectada con mis raíces.

Para mí se trataba de un territorio familiar, pero pude ver que Alberto estaba abrumado. Con mi tono de piel oscuro, podía pasar perfectamente por una turca, aunque mi ropa lo desmintiera. Alberto, sin embargo, con su pelo largo atado en una coleta y sus rasgos más claros, destacaba entre la multitud y era un imán para miradas curiosas. Él había proclamado anteriormente su entusiasmo por adentrase en este nuevo mundo, pero sentí de inmediato su incomodidad al ser objeto de tanta atención.

Conseguí con facilidad liras turcas, la divisa local, en un cajero automático de la calle principal. Encontré esta moneda un tanto confusa, pues su valor era de un millón seiscientas mil liras por cada dólar americano, y tenía que realizar un esfuerzo mayor de lo habitual para calcular la conversión.

En la farmacia compramos un espray y un difusor eléctrico repelentes para mosquitos, que ahora eran artículos indispensables. Con el sofocante calor era imposible dormir con las ventanas cerradas y, dado que la mayoría de hogares y establecimientos carecían de mosquiteras en las ventanas, sufríamos de picaduras constantemente.

Pasamos nuestra primera noche en un hotel que se anunciaba como de tres estrellas, pero que los estándares europeos hubieran considerado de una sola. Sin embargo, no nos importó. Estábamos en Turquía, una tierra a caballo entre la moderna Europa y la antigua Arabia, cuyos contrastes y contradicciones se irían mostrando en innumerables experiencias que nos marcarían para siempre.

* * *

Comenzábamos a caminar ahora a las cinco de la mañana para evitar el calor que a las diez ya era insufrible. Nuestro mapa indicaba largas distancias entre las poblaciones y nos preguntábamos dónde dormiríamos entre una y otra. Aunque en Grecia habíamos elegido hospedarnos en pensiones para disponer de más intimidad, sabíamos que siempre podíamos contar con la iglesia ortodoxa griega si lo necesitábamos. Ahora estábamos en un país de mayoría musulmana y no sabíamos cómo recibirían a una pareja que pedía alojamiento sin estar formalmente casada. Dimos por sentado que no nos aceptarían en ninguna mezquita y, sin intentarlo siquiera, decidimos no solicitar ayuda.

Pasamos Kesan, a través de interminables campos de girasoles y coloridos huertos, y nos dirigimos al sur, hacia Bahceköy que, para nuestra decepción, no era más que un puñado de casas dispersas. Era ya mediodía y hacía demasiado calor para proseguir los veinte kilómetros que nos separaban del siguiente pueblo. Así que paramos a comer en un restaurante de carretera y luego descansamos en sus jardines bajo la sombra de una gran carpa. El *raki*, el aguardiente turco, había comenzado a surtir su magia. Habíamos probado el aguardiente de cada uno de los países por los que habíamos pasado, e incluso nos aconsejaron beberlo a lo largo del día para combatir el calor. Como no estaba convencida de que aún fuera capaz de andar después de tomarlo, nunca puse a prueba aquella teoría.

Me despertó el sonido de pisadas cercanas, así que me incorporé rápidamente y le di un codazo a Alberto. Un hombre delgado de unos cincuenta años, de cabello y bigote oscuros, nos miraba con curiosidad. Al vernos ya despiertos, pronunció varias palabras en turco mientras señalaba una casa cercana. Había reparado antes en aquella vivienda de tres plantas, cuya entrada estaba presidida por dos águilas de piedra, e incluso llegué a pensar que podría ser un buen lugar para dormir ya que todavía estaba en construcción.

El hombre se llamaba Huseign, y era el propietario. Sin prisas, nos condujo hasta el cenador frente a la casa, y nos indicó que nos sentáramos mientras él traía una manguera y nos la ofrecía para que pudiésemos lavarnos la cara. Nos trajo también agua fresca para beber y pepinos de su jardín, encantado con nuestros gestos de agradecimiento. Con una mezcla de alemán básico, inglés, árabe y mucha mímica, nos las arreglamos para hacerle comprender que nos dirigíamos a Jerusalén y necesitábamos un lugar donde dormir esa noche. Él simplemente apuntó hacia la casa y nos condujo al interior, escaleras arriba, hasta llegar a un espacioso dormitorio amueblado.

Una vez acomodados, Huseign nos invitó a visitar la localidad principal, a unos kilómetros de distancia. Me puse un largo chal de playa que había comprado en Grecia, a modo de falda, y una camisa sin mangas a juego: mi nuevo cambio de ropa para el verano. La temperatura se había suavizado considerablemente, pero el sol aún brillaba a pesar de que habíamos superado las siete de la tarde. Tras un paseo de media hora a campo abierto, llegamos a una pequeña aldea de sencillas casas de piedra blanca.

Todos saludaban a Huseign, pero sus ojos estaban puestos en nosotros. Le oí usar la palabra *haci* varias veces, que supuse era una derivación de *hajji*: «peregrino» en árabe. Fuimos a comprar galletas y almendras a un pequeño mercado, pero me sentí incómoda y cohibida cuando vi que la gente dejaba lo que estaba haciendo tan solo para vernos pasar. Noté que las pocas mujeres que había en la calle no mostraban ni un ápice de su piel mientras yo vestía una camisa con los brazos completamente al descubierto, y me pregunté si aquello era también motivo de que llamáramos tanto la atención. Me reproché el no haber tenido en cuenta ese pequeño detalle, en lo referente sobre todo a las aldeas, donde sabía que las costumbres eran, por lo general, más conservadoras, de modo que resolví encontrar una camisa de manga larga cuanto antes.

Entramos en un pequeño bar y nos sentamos en una mesa junto a la puerta. Una vez más fuimos el blanco de todas las miradas, y comprobé que yo era la única mujer del establecimiento. Huseign pidió para nosotros un *pide*, una torta de pan calentada al horno, con carne o queso por encima. Intentamos disfrutar de nuestra comida en calma, pero era difícil bajo tan insistente escrutinio.

Un hombre alto y robusto entró con una bebida en su mano riendo en voz alta con dos acompañantes. Al vernos, sin dudarlo un momento, trajo una silla a nuestra mesa y se sentó entre nosotros. Me sorprendió aquella intrusión en nuestro espacio y no supe cómo reaccionar. Pude notar la tensión que emanaba de Alberto.

—¿Cerveza, sí? —preguntó girándose a la barra para pedirlas.

—No, gracias —respondimos Alberto y yo al unísono.

—¿*Raki*, sí? —continuó el hombre. Una vez más lo rechazamos con educación. Sentí su descontento, pero insistió y se acercó aún más. Podía oler el licor en su aliento y quise marcharme, pero no me atrevía a moverme por temor a que la situación empeorara. Tras una nueva invitación para beber, Alberto se levantó y en un tono alto y firme dijo:

—¡No!

Toda conversación se detuvo. Alberto tenía la mirada clavada en el hombre, su rostro amigable se había tornado duro y sus suaves ojos ardían ahora de rabia. Nunca había visto ese lado de mi compañero de camino. El hombre lo miró confuso, y luego, entre risas, dijo algunas palabras en turco antes de marcharse. Tragué sin masticar la comida que me quedaba. Alberto, en cambio, comió muy despacio. Finalmente nos levantamos para salir.

Alberto iba delante mientras yo trotaba a su lado. Huseign nos seguía apurado. No dijimos ni una palabra hasta que llegamos a la habitación. Una vez allí, se tumbó en la cama con los ojos fijos en el techo.

—¿Estás bien? —me aventuré a decir, por fin.

—No me gusta cómo reaccioné esta noche —respondió—. Estaba furioso, ¿puedes creerlo? No sé qué me está pasando. Antes, estas situaciones no me afectaban, y si veía un tipo como este me lo tomaba a risa. Esta noche estaba dispuesto a llegar a las manos con él. ¿Dónde ha ido mi paciencia?

—Probablemente era inofensivo —reflexioné—, pero me alegro de que lo enfrentaras.

—Sí, ¿pero es ese el camino de la paz? —respondió—. Esa no es la paz por la que estoy caminado. Dejé atrás ese mundo hace mucho tiempo; pero el fuego del guerrero aún vive en mí, y en situaciones como esta solo ansía explotar. Me asusta que aún sea tan fuerte. Ese no es el hombre que quiero ser, ni el comportamiento que quiero mostrar al mundo.

«¿Una persona de paz no pelea bajo ninguna circunstancia?», sopesé en silencio.

42. Como un viejo matrimonio

Notaba mis extremidades hinchadas y los dedos de mis manos como salchichas. Tenía los pies irritados y llenos de ampollas, y mis axilas estaban enrojecidas y me escocían; efectos secundarios todos de caminar al sol del mediodía. Habíamos llegado a Çanakkale, a cuarenta arduos kilómetros de Lapseki, y nos hospedábamos en un hostal con aire acondicionado, un complemento que se había convertido ahora en necesidad. Incluso con las piernas levantadas, necesitaba casi una hora para que bajase su hinchazón.

Solo nos aventuramos a salir ya llegada la noche, y nos unimos a la multitud en el paseo marítimo. Nuestros pasos nos llevaron a un pequeño restaurante con vistas al ocaso. Sentí que lo peor de nuestra incertidumbre inicial había quedado atrás y me sentía ilusionada al anticipar la llegada de un pacífico aunque caluroso verano.

—Quiero contarte algo que pasó cuando estabas en Canadá —dijo Alberto tras pedir nuestras bebidas. Lo miré con expectación—. Estuve a punto de irme sin ti.

No pude contener mi sorpresa.

—Esperé tu llamada todos los días —continuó—, pero no llamaste.

—Ya te lo dije —interpuse a la defensiva—. Estaba muy ocupada y, cuando pude hacerlo, la operadora no me dejó usar la tarjeta de crédito.

—No importa —contestó con suavidad, pero obviamente sí que importaba—. La dueña del hotel me veía allí todos los días y se sentaba conmigo mientras te esperaba.

Mi estómago dio una sacudida. La imagen de aquella mujer vino de repente a mi memoria: atractiva, no mucho mayor que yo, y a la que no le había prestado la menor atención... hasta ese momento.

—Hablamos sobre muchas cosas —continuó Alberto—, también sobre las relaciones. Un día le confesé que había estado tan enamorado de una antigua novia que me olvidé de mí, y que había prometido no volver a repetir ese error. Me preguntó entonces por qué no me habías llamado todavía, y no supe que decir. Había inventado excusas a diario, de tal manera, que cada una sonaba más superficial que la anterior, incluso para mí. Fue en ese momento cuando me dijo que si una historia se repite es porque no hemos aprendido la lección —hizo una pausa y sentí que mi corazón se aceleraba—. Yo te defendí, pero la semilla de la duda ya estaba plantada. Y como continuaste sin llamar, empecé a preguntarme si su insinuación no tendría fundamento.

Esperé que continuara mientras me preparaba para lo peor.

—Entonces, una tarde, recibí una clara señal para marcharme sin ti —dijo—. La idea de caminar solo por un país tan diferente, sin dinero y sin conocer el idioma, me asustó, pero luego recordé que ya había pasado por esto cuando fui a Medugorje, y supe que podría volver a hacerlo. Pero aún me preocupabas tú, y luché con Dios y los ángeles, atormentado por lo que me sugerían que hiciera. Finalmente, les dije que me negaba a irme sin haber primero hablado contigo.

Me sentí aliviada de que nada hubiera pasado entre aquella mujer y Alberto, pero ahora me preguntaba si realmente me había esforzado por contactar con él. Mis excusas eran ciertas, pero en el fondo sabía que le había puesto a prueba, en busca de argumentos para no rendirme por completo a nuestra relación. Mi mente le había dado todas las explicaciones lógicas, pero ahora mi corazón necesitaba hablar.

—Lo siento —dije con sinceridad.

—Consideré no decírtelo nunca —respondió—, pero pesaba demasiado para mantenerlo en secreto. Estoy contento de haberte esperado.

Ahora era el momento para ser honesta.

—Antes de comenzar este camino —revelé—, una de mis amigas soñó conmigo, fue un sueño muy vívido. Me vio vestida con una túnica blanca, liderando una marcha de miles de personas a Jerusalén. Estaba en el mundo árabe con un hombre de esas tierras, que tenía tatuado en su brazo una espada flanqueada por las alas de un águila. Mi amiga no sabía nada entonces de lo importante que es el águila para mí. Ese hombre disponía de poder y dinero y sentía pasión por la paz. En ese sueño, viajábamos por todo Oriente Medio trabajando juntos por lo que ambos creíamos.

Me había emocionado aquella visión durante mucho tiempo, y la había tomado como una señal para emprender esta odisea, pero ahora, sentada frente a Alberto, sentí vergüenza. Una mujer ingenua que perseguía el sueño de una amiga.

—No me parezco en nada al hombre que has descrito —respondió suavemente—. ¿Es ese tu miedo? ¿Que te aleje de tu destino? ¿Que yo no sea el hombre de tu vida?

Asentí.

—Solo fue un sueño —dije.

—¿Qué harás si recibes señales claras en el futuro para continuar tu camino sin mí? —preguntó.

—No lo sé —respondí con honestidad.

—Es gracioso —contestó Alberto con una triste risa —. Ese es el mismo miedo que Hannah tenía conmigo. Es más fácil entenderla ahora. Supongo que tú y yo somos más parecidos de lo que pensamos.

El silencio se hizo entre nosotros durante unos momentos.

—Creo que es posible compartir un futuro en el que cada uno persiga sus propios sueños —continuó—, pero debemos sentirnos libres de hacerlo, y saber que la otra persona apoya nuestras decisiones.

—Te prometo que mi mayor deseo en esta relación es que te sientas libre de seguir tu propio camino —dije.

—Ese es mi mayor deseo también para ti —respondió besando mi mano—. Pero debes apostar también por esta relación, si no, no sobrevivirá.

Nos quedamos un rato más disfrutando del ambiente y luego regresamos al hotel cogidos de la mano. Una larga línea de vendedores ambulantes bordeaba ahora el paseo marítimo, atrayendo a los transeúntes con sus brillantes y coloridos artículos. Alberto se perdió entre ellos y reapareció, al poco, sonriendo. Me pidió entonces que cerrase los ojos. Lo hice y sentí un collar deslizarse por mi cuello. Los volví a abrir y observé de cerca el pequeño colgante: el símbolo de la paz en el interior de un corazón. Él llevaba otro idéntico.

Le di un beso y, contenta, busqué su cálido abrazo. Esa noche aposté por una relación con Alberto en mi camino por la paz.

* * *

Los días comenzaron a parecernos idénticos unos de otros. Nos levantábamos a las cuatro de la madrugada, caminábamos en la oscuridad y nos apresurábamos a llegar antes de las diez de la mañana, lo que hacía que los días de verano se sintieran incluso más largos. Permanecimos arrimados a la costa, pues veíamos que, al estar pensada para los turistas, era posible encontrar hostales de mediana calidad con aire acondicionado. Aparte de una inesperada entrevista que mantuvimos con una reportera en un *camping* donde nos alojamos, nuestra interacción con la gente se limitaba a negociar el precio de la habitación y pedir la comida.

Ahora bregábamos además con frecuentes brotes de diarrea, consecuencia del insoportable calor y la cuestionable calidad del agua. Más de una vez, demasiado débiles para andar, tuvimos que tomar un autobús hasta la ciudad más cercana. Yo ya no sabía qué pensar ni cómo me sentía con respecto a mi camino, y solo me preocupaba llegar lo antes posible para poder descansar.

También estaba convencida de que nuestra recuperación física se veía obstaculizada por las continuas discusiones entre Alberto y yo, que hacían profunda mella en nuestro estado de ánimo. Sus comentarios, que habían comenzado de forma inocente, e incluso me habían parecido entrañables al principio, pronto me resultaron molestos. Por lo general consistían en variaciones del mismo tema:

—Mony, asegúrate de que las cortinas están bien echadas —decía Alberto—. Alguien podría vernos.

—Creo que estas exagerando, para ya de controlarlo todo —respondía yo.

—Mony, no puedes salir sin sujetador —decía él—. ¿Te has olvidado de dónde estás?

—Oh, así que ahora me dices lo que debo ponerme —replicaba yo.

—Mony, no podemos entrar en ese local. Solo hay hombres y no están acostumbrados a ver mujeres allí.

—Siempre hemos entrado en bares sin importarnos quién estaba dentro —contrarrestaba yo.

Habían transcurrido tan solo dos meses desde el inicio de nuestro romance y ya parecíamos un viejo matrimonio. Peor aún, todas las discusiones que las parejas tienen normalmente en el transcurso de su relación se comprimían ahora en la olla a presión que, de por sí, ya era Turquía. Alberto admitía que esos sentimientos de inseguridad y celos lo habían tomado por sorpresa y que estaba luchando contra una odiosa imagen de sí mismo, que él comparaba con la de un terrible lobo interno que no sabía como controlar, y que creía haber sanado mucho tiempo atrás. Me pidió que fuera paciente. Ver sufrir a mi confiado compañero, mi todopoderoso mago, me provocaba una profunda tristeza y compasión, pero no siempre lograba controlar mi enfado, mi frustración y sobre todo mi dolor. Nos encontrábamos a bordo de una montaña rusa emocional que parecía no tener fin.

Cuando llegamos a Izmir decidimos descansar unos días para permitir a nuestros cuerpos recuperarse por completo. Dormimos mucho y nos movimos con lentitud, sin destino ni prisa. Una tarde nos perdimos en un inmenso bazar abierto que parecía una escena de tiempos inmemoriales. Quizá fuera por los olores exóticos y los deslumbrantes colores que asaltaban nuestros sentidos, o por los artesanos con sus tradicionales atuendos y chilabas trabajando en sus comercios, o por los niños que revoloteaban a nuestro alrededor balanceando bandejas de té, o por la música árabe que invadía todos los rincones. Fuera lo que fuese, resultó ser purificador, y permitimos que la sensación nos envolviera.

Un comerciante que trabajaba en una pequeña platería nos hizo gestos para que nos acercásemos y desplegó orgulloso sus joyas. Sus diseños eran interesantes. Nos cautivó un anillo de plata, de suave contorno, que tenía un patrón labrado de líneas que se cruzaban entre sí. Había otro en el mismo juego que casaba con él y cuando nos los probamos, encajaban perfectamente en nuestros dedos. Grabamos, en las que pasarían a ser nuestras alianzas de compromiso, los nombres espirituales que habíamos elegido a lo largo de nuestro camino interior, aquellos que representaban lo mejor de nosotros mismos, y que daban expresión a nuestro espíritu. El anillo de Alberto llevaba mi nombre mientras que el mío llevaba el suyo.

Volvimos a nuestra habitación y encendimos unas cuantas velas que habíamos comprado en el bazar. En la suave luz de nuestro humilde cuarto, nos sentamos sobre la cama con las piernas cruzadas, el uno frente al otro. Alberto sacó los anillos de su bolsillo y los colocó unidos en el espacio que mediaba entre nuestros cuerpos. Cogió el mío y, a continuación, tomó mi mano izquierda.

—Este anillo es un símbolo de mi amor por ti —susurró—. Como el círculo que lo contiene, no tiene principio ni fin.

Después, puso la alianza en mi dedo y lo besó.

Cogí la suya y la sostuve sobre el dedo anular de su mano izquierda.

—Este anillo es un símbolo de mi amor por ti —susurré—. El cual no tiene principio ni fin.

Del mismo modo, coloqué el anillo en su dedo y lo besé.

—¿Quieres casarte conmigo? —dijo en español con dulzura, sus hermosos ojos brillaban.

—Sí —respondí, y me lancé a sus brazos.

Yacimos tumbados durante largo tiempo, admirando nuestras alianzas. Relucían a la luz de las velas y parecían aún más brillantes sobre nuestra bronceada piel. Alberto acarició mi mano y recorrió mi anillo con su dedo.

—Un día, te compraré uno mejor —me prometió.

—Me gustan nuestros anillos —respondí—. Para mí son más preciados que el oro o que cualquier otro metal.

Al día de hoy, siguen siendo nuestros anillos de boda.

43. Niños en el sendero de la Paz

Las ruinas romanas de Éfeso nos dieron la bienvenida a apenas dos kilómetros de nuestro alojamiento en Selcuk. Acordamos que no podíamos pasar junto a ese tesoro cultural sin detenernos a contemplarlo, así que nos unimos a turistas de todo el mundo para explorar las magníficas ruinas mientras sacábamos fotos y escuchábamos a escondidas las explicaciones que los distintos guías ofrecían a sus grupos sobre la historia del lugar.

Gracias a ellos supimos de Meryemana, un importante centro de peregrinación de las cercanías donde, se creía, había estado ubicada la casa de María, quien fue llevada allí por San Juan el apóstol tras la muerte de Jesús. Durante mis viajes por Egipto, supe que María era una de las mujeres mejor consideradas en el Islam, un símbolo de virtud, piedad y sumisión a la voluntad de Dios. No hay mujer en el Corán a la que se le preste mayor atención. Jesús es igualmente respetado como uno de los grandes profetas. No sabía de ningún otro sitio, aparte de Jerusalén, que fuera venerado por ambas religiones, y sentí deseos de conocerlo.

El recinto estaba emplazado en la cima de un monte y consistía en una simple casa de ladrillo circundada por un exuberante bosque. Su sencillez conmovía y me transmitió mucha serenidad. Allí supimos que la tumba de San Juan también se encontraba muy cerca, y que había sido uno de los destinos más sagrados para los peregrinos en la Edad Media. Las señales que había recibido con el nombre de Juan, también relacionado con el águila, habían perdido su fuerza con el tiempo, pero cada vez que aparecían, prestaba atención.

Sobre una solitaria colina cerca de Selcuk, entre rocas desperdigadas y olvidadas ruinas, encontré su tumba. Una plancha de mármol que no medía más de cincuenta metros cuadrados, adornada con una placa identificativa, indicaba el lugar. Me arrodillé junto a la lápida y la acaricié, sin poder evitar sentirme melancólica. No creía necesario un monumento grandioso como los que habíamos visto en otras ocasiones, pero aquello, de alguna manera, me pareció insuficiente para honrar su memoria.

«Gracias por compartir tu energía conmigo. Veo que tú también querías enseñar el camino del amor y la fraternidad, el mismo que Jesús predicó. Mis ojos están deseosos de percibir la esencia de esas enseñanzas y mi corazón de entenderlas. Que tus alas de águila me lleven un día a ese lugar de elevada visión».

En ese momento una brisa se levantó bajo el caluroso sol del mediodía, y supe que mi plegaria había sido escuchada.

Descubrí que San Pablo también había predicado en esta zona y que Tarso, su ciudad natal, se hallaba en nuestra ruta. Reflexioné sobre el hecho de que, desde el comienzo de nuestro viaje, sin saberlo ni planificarlo, caminábamos sobre las huellas de los grandes santos y apóstoles. Caí en la cuenta entonces de que ellos habían dejado Jerusalén para difundir un mensaje de paz y amor, y que ahora nosotros nos dirigíamos allá con el mismo mensaje. Uno que no había cambiado en todos estos años, solo sus mensajeros. Yo no sabía lo que nos había conducido a esos lugares, o lo que habíamos recibido de ellos, pero tenía la clara sensación de que aquellas grandes almas nos habían traído allí, con la intención de susurrarnos sus secretos e imbuirnos su sabiduría única y su particular energía para el camino. Aquello me dejó con una poderosa sensación de que estaban con nosotros en todo momento, y nos guiaban.

* * *

—Hay algo escondido dentro de ti, algo que detestas —dijo Alberto concentrado en la imagen que veía en la taza de café mientras la giraba en sus manos.

Estábamos cenando en un tranquilo restaurante de Söke, a unos cuarenta kilómetros al sur de Éfeso, y Alberto le leía los posos del café al camarero. Le había visto leer mi taza e insistió en que leyera la suya también.

—Parece como un horrible lobo del que quieres escapar —continuó Alberto—. Está dentro de ti. Lo has encerrado allí para que nadie lo vea. Te sientes avergonzado de él, y lo has juzgado y condenado para siempre. Es la parte de ti que no te gusta, que desearías que no existiera. Tienes miedo de que la gente la descubra y evitas que los demás la vean.

El fascinado camarero se acercó aún más.

—Sin embargo, es solo una ilusión —prosiguió Alberto—. Una imagen que tú has creado en tu mente. No odies a ese monstruo. Míralo de cerca, directamente a los ojos, y verás que en realidad es tan solo una criatura abandonada que necesita desesperadamente tu amor y aceptación. Es como un niño frustrado y enfadado que no entiende por qué lo has encarcelado, por qué no lo amas. Si tienes el coraje de abrir la puerta de su celda y abrazarlo, verás que se trata de un ser de luz que está ahí para ayudarte a crecer.

Me pregunté si las palabras de Alberto eran para el camarero o para sí mismo; si había recibido una visión o un recordatorio. Nuestras discusiones persistían y pensé más de una vez en dejarle, en abandonar incluso este camino por la paz; pero no lo hice. Quería ver dónde terminarían tanto esta relación como yo misma. Así que seguí caminando.

Nuestros cuerpos continuaban deteriorándose. A pesar de que llevaba pantalones largos, el área entre mis muslos estaba muy irritada, así como el área de las nalgas que rozaba con el elástico de mi ropa interior. También tenía rozaduras y erupciones bajo mis senos y axilas, donde me rozaba el sujetador. Espinillas, granos y todo tipo de sarpullidos plagaban mi espalda debido al sudor. Alberto sufría similares irritaciones entre sus piernas y en la parte baja de su espalda. Estábamos físicamente más fuertes que nunca, capaces de recorrer treinta kilómetros al día sin esfuerzo, pero parecía que el calor conspiraba en nuestra contra para que prolongásemos nuestra estancia en aquel país.

En consecuencia, nos vimos obligados a incrementar nuestros días de descanso en ciudades cada vez más turísticas donde a menudo oíamos hablar inglés, alemán y holandés. Los bares solo cerraban cuando el último cliente se iba y la música se dejaba oír hasta altas horas de la madrugada. En algunos chiringuitos, los camareros iban descamisados y nos servían con sus velludos torsos alarmantemente próximos a los platos que portaban. Muchos incluso se sentaban con nosotros en la mesa sin ser invitados, e intentaban entablar conversación. Era una intrusión de nuestro espacio que no me gustaba. Además, estaba convencida de que lo único que les importaba era nuestro valor en dólares, y aquel comportamiento reforzaba aún más mi creencia. El mensaje exterior de paz parecía desvanecerse junto con sus mensajeros, dejando tras sí tan solo a dos personas que luchaban por mantener su integridad emocional.

Agosto transcurría con rapidez en una interminable rutina basada en levantarse, caminar y dormir. Pasamos por pueblos como Didim, Milas, Bodrum, Marmaris, Dalyan y Fethiye. Nos llegaron noticias de inundaciones y fuertes lluvias en casi toda Europa y parte de Turquía, pero a nosotros jamás nos alcanzaban, y añoré aquellos tiempos en que caminábamos bajo la lluvia. Nos dimos cuenta de que ya amanecía más tarde, y que, cada mañana, el sol tardaba un poco más en comenzar a dificultar nuestra tarea. Empezaba a refrescar, y disfruté anticipando la llegada de temperaturas más bajas.

Al despuntar septiembre, parecía que lo peor de nuestros argumentos había pasado y que nuestra relación había capeado el temporal. Yo radiaba una energía más positiva, una que atraía a gente de similar corazón y mentalidad. Gracias al exceso de lejía que una bienintencionada hostelera había vertido en nuestra colada, íbamos ahora vestidos completamente de blanco, lo que acentuaba nuestra imagen de peregrinos por la paz, y atraía una renovada atención sobre nosotros. El letrero que ahora llevábamos proclamaba, simplemente, *Barış*, la palabra turca que significa *Paz*. La gente nos paraba con mayor frecuencia y nos ofrecía no solo comida y bebida, sino el precioso presente de su comprensión y apoyo.

Nuestra andadura no fue siempre sencilla, pero nuestro renovado sentido del propósito hacía desaparecer los kilómetros bajo nuestros pies con facilidad. Estábamos llegando al punto más al sur de la costa de

Turquía y nos hacíamos ilusiones con empezar a ascender hacia Antalya que, para mí, señalaba la mitad de nuestra travesía por aquel país. Desde allí, solo nos quedarían mil kilómetros para llegar a Jerusalén. La cifra se veía aún cuantiosa, pero ya habíamos recorrido casi cuatro mil y, a mis ojos, marcaba la recta final de nuestro viaje.

Nos dirigíamos a Kale, donde, según nos contaron, había sido enterrado otro gran santo, San Nicolás, personaje en torno al que se erigió la famosa leyenda de Santa Claus. Nos aseguraron que existía un sendero bien marcado que nos ahorraría muchos kilómetros, así que no dudamos en tomarlo. El camino, pedregoso y sin señalizar, resultó agotador, pero estuvo lleno de momentos extraordinarios que trajeron a nuestra memoria el espíritu mágico de la primera etapa de nuestro viaje: un amistoso perro que apareció para mostrarnos el sendero cuando más perdidos estábamos; una afectuosa madre con sus hijos que nos ofreció alimentos y bebida en una aldea desierta, cuando no había ningún otro lugar donde encontrarla en kilómetros a la redonda; una idílica y solitaria playa en la que paramos no solo para descansar, sino para bañarnos y jugar durante horas... Nos desenvolvimos con una fluidez y una naturalidad que no habíamos sentido en mucho tiempo pero, sobre todo, no pudimos recordar cuándo fue la última vez que nos habíamos divertido tanto.

Finalmente, en Kale, decidimos terminar aquel memorable día con la visita a la tumba de San Nicolás. Al parecer, sus restos habían sido sustraídos por navegantes italianos durante el siglo décimo, y se encontraban ahora en la basílica de Bari, en Italia. Las ruinas permanecían en buen estado, pero solo algunas partes del sepulcro se mantenían en pie, junto a fragmentos de una figura esculpida que, se creía, representaba al santo.

Fuera, en el patio, nos sentimos atraídos por una gran estatua de bronce de San Nicolás, con un saco de juguetes sobre el hombro. Se hallaba en un pedestal circular cubierto por banderas de diversas partes del mundo. Cuando buscábamos entre ellas la canadiense y la española, hallamos una inscripción grabada en la piedra que decía así:

«Decimosextas Actividades internacionales de Santa Claus y Llamada a la Paz Mundial. Niños en el sendero de la paz».

Sonreí ante aquel precioso obsequio. Santa Claus, el portador de regalos, nos recordaba que todavía nos encontrábamos en el camino, descubriendo como niños el sendero de la paz. Supe entonces que nuestras dificultades eran parte de ese camino y que nuestra tarea era continuar adelante a pesar de ellas. Pero desenvolviéndonos como habíamos hecho ese día, como niños alegres, aventureros, llenos de curiosidad, presentes en todo momento, y con la confianza de que todas nuestras necesidades serían siempre atendidas. ¡Jo, jo, jo!

44. El final de un sueño

Celebramos nuestra llegada a Antalya, el punto medio de nuestro recorrido por Turquía, y descansamos unos días antes de continuar hacia Alanya. Nuestros visados de tres meses para visitantes estaban a punto de expirar y la manera más rápida de renovarlos era tomar un *ferry* de Alanya a Girne, en Chipre, y adquirir nuevos visados a nuestro regreso.

Fue en ese momento cuando Alberto y yo decidimos volver a entrar en Turquía no por Alanya sino por Tasucu, una ciudad a unos doscientos cincuenta kilómetros más adelante en la costa. Fui yo la que tomó la decisión y fue realmente difícil para mí hacerlo. Nuestro mapa no solo indicaba una larga ruta montañosa entre Alanya y Tasucu, sino enormes distancias entre localidades y escasos lugares donde detenerse. Sin embargo, mi batalla no fue con los kilómetros. Mi lado perfeccionista exigía que camináramos y veía las demás opciones como una forma de hacer trampa. Siempre que tomábamos un autobús era sola y exclusivamente porque estábamos enfermos. Solo aceptábamos que nos llevasen en coche, cuando intuíamos que existía un propósito que podía servir al camino de la paz. No existía ahora tal propósito o, al menos, yo no era capaz de verlo. Finalmente, llegamos a la conclusión de que no había una manera «correcta» para caminar ni tampoco tal cosa como «el peregrino perfecto». Hice las paces con mi tirana interior y, de inmediato, me sentí liberada.

Las agitadas aguas sacudían sin piedad el pequeño transbordador mientras cruzaba hacia Chipre. Sentí nauseas a pesar de la medicación para el mareo, y soporté escuchar las arcadas y los vómitos de los otros pasajeros durante las cinco horas de viaje. La tripulación repartía bolsas para vomitar a diestro y siniestro mientras trataba de cubrir con colonia el intenso olor, sin conseguirlo. A Alberto, en cambio, parecía que nada de aquello le afectaba. Cuando llegamos a la otra orilla, di gracias al cielo por volver a pisar tierra firme.

Por la noche, en la habitación de nuestro hotel, Alberto me confesó que estaba empezando a entender el porqué de su reciente lucha interna.

—Desde muy niño me enseñaron a poner a Dios por encima de todo lo demás —explicó—. Cada vez que hacía algo que me complacía, pero que, a mi entender, no envolvía un propósito superior, me sentía culpable y comenzaba a sabotearme inconscientemente por temor a estar alejándome del camino correcto. Con mi despertar espiritual, creí que había superado con creces todo aquello, pues por fin comprendía que la Vida no exige sacrificios ni tormentos y solo desea nuestra mayor felicidad. Pero ahora veo que no fue del todo así y que, lentamente, he vuelto a caer en aquel pernicioso hábito de juzgarme y de sentirme mal conmigo mismo. Creo que todo empezó cuando decidimos acudir menos a las iglesias y empezamos a comer más a menudo en restaurantes, y a dormir en hostales porque los precios aquí eran mucho más bajos. Especialmente, lo noté con el inicio de nuestra relación, cuando pasamos a enfocarnos en nuestro cariño mutuo al mismo tiempo que nuestro contacto con la gente disminuía. Incluso cuando me negaba a reconocerlo, sentía que le estaba dando la espalda a Dios.

—No creo que tengamos que sufrir por el hecho de ser peregrinos —dije—. El amor, la riqueza y la comodidad no son incompatibles con una vida espiritualmente plena.

—Sé que tienes razón —reflexionó Alberto—. Ahora veo lo mucho que mi educación católica ha influido en mis creencias. Casi puedo oír sus voces diciendo: «¿Cómo puedes derrochar el dinero en hoteles y restaurantes cuando hay tanta gente que no tiene hogar y que se muere de hambre? ¿Cómo puedes sentirte feliz mientras tantos otros sufren?» Cuanto mejor vivía, más me remordía la conciencia, olvidando todo lo aprendido en estos últimos años. Ahora sé que la mejor ayuda que puedo ofrecer a los pobres y a los afligidos es mostrarles que la escasez solo existe en nuestras mentes, en nuestra visión de las cosas. Hay un viejo dicho que afirma: «Dale un pescado a un hombre y comerá un día; enséñale a pescar y comerá toda la vida». Dios no nos niega nada, nosotros nos lo negamos. Toda la abundancia del universo, así como el amor y la paz, está dentro de nosotros.

—No estoy segura de que el mundo está preparado para este mensaje —respondí—. No podemos decirle a aquellos que sufren que el problema real está en sus mentes.

—Probablemente no —coincidió Alberto—, pero la auténtica ayuda no puede limitarse a lo material. Incluso cuando alimentemos físicamente a los hambrientos y consolemos a los deprimidos, debemos transmitir nuestra intención de que aprendan a sustentarse por sí solos y de que despierten a la abundancia y al amor que reside en su interior. Si les ayudamos desde la misma visión que ellos tienen de sí mismos, solo reforzaremos la falsa creencia de que son impotentes víctimas que necesitan ser salvadas. Sentirnos culpables por sus circunstancias es una señal de alarma que nos alerta de que estamos cayendo en su misma errónea perspectiva. Ahora lo veo con total claridad. Por eso, esta noche, rompí aquel pacto opresor de mi pasado y renové mi verdadero compromiso con Dios. A partir de ahora doy la bienvenida a toda la abundancia que llegue a mi vida, en cualquiera de sus formas. Y voy a disfrutarla.

Me alegré al oírle hablar con esa convicción, como en los viejos tiempos, y deseé que ese episodio marcara el retorno del hombre del que me había enamorado.

El 2 de octubre de 2002, entramos nuevamente en Turquía con otro visado de tres meses, y la esperanza de no tener que completarlos para finalizar nuestra experiencia en aquel país de nunca acabar.

* * *

La recobrada confianza de Alberto parecía impulsarle a adentrarse aún más por El Camino del Mago, el mundo de la magia. Había estado practicando desde que entramos en Turquía, pero ahora se dedicaba a ello con mayor intensidad. A pesar de que me aseguraba que lo único que hacía era desarrollar el potencial de su mente, para mí seguía siendo un mundo que asociaba con la oscuridad y la hechicería. Capaz de ver con facilidad símbolos e interpretarlos, Alberto leía los posos de café y de té a quien se lo solicitara. Interpretaba las formas de las nubes y recibía con creciente frecuencia mensajes de todo lo que nos rodeaba. Practicaba con regularidad el arte de adivinar los palos de la baraja de naipes, acertando en más de la mitad de las ocasiones. A menudo le veía concentrarse en sacar una carta específica del mazo y cada vez lo lograba con mayor precisión. Incluso afirmó haber movido un lápiz sin tocarlo, con el solo uso de su voluntad.

Quería compartir su entusiasmo, pero me resistía a introducirme en un mundo que me era del todo desconocido, y del que fácilmente podría perder el control. En cambio, Alberto parecía un niño con zapatos nuevos y no paraba de darme la lata para que jugase con él. Y así lo hice, tratando de adivinar el palo del naipe que sostenía en sus manos, o sacar una carta en concreto de la baraja. Yo no terminaba de tomármelo en serio y achacaba mis éxitos adivinatorios a la pura suerte. Cuando terminábamos la frase del otro al unísono o descubríamos que estábamos pensando en lo mismo, yo lo consideraba como el resultado de dos personas que pasan mucho tiempo juntas, y nada más.

Más desconcertante para mí, sin embargo, era el hecho de recibir señales que me sugerían que yo también siguiese ese camino. Vallas publicitarias junto a las que pasaba, o trozos de papel a mis pies, me hablaban sobre poderes psíquicos y sobre la capacidad para cambiar realidades. Lo más impactante fue un sueño que tuve en el que una voz masculina, que reconocí como la de un ángel, me decía que apoyara a Alberto en esa importante labor porque necesitaría mi ayuda en el futuro. Fue tan real que me desperté temblando.

Una tarde que estábamos en nuestra habitación, encendí distraídamente la televisión y vi aparecer la palabra «Alberto» en grandes y coloridas letras en la pantalla. Sorprendida, le llamé para que lo viera. El programa, llamado *Alev Alev Alberto*, era un show de llamadas en directo de un vidente que tenía ese nombre y que hacía lecturas del tarot. Mi asombro inicial fue aún más allá de sus límites cuando reparé en la extravagante indumentaria que lucía: una peluca enorme, maquillaje estridente y colorida vestimenta. Estaba preparada para vivir con un hombre que echara las cartas, pero no con uno de apariencia tan estrafalaria. Las carcajadas de mi Alberto mezcladas con sus promesas de que no llevaría disfraces ni peluca fueron poco consuelo para el chistoso pero claro mensaje que estaba recibiendo.

Para rematar el asunto, tan pronto como terminó el programa, comenzó la película *Matrix*, la favorita de Alberto. Yo no la había visto todavía porque no me gustan las películas violentas, pero Alberto me explicó que, más allá de la trama conspirativa argumental y las escenas de acción, esta película reflejaba perfectamente el carácter ilusorio de la realidad y el infinito potencial que todos guardamos dentro.

—Imagina ahora que tras esta *Matrix* o ilusión en que vivimos, en vez del mundo oscuro de las maquinas que describe la película, solo se esconde el sabio y divino Amor que tú y yo ya conocemos —me dijo mientras me invitaba a acomodarme junto a él.

Me senté a verla hasta el final, y tuve que reconocer que me ayudó a comprender mucho mejor el mundo interior de Alberto, aunque no por ello cesó de inquietarme.

Continuamos caminando y, más seguro que nunca de sus habilidades, Alberto se dedicaba ahora a aproximar nubes sobre nosotros y a crear brisas refrescantes para protegernos del calor mientras que yo me tornaba más y más silenciosa e imploraba claridad: «No puedes estar pidiéndome que siga ese camino. ¿Qué pasaría entonces con el mío? ¿Qué pasaría con mi Jerusalén? Ese fue el sueño que me lanzó a caminar. ¿Voy a tener que abandonarlo ahora para perseguir algo que no entiendo ni le veo utilidad alguna?»

Mi batalla con el Universo prosiguió hasta Mersin, sin conseguir aclarar mis dudas. Una prolongada y cálida ducha me tranquilizó, y cuando regresé al dormitorio gozaba de una renovada calma... hasta que, al pasar frente al televisor, vi a un hombre en la pantalla que usaba su poder mental para hacer que una pipa de fumar flotara en el aire.

—Estaba tratando de mover una moneda con la mente y, al encender la televisión, me he encontrado con esto—dijo Alberto con cautela, pero sin poder ocultar el entusiasmo en sus ojos.

Jamás me sentí tan atrapada como en ese momento. No había lugar donde esconderse ni a donde huir, ya que el Universo me rastrearía y llegaría hasta mí con sus señales. Así que me senté junto a Alberto a ver la película.

La escena continuó con este señor mayor explicando que movía la pipa al concentrar su mente sobre ella; que esto era algo que todos podíamos hacer si enfocábamos nuestra atención y entendíamos que nosotros y la pipa somos la misma cosa; que no existía separación alguna, como tampoco la había entre los seres humanos y el Universo. También era capaz de adivinar cartas con precisión, doblar cucharas, y mover objetos con la sola ayuda de su voluntad. Su consejo de despedida fue que, llegado el momento, uno debe estar dispuesto a arriesgarlo todo sin temor a lo que piensen los demás.

Yo no podía hablar. Los créditos de la película pasaron rápido, y pronto comenzó otra titulada *Prueba de fe*.

—¡Ya es suficiente! —grité al tiempo que apagaba el televisor y salía a toda prisa de la habitación. Alberto corrió detrás de mí y entró conmigo en el ascensor antes de que se cerraran sus puertas. En el interior del pequeño habitáculo, un llamativo cartel publicitario se alzaba desafiante. En él, dos ángeles tocaban sus trompetas, mientras que la palabra «CREE» refulgía ante mis ojos en coloridas letras escritas en inglés.

—¡Basta! —volví a gritar.

Vagué sin rumbo fijo por las transitadas calles de Mersin. Alberto acercaba su mano ocasionalmente, pero yo la rechazaba. Entramos en varias librerías y nos movimos por sus secciones de libros extranjeros, pero yo no les prestaba atención. Paramos en un cibercafé y, sin mediar palabra, revisamos nuestro correo electrónico.

—Mira esto —exclamó Alberto mientras me indicaba con un gesto su pantalla. Un e-mail que había recibido, de una organización humanitaria a la que estaba adscrito, rezaba en grandes caracteres: «Alberto, Mónica aún necesita tu ayuda».

Me levanté y me fui. Quería seguir adelante, desaparecer entre la multitud; y lo hice por largo tiempo. Finalmente, me paré en una pequeña cafetería. Mi angustia se había disipado y ahora me sentía débil y expuesta.

—Ya no sé cuál es mi propósito ni mi misión, Alberto —susurré—. Veo las señales, pero no sé qué quiere el Universo que haga. Siento que me pide que apoye algo que no entiendo, y eso me asusta. La magia también tiene su lado oscuro y no sé si eres lo suficientemente sabio como para manejar algo tan poderoso. Tampoco sé si yo lo soy.

—Creo que estás siendo invitada a ser una creadora más consciente de tu vida, nada más —aseguró Alberto—. Comenzaste a caminar gracias a que seguiste las señales y a que creías en lo que estabas haciendo; y eso está muy bien. Pero pienso que llega un momento en el que tienes que tomar control del tremendo regalo que todos hemos recibido, y ejercitar el poder de Dios, que está dentro de nosotros.

—¿Y qué me dices de mis sueños, Alberto? —supliqué—. ¿Qué pasa con ellos? ¿Los abandono para seguirte en tu búsqueda? No sé si puedo o si quiero hacerlo. Ni siquiera sé si nuestros propósitos son aún compatibles.

—No pienso que tengas que olvidar tu sueño de trabajar por la paz en Jerusalén —aseguró Alberto—. Puede que las señales te estén pidiendo que te abras a otras posibilidades más allá de estar físicamente allí. Trabajar por la paz puede adoptar muchas formas que no puedes ni imaginar ahora mismo.

Negué tristemente con la cabeza.

—Siento como si mi sueño hubiese muerto y todo lo que me queda es seguir el tuyo. Que no soy importante, y que he perdido todo lo que yo quería.

Alberto sostuvo mi mano y me dejó llorar. Todo lo que podía sentir era las pulsaciones de mi cabeza. Un angustioso vacío asolaba mi corazón.

—Puede que no quiera admitirlo —sollocé—, pero creo que tengo miedo de lo que va a pensar la gente cuando le diga que eres un mago, un psíquico o cualquier etiqueta que prefieras usar. ¿Te imaginas contándoselo a mi padre?

Y nos echamos a reír.

—Deja que lea tu taza de café —sugirió Alberto—. Preguntaremos a la Vida qué pasará si sigues el camino de la magia.

Había volcado mi propia taza sin darme cuenta. Alberto la examinó por unos momentos, luego sonrió ampliamente y me la entregó para que la viera. En la taza resaltaba una paloma blanca perfectamente delineada. Cerca estaba escrito mi nombre de nuevo, no tan nítido como la paloma, pero fácil de reconocer.

—Creo que tu camino por la paz te está llevando en esa dirección, Mony.

45. La Ciudad de los Profetas

Nos quedamos en Mersin un día más para tratar de dar sentido a todo lo ocurrido el día anterior. Me sentía débil e insegura y no sabía cuáles iban a ser mis próximos pasos. Alberto estuvo fuera la mayor parte de la mañana y cuando regresó parecía de muy buen humor.

—Una amiga me ha enviado un e-mail acerca de un lugar llamado Sanliurfa —dijo con entusiasmo—. Lo he investigado en Internet y he descubierto que es un importante lugar de peregrinación. La llaman la Ciudad de los Profetas.

Consulté el mapa.

—Está a cuatrocientos kilómetros al este, Alberto, y nosotros vamos hacia el sur —respondí. Toda mi intención estaba puesta en el final de Turquía, y no quería extender nuestra estancia más de lo estrictamente necesario.

—Podemos tomar un autobús —insistió Alberto—. Se cree que se trata de la ciudad bíblica de Ur donde nació el profeta Abraham y en donde al parecer también estuvieron profetas como Jetro, Job y Elías. Incluso se cree que Moisés estuvo afincado en la zona, trabajando de pastor antes de volver a Egipto. Fueron los mayores profetas, Mony, y cada uno de ellos tuvo que poner a prueba su fe en Dios y en sí mismos. Cada uno tuvo que encontrar el coraje para vivir su propia verdad. Me gustaría seguir esas huellas para sentir la energía que dejaron atrás. No es por casualidad que haya recibido este mensaje justo ahora.

Mi fe en todo lo que yo creía había sido sacudida violentamente y quizás yo también necesitase nutrirme de su secreto, de ese invisible elixir que les impulsaba hacia adelante incluso cuando les sumía la duda. Muy a menudo en este viaje, me había sentido conducida por estos sabios del pasado hacia sus sagrados lugares, e inspirada por ellos sin saber por qué. Deseé que esta Ciudad de los Profetas ejerciera ese mismo efecto una vez más.

Las siete horas de viaje en autobús fueron agotadoras, pero la recompensa al acabar el día mereció la pena. Desde nuestra habitación de hotel disponíamos de una vista perfecta de *Halil-ur-Rahman*, el lugar más sagrado de la ciudad y destino de los peregrinos. Era un exuberante oasis de jardines y lagunas, acentuado por dos hermosas mezquitas: una veneraba la cueva en la que supuestamente nació el profeta Abraham, la otra era material de leyenda. Se decía que el rey pagano Nemrud ordenó a Abraham que renunciara a su Dios, y cuando este no lo hizo, mandó que fuera arrojado a las llamas de una inmensa hoguera en el fondo de un profundo acantilado. En el lugar donde cayó Abraham, el fuego se transformó en agua y la leña en peces. Una mezquita fue construida allí. Tanto los peces como el agua que colman sus jardines están considerados sagrados. Es aquí donde los peregrinos vienen para renacer, y donde nosotros intentábamos hacer lo mismo.

Rosas y otras flores de colores radiantes saludaron nuestra llegada. Su fragancia era embriagadora. Pequeños y pintorescos puentes cruzaban sobre los canales que conectaban los distintos estanques. Abundantes peces nadaban en el agua con total libertad, y asomaban con sus bocas abiertas a la espera de que la multitud les alimentara. Compramos cebo a uno de los muchos niños que lo vendía y nos unimos al ritual.

El sonido de la voz del almuecín llenó de repente el aire, llamando a los fieles a la oración. Mis ojos se humedecieron inexplicablemente, y mi cuerpo se estremeció. Sentía algo profundamente familiar. Deseaba entrar en la mezquita y arrodillarme a rezar, pero, al no llevar una camisa de manga larga ni un pañuelo para cubrir mi pelo, no pude hacerlo.

Al amanecer de la mañana siguiente, una vez vestida para la ocasión, por fin cumplí mi deseo. Mis pies ya conocían el camino e, instintivamente, siguieron el sendero que conducía a la mezquita levantada en el lugar donde cayó Abraham. Alberto entró por la puerta de los hombres, y yo lo hice por la de las mujeres.

Durante mis viajes por Egipto me había familiarizado con el ritual de purificación que se lleva a cabo antes de entrar en una mezquita. La limpieza forma parte del acto de adoración, no es algo separado de este.

Proporciona una transición desde el mundo exterior al mundo interior, al preparar al creyente para comparecer frente a Alá, unido en cuerpo, mente y alma. Yo no realicé el ritual completo, pero me quité los zapatos y me lavé las manos y la cara antes de entrar.

El recinto era pequeño, de no más de treinta metros cuadrados, y las paredes estaban desprovistas de decoración como es habitual en las mezquitas. De un muro a otro, el suelo estaba cubierto por alfombras. Las pocas mujeres presentes me miraron con interés. Les saludé con el tradicional *as-salamu-alaykum,* y me senté. Con gentileza me devolvieron el saludo.

Cada mujer permanecía de pie en su propio espacio frente al *mihrab,* un nicho en la pared que indica la dirección a la Meca. Una señora mayor que llevaba un largo vestido oscuro, me llamó especialmente la atención y me fijé con disimulo en lo que hacía. Rodeó con sus manos sus oídos mientras sus labios recitaban en silencio una fervorosa plegaria. Se llevó las manos al pecho y abrazó a su corazón. Hizo una reverencia y se puso de rodillas con gracia. Su callada oración fluía en sincronía con sus movimientos. Me quedé sorprendida por su agilidad y observé aquella hermosa danza espiritual, su armonía al levantarse, para a continuación inclinarse en reverencia, arrodillarse, tocar con la frente el suelo y volver a alzarse. Cada ritual era único, y tan bello como la mujer que lo practicaba.

Terminaron de rezar y se reunieron frente a uno de los muros del que brotaba un pequeño chorro de agua. Una de ellas, en un inglés sencillo, me explicó que estaban recogiendo agua de la fuente que apareció de forma natural en el lugar donde Abrahán se precipitó. Llenaron mi botella y se despidieron dejándome a solas para realizar mi propio ritual.

Me senté en el suelo con las piernas cruzadas y cerré los ojos. Me sentí de inmediato atravesada por una oleada de energía, viva y vibrante. Ella danzó conmigo provocando que mi cuerpo se meciera de un lado a otro, colmándome de un anhelo que no podía explicar, y de la certeza absoluta de que todo estaba bien.

«Me falta el coraje para seguir este camino que me pides, para compartir mi verdad espiritual», supliqué, dando expresión a mis inquietudes. «Te oigo pedirme que comunique esta verdad, que sea fiel a ella, que la viva por completo, pero estoy paralizada por la opinión de los demás y sus juicios sobre mí».

«Tu valor se revelará en el momento adecuado y bajos las circunstancias apropiadas», escuché reverberar dentro de mí. «Los auténticos valientes no son aquellos que carecen de miedo sino los que avanzan a través de él».

Me reconforté en este abrazo de amor que aunque no podía ver, sí podía sentir. La pesada tristeza que aquejaba mi corazón se disolvió lentamente. Permanecí en ese estado durante mucho tiempo. Finalmente, abrí los ojos y bebí de las aguas nacidas de la fe, completando así mi ceremonia de renovación.

* * *

Estábamos acostados, desnudos, refrescándonos del calor del día. Alberto había acabado de correr las cortinas y se había quejado una vez más de que no cerraban bien y dejaban una pequeña abertura por la que podía vernos alguien.

—¡Hay un hombre ahí! —gritó Alberto señalando a la ventana.

Vi un par de ojos oscuros que nos miraban con el rostro cubierto por unas manos también oscuras y chillé mientras alcanzaba mi ropa. Alberto se puso con rapidez los pantalones y abrió las cortinas, pero ya se había ido. Furioso, salió al corredor, pero también estaba vacío. La ventana del pasillo situada justo al lado de nuestra puerta se encontraba abierta. Alberto la examinó.

—Esta ventana da a una estrecha azotea que gira alrededor del hotel —dijo con incredulidad—. Creo que son los techos de las habitaciones de la planta de abajo.

Siempre había considerado que la obsesión de Alberto con nuestra intimidad estaba injustificada, pero ahora me preguntaba si él había estado en lo cierto todo este tiempo. Conmocionados, llamamos a seguridad. Unos momentos después, un gerente que no cesaba de disculparse y un jefe de seguridad de fría mirada se personaron en la habitación y examinaron el área. Salieron al exterior por la ventana del pasillo y pronto estuvieron en la nuestra, mirándonos desde fuera. Como Alberto sospechaba, los techos de las habitaciones inferiores formaban una amplia cornisa que rodeaba la estancia. De las más de cincuenta habitaciones del hotel nos sorprendió saber que nos alojábamos en la única en la que sucedía tal cosa. El gerente nos ofreció mudarnos de cuarto, pero pensamos que ya no tenía sentido, pues era nuestra última noche allí.

El denso silencio entre Alberto y yo permaneció mientras nos adentrábamos por los jardines y, en la colina donde Abraham fue lanzado al fuego, nos sentamos a contemplar la puesta de sol.

—Lo que pasó en la habitación no fue una coincidencia —murmuró Alberto—. Tenía tanta fe en mi camino, en mis puras intenciones de crear solo experiencias positivas, que no pensé que mis pensamientos negativos también pudiesen manifestarse. Pensaba que, si Dios es amor, ¿a qué propósito serviría que tal cosa ocurriese? Hice un pacto para ser un instrumento del amor, para solo crear cosas buenas en el mundo, así que asumí que atraer con mi negatividad no se aplicaría en mi caso. Estaba equivocado. Ahora veo que también estoy creando circunstancias que no quiero.

Alberto parecía razonar en voz alta más que dirigirse a mí, así que le escuché mientras dialogaba consigo mismo.

—Pero si el Universo es amor, ¿cuál es el propósito de amor que se esconde en la atracción de experiencias negativas? —continuó—. Si siempre estamos creando nuestra realidad con nuestros pensamientos, para bien o para mal, ¿dónde queda Dios en todo este proceso? ¿Para qué lo necesitamos? ¿Qué papel desempeña? ¿Existe Dios? Y si existe, ¿es amor incondicional o una simple máquina expendedora, *pide un deseo y aquí lo tienes*, con independencia de lo que se pida? ¿Es el Universo tan impersonal?

Alberto estaba abordando precisamente la clave de mi dilema para seguir su camino de la magia. Parecíamos atravesar una crisis existencial, enfrentando las cuestiones que, estaba segura, la humanidad se había planteado desde el principio de los tiempos.

—No lo entiendo —continuó—. No soy capaz de vislumbrar toda la verdad de este asunto, pero necesito confiar en que existe un propósito para todo esto, y que se dará a conocer en el momento oportuno. Ese propósito está basado en el amor, de eso no tengo dudas. He sentido la amorosa mano del Universo tantísimas veces, pidiéndome que fuera paciente. Eso es todo lo que puedo hacer ahora.

Oí la batalla entre el control y la entrega, que tenía lugar en su corazón, y la sentí también en el mío. Ciertamente, abandonarse por completo a la voluntad de Dios no era la respuesta, si así fuera, ¿para qué dispondríamos de libre albedrío? Pero ser absolutos creadores de nuestra vida, o magos, sin un contexto superior, se me antojaba espiritualmente vacío. Teníamos la sensación de estar recibiendo mensajes opuestos. Durante el callado paseo de regreso al hotel, nuestras mentes y corazones clamaron por encontrar pronto respuestas para aquel enigma.

46. En construcción

El autobús de Sanliurfa nos devolvió a Osmaniye, a doscientos kilómetros al norte de la frontera siria. Ya era 19 de octubre de 2002 y nos movíamos con energía y ligereza mientras atravesábamos localidades como Erzin, Dörtyol e Iskenderun. Nuestros pasos acompasaban de buen grado el estado de ánimo que nos acompañaba. Nuestras risas desenfadadas se reflejaban en el sinfín de saludos e invitaciones a comer y a descansar que recibíamos de la gente. Disfruté aquellas jornadas de camino de una forma que había echado en falta durante largo tiempo.

Habíamos iniciado un arduo ascenso hacia Belen cuando llegamos a un tramo de carretera que estaba en construcción. En ese momento, unos cincuenta obreros disfrutaban de su descanso sentados en una larga hilera, frente al arcén por donde caminábamos. Hubiera sido incómodo sentirse observada en circunstancias normales, pero ese día, a pesar de la mirada de desaprobación de Alberto, había decidido no llevar sujetador por la severas rozaduras que provocaba bajo mis pechos. El viento soplaba con fuerza y frenaba nuestro avance mientras adhería mi ligero atuendo de verano contra mi cuerpo acentuando cada una de sus curvas y detalles.

—Mony, camina detrás de mí —ordenó Alberto con una voz tan tensa como su rostro.

Seguí adelante sin responderle, harta de todo aquello. Un poco después, Alberto me daba alcance y entrábamos juntos en Belen. La tensión que había alimentado nuestro prolongado silencio había sido remplazada por un profundo cansancio. La fatiga invadía cada uno de nuestros movimientos en la habitación del hostal aquella tarde, hasta que finalmente explotó.

—¡No puedo seguir con esto, Mony! —exclamó Alberto con la voz rota y los ojos llenos de lágrimas—. Por mucho que lo intente, no puedo controlar mis emociones. No puedo detener estos pensamientos negativos, estos sentimientos que me asaltan cuando menos lo sospecho. He perdido mi confianza en la gente, he dejado de amarles.

Peor aún, ahora espero lo peor de ellos. Yo no soy así. No puedo vivir tratando de controlar cada detalle de nuestra relación. No puedo luchar más contra mis demonios, por que cuanto más duro es el combate, más fuertes se vuelven ellos. Cuando creo haberlos derrotado, regresan de improviso más poderosos que nunca, y trayendo consigo incluso más dolor. Estoy harto de luchar.

Lo miré sin articular palabra, agotada a todos los niveles.

—Lo siento mucho —susurró, con tristeza—. Posees una manera de estar con la gente que inspira su confianza. No quiero que pierdas ese don por culpa de mis inseguridades. No sería justo para ti. Quiero que te sientas libre para ser el precioso ser que eres. Conmigo o sin mí.

—¿Estás diciendo que hemos acabado? —pregunté.

—No voy a pedirte que permanezcas conmigo, aunque reconozco que me gustaría —respondió desanimado—. Lo único que puedo hacer en este momento es rendirme. Renunciar a mi necesidad de controlar y proteger esta relación, a mis celos, a mis miedos... Renunciar a ti, e incluso a mi camino... Dejarlo todo en las manos del Universo, y confiar en su sabiduría, y en su amor.

Me acerqué a él y lloramos el uno en los brazos del otro, por lo que parecía ser el final de nuestra relación. Nuestro agotamiento nos condujo al sueño, y desperté horas más tarde sintiéndome todavía presa del cansancio. Encontré a Alberto leyendo su diario, en un estado de ánimo contemplativo. Miró hacia mí y luego, suavemente, comenzó a leer en voz alta.

Nada es más importante que el amor. Todos somos hermanos. Debemos ver lo bueno que hay en cada persona. Lo positivo atrae lo positivo; lo negativo atrae lo negativo. Aquello que más tememos terminamos odiándolo, y esta suma de energías negativas es tan poderosa que atrae más de lo que tememos y odiamos. Sin estas experiencias no seríamos conscientes de la calidad de nuestros pensamientos, y no tendríamos la posibilidad de cambiar. Este es el proceso de crecer, y de amar.

Levantó la vista y añadió:

—Elijo confiar en mí. Elijo confiar en la gente. Elijo confiar en el amor.

* * *

Habíamos dejado atrás Antioquía y Harbiye, y caminábamos hacia el pueblo de Yayladaği. Estábamos en una carretera solitaria donde solo nos cruzábamos con campesinos y lugareños, que siempre nos invitaban a comer o a beber. Los pocos conductores que pasaron por allí, se ofrecieron también a llevarnos. Podía hablar en árabe, gracias a los pocos kilómetros que nos separaban de la frontera siria, y me sentía cómoda con la gente. Alberto también estaba relajado y me animaba a que fuese yo misma, lo que tomé como buena muestra de su recuperada confianza.

Cuando estábamos a menos de diez kilómetros de la ciudad, llegamos a un tramo de la carretera que estaba levantado por obras. Un automóvil, en el que viajaban dos hombres, se detuvo en ese momento y sus ocupantes nos invitaron a subir al coche. Rechazamos la oferta, agradecidos, y les preguntamos si había algún bar cerca de allí, ya que andábamos escasos de agua. Uno de ellos, alto y rubio, de mediana edad y mirada amable, nos dijo que había un local a unos cuatro kilómetros, y asumimos que se refería a un bar. Se marcharon y regresaron unos minutos más tarde con una botella grande de agua fría. Le dimos nuestras más sentidas gracias y el hombre rubio volvió a insistir en el lugar que nos había indicado. Estuvimos de acuerdo en reunirnos allí con él.

Llegamos finalmente a un área de la construcción con muchas banderas desplegadas. Camiones y excavadoras estaban estacionados a un lado, cerca de varios edificios provisionales, pero no divisamos ningún establecimiento comercial.

—¿Os apetece un poco de té? —gritó un hombre en inglés, desde la puerta de uno de los edificios mientras hacía gestos para que nos acercáramos. Le seguimos al interior de una oficina amueblada con sencillez donde nos esperaba el hombre rubio que nos había llevado el agua. Nuestro traductor lo presentó como Fethi, el director de la empresa que estaba construyendo la carretera.

Nuestra pausa para el té dio lugar a una invitación a cenar y a una oferta para pasar allí la noche. No tenía ni idea de en qué condiciones dormirían aquellos trabajadores, pero no pensábamos rechazar su generosa hospitalidad. Visiblemente encantados con nuestra decisión de quedarnos, nos acompañaron a otro pequeño edificio prefabricado y abrieron la puerta.

En el pequeño pero aseado espacio donde nos encontrábamos, había dos camas individuales separadas por una sencilla mesita de noche. Las camas estaban hechas, vestidas con limpias sábanas blancas, y mantas plegadas a sus pies. El moderno baño relucía impecable. Fethi sonrió ante mi evidente aprobación y nos pidió que nos apresurásemos para llegar a tiempo a la cena. Agradecí la ducha caliente y estimulante y, después de una caminata de casi cuarenta kilómetros por las montañas, no deseaba otra cosa que meterme entre las frescas sábanas blancas. Alberto, sin embargo, me sacó a rastras y seguimos el sonido de voces y risas hasta llegar a su fuente: una apasionada partida de *tavla* que mantenían Fethi y algunos de sus compañeros. Al contemplar su contagioso buen humor y sus esfuerzos por involucrar a Alberto en la diversión, no pude imaginar una manera más apropiada de pasar nuestra última noche en Turquía.

La cena fue abundante y deliciosa, y la compañía auténtica y entrañable. Más que bienvenida, me sentí apreciada. Lo que hacía que esta experiencia fuese aún más inolvidable era el hecho de que estábamos entre trabajadores de la construcción, todos hombres, perdidos en medio de la nada. Un mes antes, esto habría sido impensable. Alberto había rendido sus miedos y su necesidad de control, y el mundo respondía en consecuencia. En la víspera de nuestra entrada en Siria, esto destacaría como uno de los momentos más importantes de nuestro recorrido por este país.

Gracias, Turquía. *Tashekkur.*

47. Siria

—¿Por qué no tiene visado? —gruñó el guardia de la frontera siria a Alberto.

Yo trataba de entender su rápido árabe y le pedí que hablara más despacio, pero eso pareció agitarle más. Me sentía nerviosa e hice lo que pude para explicarle que no sabíamos que fuera necesario tener un visado por adelantado, y que pensamos que se podía adquirir en la frontera como en el resto de países por los que habíamos transitado.

—Usted puede entrar —afirmó, señalándome—. Tiene documentos libaneses, pero para él será más complicado. Debemos llamar a Damasco. Tardarán en responder entre dos y veinticuatro horas. Tendrán que esperar.

Esperamos. Nos sentamos. Nos volvimos a levantar. Paseamos por la reducida área fronteriza como animales enjaulados, sin poder avanzar hacia adelante ni tampoco retroceder. Los guardias de vez en cuando nos informaban de que no tenían noticias de Damasco, y cada vez que lo hacían, le dábamos las gracias por intentarlo y ellos sonreían un poco más y gruñían un poco menos.

Cuatro horas más tarde, uno de los oficiales se acercó a nuestros asientos y nos preguntó si teníamos hambre. No habíamos comido desde el desayuno y no había kioscos ni máquinas expendedoras de aperitivos en toda la zona. Respondimos que sí. El hombre desapareció y regresó poco después indicándonos que le siguiéramos. En una habitación contigua nos esperaba una mesa baja rodeada de cojines y una bandeja grande llena de comida que me hizo recordar mi hogar. Contemplé conmovida el yogur para untar llamado *labneh* y la mezcla de hierbas y especias en aceite de oliva conocida como *zaatar*, en la que se mojaba el pan árabe o *pita*. Unos huevos cocidos y unas aceitunas completaban el improvisado banquete. El hombre esbozó una ligera sonrisa ante mi profuso agradecimiento, extendió los brazos a modo de invitación para que nos sirviéramos y nos dejó a solas.

Se puso el sol, las estrellas comenzaron a asomar tímidamente, y aún estábamos en la frontera. Uno por uno, los guardias nos invitaron a tomar té con ellos, y mostraron interés por saber más de nosotros. En mi sencillo árabe, les expliqué nuestro viaje lo mejor que pude, pero sin especificar que concluiría en Jerusalén. Nos habían avisado de que otros peregrinos habían sido rechazados porque Siria no reconocía a Israel como un estado legítimo. Como no quería poner en peligro el curso de nuestra travesía, simplemente dije que íbamos al Líbano a hospedarnos con unos familiares antes de decidir nuestro próximo destino; pero yo intuía que sabían exactamente a dónde nos dirigíamos.

Más tarde, los oficiales de más alto rango nos invitaron a tomar café, lo que en el mundo árabe supone un gesto reservado para los huéspedes. Al comienzo, tenía la impresión de que nos tomaban por ingenuos idealistas, pero a medida que hablábamos con ellos vi surgir el interés en sus ojos, y el respeto, y noté que sus maneras se suavizaban, hasta el punto de llegar a ser afectuosas.

—¿Puedes llamar a Damasco para que se den prisa con los papeles de esta gente? —gritó uno de ellos al que estaba más allá en la oficina—. ¡Están aquí desde hace horas!

La noche se enfrió y comencé a tiritar. Uno de los hombres nos trajo chaquetas y mantas militares, que apreciamos profundamente y que ellos se mostraron encantados de ofrecer. A las diez de la noche nos quedó claro que no íbamos a recibir ya el visado de Alberto. Incluso si llegaba, no podríamos ir a ninguna parte a esas horas sin un mapa, tienda de campaña ni sacos de dormir.

Cuando nos tumbamos para acomodarnos en las rígidas sillas de plástico del vestíbulo, uno de los guardias nos pidió que le siguiéramos. Sobre el suelo de la habitación donde habíamos cenado había dos colchones de espuma puestos uno junto al otro.

—Gracias —volví a decir—, quiero que sepáis que este es el primer contacto que Alberto tiene con el mundo árabe y estoy muy contenta de que vea esta faceta de su gente.

Sonrió satisfecho, asegurándome que el documento llegaría en la mañana. Cuando comenzaba a quedarme dormida, oí el sonido del fax y a los hombres exclamar que el visado de Alberto había sido aprobado.

* * *

—Le han concedido un permiso de solo tres días —se quejó uno de los oficiales superiores a la mañana siguiente—. Puede renovarlo, pero por tres días cada vez y solo en grandes ciudades como Latakia y Tartus en el sur.

Era miércoles treinta de octubre y el visado expiraba el primero de noviembre. Las oficinas gubernamentales estaban cerradas los viernes, el día sagrado de los musulmanes. Incluso si llegábamos a Latakia al día siguiente, el permiso expiraría antes de que pudiésemos siquiera iniciar la marcha.

Cuando Alberto y yo contemplábamos qué hacer, un hombre entró en el edificio y los guardias comenzaron a hablar con él. Hablaban en voz muy baja, y nos miraban de reojo. Finalmente, el hombre salió y el oficial se acercó a nosotros.

—Ese hombre es un conductor de autobús que os llevará a Latakia —dijo—. Cuando estéis allí, id a la oficina de pasaportes, preguntad por Ahmed y decidle que vais de mi parte. Él os ayudará.

El oficial, claramente contento, nos dio la mano y nos indicó que esperáramos el autobús. El resto de los guardias nos desearon lo mejor. El autobús nos llevó por estrechas carreteras de montaña, y fui consciente de lo difícil que habría sido caminar por ellas. Una hora más tarde, nos apeamos en el centro de la ciudad.

Aunque debería haberme sentido encantada de estar en un país en el que comprendía su idioma y su cultura, para mi sorpresa, me sentía extrañamente inquieta. Advertencias sobre la policía secreta siria, mezcladas con las terribles historias de tortura que había oído en mi infancia, se reproducían en mi mente, y eran alimentadas por las innumerables fotos y carteles, que poblaban la ciudad, del presidente Bashir Assad, y de su padre, Hafez Assad, conocido este último por la estricta rigidez de su régimen político.

Tampoco quería tener que renovar el visado de Alberto cada tres días y empezamos a considerar la posibilidad de coger otro autobús hasta la frontera libanesa. Al final acordamos que si solo le renovaban la visa por otros tres días tomaríamos el autobús. En cambio, si le concedían más tiempo, caminaríamos los escasos cien kilómetros que nos separaban de la frontera.

En la oficina de pasaportes, fuimos directamente al contacto que nos habían facilitado y le relatamos lo ocurrido.

—Haré lo que pueda para que le concedan un permiso de quince días —dijo—, pero es casi imposible ya que, cuando se otorga un visado, solo puede ser renovado, no emitido de nuevo.

Con su ayuda, completé la documentación necesaria, con la secreta esperanza de que no lo prolongaran.

En esos días de espera compramos cosas que nunca pensé que volveríamos a necesitar en este viaje: calcetines de lana, sudaderas y chaquetas ligeras. Los días aún eran calurosos, pero las noches eran cada vez más frías.

Muchos sirios se sentaban a menudo con nosotros a tomar té, curiosos por conocer a la pareja de forasteros. Más de una vez, expresaron sentimientos antisemitas cuya pasión sorprendió a Alberto, pero que yo estaba acostumbrada a oír. Le expliqué la pequeña historia que conocía sobre la región, en un intento de hacerle entender sus complejidades. No obstante, cuanto más hablaba, más insegura me sentía de la validez de nuestro mensaje. Había portado esta *paz* sobre mis hombros durante once meses, y ahora que estaba en la tierra que más necesitaba recibirla, vacilaba.

«¿Estoy siendo ingenua después de todo?», me pregunté. «¿Cuántos otros antes que yo han clamado este mensaje? ¿Y de qué ha servido? ¿Quién soy yo para pensar que puedo lograr que la gente piense de manera diferente?».

Mi dilema no produjo respuestas inmediatas y solo sirvió para aumentar mi creciente inquietud.

En el día señalado, regresamos a la oficina de extranjería, pero nuestro contacto no estaba allí, y nadie parecía saber nada del asunto. Aun así seguimos insistiendo, y tras tres horas de movernos de una oficina para otra y recoger más firmas y sellos, por fin, tuvimos en nuestras manos el nuevo visado de Alberto. El funcionario lo revisó varias veces antes de entregárnoslo, incapaz de comprender cómo nos habían otorgado un visado de quince días, a contar desde el día que entramos en Siria.

Esa noche, usamos el último pliego del papel amarillo que habíamos adquirido en Italia. Alberto recortó las letras del cartel que ahora llevaríamos: *min ajl al salam*, «por la paz», palabras que, en la caligrafía árabe, lucieron preciosas una vez que Alberto terminó con ellas.

El 3 de noviembre de 2002 partimos de Latakia, y nos dirigimos hacia el sur por la costa mediterránea.

Caminé con la mirada fija en el asfalto, tratando de reunir el coraje para enfrentarme al mundo con nuestro cartel, y nuestras creencias.

—¡*As salamu alaykum!* —gritó alguien.

Alcé la vista justo a tiempo para ver desaparecer la cara de un joven que se había asomado a la ventana de su coche con el brazo extendido formando con sus dedos la «V» de la paz. No debería haberlo necesitado. Debería haber sido capaz de sacar fuerzas de mis propias reservas, de mi propio convencimiento, pero aquel saludo cambió de forma asombrosa mi actitud en Siria.

Más coches tocaron el claxon mientras la gente agitaba sus manos como muestra de apoyo. Algunos incluso se detenían para llevarnos. Otros nos invitaban a descansar a la sombra, lejos del sol sofocante, y nos ofrecían refrigerios. Su gentileza y su acogida nos dejaron abrumados, no solo por su negativa a que pagásemos las bebidas o comidas que encargábamos, sino además por las repetidas invitaciones que recibíamos para pernoctar en sus casas. Incluso durante el Ramadán, el ayuno musulmán que comenzó ese año el cinco de noviembre, nos ofrecieron alimento y bebida mientras nuestros anfitriones se abstenían de tomarlo. Siempre asociaríamos nuestra estancia en Siria con su inolvidable hospitalidad.

A pesar de aquellas memorables experiencias, no estaba segura de si dejaba Siria más confiada que cuando entré en ella. Ahora nos adentrábamos en el Líbano, la tierra de mis ancestros, portando ideas de paz a una región presa del odio y los conflictos. No sabía si habría cabida para tan humilde mensaje en el que fue mi hogar, ni si serviría de algo. Cuando se comparaba con la magnitud del problema, nuestras intenciones y nuestro camino parecían insignificantes.

Había llevado este mensaje de paz por once países y enfrentado el rechazo y el ridículo, pero siempre habíamos continuado avanzando. Ahora, el rechazo de aquellos más cercanos a mí, de mi familia y mis paisanos, me aterrorizaba. Mi corazón creía en la verdad de estas palabras, pero no sabía si mi valor era lo bastante fuerte para guiar mis pasos.

48. De vuelta a casa

Entramos en el Líbano sin incidentes. Yo con mi documentación libanesa y Alberto con un visado que le permitía permanecer en el país hasta un máximo de tres meses. Era el 10 de noviembre de 2002 y llevábamos caminando casi un año.

Lo que más me sorprendió esa mañana fue la pobreza general que observamos a lo largo de nuestro recorrido: casas a medio construir, carreteras devastadas, y lo que nos pareció un gran campo de refugiados con tiendas de campaña pegadas unas a otras. Sabía que el país estaba reconstruyéndose tras la guerra civil, pero me pregunté por qué se demoraba tanto la recuperación en esta zona.

Pasamos la primera noche en la casa de una acogedora familia musulmana que compartió su comida de Ramadán con nosotros. Un joven miembro de la familia insistió en que visitáramos su instituto al día siguiente, y nos presentó a su director, que ya había sido informado de nuestro camino, y que, con suma amabilidad, se ofreció a mostrarnos la escuela.

—Como habéis podido ver a vuestro paso, esta es un área del Líbano muy empobrecida —dijo—. La mayoría de las personas que viven aquí son refugiados palestinos y chiitas. Estoy seguro de que habéis oído hablar de su brazo militar: *Hezbolá*. Los niños crecen viendo pocas posibilidades de futuro en un país donde se les recuerda constantemente que están gobernados por cristianos que realizan políticas de desarrollo solo para su colectivo. Sus líderes espirituales, los clérigos de la comunidad chiita, les hacen ver solo la injusticia y lo fútil de la esperanza al tiempo que siembran odio e intolerancia entre ellos. Aquí hacemos lo posible por mitigar esa influencia.

Entre tanto, jóvenes de ambos sexos pasaban por nuestro lado y nuestro anfitrión los saludaba por su nombre preguntándoles por su familia. Algunas de las muchachas cubrían su cabello con pañuelos, pero todas vestían con ropas modernas de estilo occidental. Su preocupación por los estudiantes era evidente, así como el respeto que ellos le profesaban.

—Nosotros les enseñamos oficios —continuó, y pasó a mostrarnos una clase con motores de vehículos y otra con aparatos y cableados eléctricos—. Aprenden a trabajar junto a personas cuyas ideas difieren de las suyas y a entablar amistad entre ellos. Aquí no hay cristianos o musulmanes, suníes o chiitas, pobres o ricos; solamente estudiantes, y todos son iguales.

Me sentí inspirada por el coraje y la tenacidad de este hombre, y admiré su determinación de continuar a pesar de la gran cantidad de probabilidades que pesaban en su contra. Aceptamos su invitación de quedarnos a pasar la noche en su casa y salir para mi pueblo, Kfarhazir, al día siguiente.

* * *

Distinguí el hogar de mi familia en la distancia y aminoré el paso. Estaba feliz de estar allí, pero me atormentaban incesantes dudas: «¿Qué pensará mi familia de Alberto? ¿Comenzará a hablar de magos y de magia con ellos? ¿Cómo le juzgarán? ¿Cómo me juzgarán a mí? ¿Debería decirles que estamos comprometidos? ¿Cómo voy a decírselo si todavía no se lo he dicho a mis padres?»

Abrí la puerta de la cocina. Yolla estaba lavando platos en el fregadero. Sus ojos se abrieron de par en par cuando me vio y comenzó a aplaudir y a gritar mi nombre mientras saltaba de alegría. Corrió a mi encuentro y casi me levantó del suelo con su poderoso abrazo. Sus ojos brillaban luminosos y llenos de energía, y su rostro mostraba un color saludable. No podía creer que fuera la misma mujer que había dejado atrás hacía solo ocho meses. El único indicio de su enfermedad era la ausencia de cabello a un lado de su cabeza.

—Este es Alberto —dije—. Está caminando conmigo a Jerusalén.

Le estreché la mano calurosamente y, entusiasmada, le dio la bienvenida con la palabra *welcome*, seguida de su homólogo árabe *ahla wa sahla*. Después, lo llevó hasta un banco para que se sentase y salió eufórica a la calle a llamar a nuestra vecina. En pocos minutos, la casa se llenó de gente y de buenos deseos. El café apareció por arte de magia y todos tomaron una pequeña taza para celebrar mi afortunado retorno.

Cuando el bullicio se calmó, Yolla comenzó a preparar la cena. Entonces, aproveché para mostrarle la vivienda a Alberto hasta que, finalmente, le conduje al apartamento de arriba.

—Creo que estarás cómodo aquí —dije disponiéndome a salir por la puerta.

—¿Qué quieres decir? —preguntó.

—Estaba pensando que te podías quedar en este piso mientras yo me quedo en la primera planta con mi familia —contesté incómoda. Alberto me miraba fijamente.

—Tienes miedo de hablarles de lo nuestro —me acusó. Miré al suelo sin poder ver mi cobardía reflejada en su cara.

—Lo siento. Simplemente, no puedo hacerlo.

—Por esa razón te has quitado el anillo —dijo con tristeza.

Había guardado la alianza justo antes de entrar en la casa, pero aún podía ver su huella en mi dedo bronceado. Sentí vergüenza por mi falta de coraje para hablar sobre algo tan hermoso, y por traicionar la confianza de Alberto y la mía propia. Sin saber que más decir, me di la vuelta y me fui, dejándole solo.

Los días pasaban dolorosamente lentos. Nadie preguntó sobre el tipo de relación que manteníamos, y yo no me extendí en el asunto, incluso cuando se presentaron oportunidades para hacerlo. Sin embargo, mi pesar no se debía solo al hecho de ocultar mis sentimientos hacia Alberto, sino a la mentira que sentía estar viviendo. Nuevamente, notaba que, por temor a la opinión de mi familia, mi actitud se mostraba de esa forma superficial que tanto me había esforzado en corregir. Estaba harta de oírme hablar sobre banalidades, pero no podía parar. Todos formulaban preguntas generales sobre nuestro viaje, pero nunca indagaban en las razones ni en la visión que nos inspiraba, y yo no podía evitar alegrarme de que así fuera. Podría haber iniciado yo la conversación, pero decidí permanecer en silencio, lo que reforzó aún más la impresión de estar traicionándome a mí misma.

Alberto fue acogido de buen grado, y empezó a participar en algunas labores familiares como la recogida y el prensado de aceitunas. Uno de mis primos le enseñó algunas palabras libanesas, de manera que, cuando las usaba, se hacía querer aún más por todos.

La actividad más memorable de aquellos días fue una visita a la tumba-museo de Khalil Gibran, el artista y poeta místico libanés, conocido mundialmente por su libro *El profeta*. Sus restos descansaban en una antigua cueva de una pintoresca aldea de las montañas del Líbano, donde numerosos ermitaños habían buscado refugio desde el siglo séptimo. Sus cartas personales y otras pertenencias se encontraban expuestas junto a su obra artística. Para Alberto fue una grata sorpresa descubrir que el autor de uno de sus textos favoritos también se expresaba a través de pinturas y dibujos, como él hacía, y se sintió aún más vinculado a la figura del célebre autor. Me alegré de verle disfrutar, y fui consciente de la tremenda paz que aquel lugar me inspiraba. Di las gracias a este gran profeta por aliviar mis preocupaciones, y por ofrecer su espiritualidad al mundo en vez de guardarla para sí; y le pedí ayuda para que, algún día, yo también fuera capaz de hacer lo mismo.

En la tienda de *suvenires*, la dependienta preguntó por nuestros nombres y respectivas nacionalidades.

—¿Alberto? —sonrió—. Tienes el mismo nombre que Khalil. «Alberto» es «Khalil» en español. Te llamas igual que el profeta.

Alberto le devolvió la sonrisa con satisfacción. Yo quería que sus recuerdos del Líbano estuviesen llenos de momentos como ese, para borrar así el dolor que mis temores habían producido. Alberto también se había quitado su anillo, y eso me había herido profundamente. Aquella marca en su dedo era un triste testimonio de que todavía me quedaba mucho camino por recorrer.

* * *

Una tarde, Yolla enfermó de fiebre, y los doctores temieron que se crearan complicaciones en su organismo ante las que no pudiera defenderse. La familia rezó fervientemente mientras que Alberto y yo acordamos en practicar nuestras meditaciones de sanación por separado. A la mañana siguiente, encontramos a Yolla sentada en su cama limándose las uñas. Nos saludó con alegría, y nos dijo que se sentía fantástica antes de apremiarnos para que fuésemos a desayunar. Alberto se sentó a mi lado, tarareando.

—Te veo muy contento —comenté.

—La pasada noche medité por tu tía —dijo con aire de secretismo—, y fue una de las visualizaciones más poderosas que jamás he hecho. Sentí cómo brotaba la energía de mis manos y de todo mi cuerpo. Vuelvo a estar en sintonía, Mony.

Arrimó su silla a la mía un poco más y prosiguió.

—También me di cuenta de algo importante: para hacer milagros, debo elegir lo que quiero y afianzarme en esa decisión sin temor a equivocarme. El miedo nos roba energía. Así que la pasada noche, le declaré al Universo que estaba preparado. No más miedo. No más condiciones. Solo confianza. Mi voluntad es la voluntad de Dios. Y, gracias a eso, mi meditación fue prodigiosa.

—¿Pero quién eres tú para decidir si se pondrá mejor? —interpuse—. Creo que eso es interferir en la vida de otra persona. No sabemos el propósito que tiene su alma con esta enfermedad.

—O puede que ampararse en la voluntad de Dios nos sirva como excusa para no arriesgarnos a cometer un error —respondió.

—No creo que me corresponda decidir si una persona debe vivir o no —repliqué—. En el trabajo de sanación, especialmente si no cuento con el permiso de esa persona, pienso que mi rol es ser un canal despejado para el amor. Lo que esa energía haga en su cuerpo y cómo se manifieste en su vida no depende de mí. Es la voluntad de Dios. Ese es el objetivo más elevado por el que debemos interesarnos.

—Pienso que, mientras mantengas a Dios en tu pensamiento, estás trabajando para ese elevado objetivo —contestó—. En ese estado, no estás solamente curando la enfermedad, sino transmitiendo tu intención de que la persona enferma despierte a esa conciencia sanadora que habita en lo más profundo de sí misma. Hay infinidad de estudios sobre pacientes por los que se ha rezado sin que lo supieran y se han recuperado. Creo que lo que importa es que confíes en la pureza de tu intención, y que no temas equivocarte.

—Sigo pensando que eso es jugar a ser Dios —contesté—. Todavía, si el paciente sabe lo que voy a hacer y lo permite, podría decir que mi voluntad es que sane porque ese es también su deseo. De esa manera, solo estaría aumentando su energía hasta que aprenda a hacerlo por sí mismo. Pero aun así, el resultado seguiría estando en las manos de Dios.

—Hasta que superes tu temor a ofender a Dios o a trasgredir su supuesta voluntad —dijo Alberto con contundencia—, siempre delegarás en un poder superior, en lugar de reclamar el auténtico poder divino que existe dentro de ti.

—En eso, Alberto, creo que jamás estaré de acuerdo contigo — concluí.

49. Territorio peligroso

21 de noviembre de 2002. Un año de camino, y el día en que le anuncié mi relación con Alberto a una de mis primas, sabiendo que llegaría a oídos de mi familia. No fue el paso audaz que hubiera preferido dar, pero al menos fue un paso significativo.

A pesar de la decepción de mis allegados, que insistían en que pasáramos la Navidad con ellos, continuamos nuestro viaje puesto que necesitábamos avanzar. La carretera nos llevó de vuelta a la costa, donde dejamos atrás Batroun y la histórica ciudad fenicia de Biblos, cuna del alfabeto original y una de las ciudades más antiguas del mundo que siempre ha estado habitada, y seguimos adelante hasta Jounieh, a las puertas de Beirut. Esa noche, una tormenta torrencial azotó el hotel donde nos alojábamos y, a la mañana siguiente, todavía arreciaba con gran fuerza.

—Practiquemos cómo detener la lluvia —sugirió Alberto.

Aunque unas semanas antes esa frase me habría alterado los nervios, ahora me oí a mí misma responder:

—¿Cómo lo hacemos?

—Te quiero —respondió Alberto con una amplia sonrisa—. Simplemente, haz lo que te resulte natural. Recuerda que eres una con los elementos, no estás separada de ellos. Deja que ese sentimiento te guíe.

Me llevó tiempo superar mi propio sentido del ridículo, pero finalmente lo conseguí, y comencé a repetir mentalmente las palabras: «Los elementos y yo somos uno». Recordé un pasaje de *El Alquimista* de Paolo Coelho en el que el joven Santiago hablaba con los elementos. Me cautivó entonces porque me pareció, por una parte, fantástico, y por otra, algo totalmente natural. Me imaginé a mí misma como Santiago, y dije las palabras que vinieron en esos momentos a mi mente.

«Hermano Viento, hermana Lluvia, vosotros y yo somos uno. Fuimos creados por la misma mano y estamos los dos viviendo la voluntad divina. Gracias por limpiar los suelos y por alimentar los campos. Gracias por barrer lo que está muerto y decadente, y refrescar el aire y la tierra. Estáis llevando a cabo la obra de Dios, estáis viviendo vuestro propósito. Yo también deseo hacerlo, y necesito vuestra ayuda para lograrlo».

Temblé ante la energía que recorrió mi cuerpo, sentía su poder, pero echaba de menos la sensación amorosa que normalmente lo acompañaba. No estaba segura de lo que ocurría, pero no me detuve; mi curiosidad me llevaba.

«Os pido que retengáis vuestra nutriente lluvia y vuestros vientos purificadores hasta que lleguemos a nuestro destino. Gracias».

—Mi voluntad es tu voluntad —oí pronunciar a Alberto en un tono grave, lleno de autoridad—. No tengo miedo a cometer un error. Tú y yo somos uno. Confío en la pureza de mis intenciones. Elijo las condiciones climáticas que nos permitan avanzar cómodamente, y completar nuestra misión de hoy. Mi voluntad es tu voluntad.

Cuando por fin abrí los ojos, vi cómo Alberto miraba apaciblemente por la ventana. El mar estaba turbulento, y el cielo, teñido de gris oscuro. Las ráfagas de lluvia caían de manera intermitente.

—Vámonos —anunció.

—Pero si aún sigue la tormenta —protesté.

—Fe —pronunció mientras preparaba su mochila.

Caminamos bajo una suave lluvia que no era lo suficientemente fuerte como para hacernos parar, pero tan persistente, que tenía que mantener mi cabeza inclinada hacia abajo. «Sabía que esto no iba a funcionar», pensé con menosprecio.

Casi de forma imperceptible, la lluvia comenzó a ceder y, en menos de media hora, cesó por completo. Las nubes oscuras empezaron a dispersarse hasta que el sol asomó de forma milagrosa.

—Eres una gran maga —bromeó Alberto.

—Probablemente todo sea obra tuya —respondí, sin saber cómo tomarme el asunto.

—No —afirmó—. Lo que pasa es que todavía no crees en ti misma.

* * *

Antes de la guerra, Beirut era una ciudad cosmopolita que fue descrita como el París de Oriente Medio, en donde distintas comunidades religiosas coexistían. La libertad y la tolerancia se celebraban. Pero la guerra civil reveló que la capital libanesa escondía profundos cismas bajo una capa de barniz. Una vez finalizada la guerra, quedaba por delante la ardua tarea de reconstruir la estructura emocional de esta ciudad, tanto como la física. El trabajo de edificación era evidente allá por donde pasábamos. Aunque ya había visitado la ciudad, volver a caminar por las calles de Beirut me sorprendió tanto como al desprevenido Alberto, por ser una de las ciudades más hermosas y avanzadas que habíamos recorrido en toda nuestra andadura. No obstante, me rondaba la duda de saber si sus heridas más profundas habían sanado o si tan solo se había construido sobre ellas.

La belleza de Beirut quedó atrás y la recién asfaltada autovía que pisábamos se transformó en una carretera demolida. Edificios a medio hacer, la mayoría sin pintar y con el cemento aún a la vista, ocupaban el paisaje a ambos lados de nuestro recorrido. Era difícil de creer que estábamos tan solo a unos kilómetros al sur de la moderna Beirut. Las miradas hasta ahora curiosas se habían tornado suspicaces. A aquellos que me miraban directamente, les saludada a la manera musulmana: *as-salam-alaykum*, pero no aguardaba su respuesta. La mayoría respondía de forma automática, pero podía sentir sus ojos clavados en mi nuca.

Aparecieron posters en el camino que reclamaban la muerte de los israelíes y sus aliados. La mayoría portaba el nombre de *Hezbolá*, que significa *El Partido de Dios*. Muchos de aquellos carteles mostraban a clérigos musulmanes denunciando la injusticia y llamando a las armas a hombres y mujeres para la liberación de sus hermanos palestinos. Me enfurecía el hecho de ver mezcladas la religión con la política de esta manera, pero también me hizo estremecer.

El radiante esplendor de Beirut hacía fácil olvidar que se trataba de una ciudad que casi había sido reducida a cenizas durante la guerra civil. Cuando estuvimos en el norte del Líbano, habíamos percibido la clara disparidad entre ricos y pobres o cristianos y musulmanes, pero ahora, a medida que nos acercábamos al sur, aún se hacía más evidente, y mucho más radicales las soluciones que se planteaban. Por primera vez, fui profundamente consciente de que mis pies hollaban tierras que habían sentido el tronar de los tanques en sus campos y bebido la sangre de inocentes. Mi temor se intensificaba a cada paso.

Paramos en una cafetería de la carretera para descansar, con nuestros letreros de cara a la gente. Dos hombres sentados en una mesa cercana nos echaban miradas y murmuraban claramente contrariados. Finalmente, uno de ellos se giró y, en perfecto inglés, gruñó:

—Id a hablarles de paz a los americanos, no a nosotros.

Me quedé helada ante el repentino arrebato de rabia. Los dos hombres parecían rondar los cuarenta y tantos años, y ambos compartían los rasgos oscuros típicos de los árabes. Uno de ellos vestía camiseta y vaqueros, pero el que habló lucía camisa y pantalones negros, y una corbata de color. Un reloj salpicado de diamantes brillaba en su muñeca con la luz del día.

—Nos estáis juzgando sin ni siquiera conocernos —contestó Alberto con serenidad—. Estaríamos encantados de sentarnos con vosotros y compartir nuestra historia.

Los hombres nos lanzaron duras miradas por un momento, y luego nos invitaron a su mesa. Tras las presentaciones, comenzamos a compartir la naturaleza de nuestro camino.

—No llevamos este cartel como un mensaje para los musulmanes —declaró Alberto, impresionándome con su confianza y franqueza—. Portamos un mensaje de paz para el mundo, basado en la búsqueda de la paz interior para poder recrearla después afuera.

Los hombres se mostraron de acuerdo, y adujeron que el Corán también hablaba de buscar la paz interior.

—Este conflicto no tiene nada que ver con la paz que podamos crear individualmente —insistió uno de ellos—, sino con la política y con las acciones de América que nos impiden esa paz. Somos gente pacífica. No deseamos el conflicto, pero no podemos quedarnos sentados de brazos cruzados mientras somos atacados en nuestros propios hogares.

Con los ojos húmedos de emoción, comenzó a describir masacres y otras atrocidades cometidas por los israelíes, los americanos y los libaneses cristianos contra la población chiita en su mayor parte.

—*Hezbolá* solo defiende nuestra tierra y a su gente —afirmó—. No son asesinos ni terroristas. Solo responden a las injusticias y al terrorismo cometido contra ellos. Son profesionales de todo tipo, bien educados y con buena formación. Fueron ellos y no la diplomacia la que expulsó a los americanos de aquí. Ellos repelen la fuerza con la fuerza.

Me encontraba en una encrucijada donde, por un lado, me enfrentaba a las creencias de mi juventud, y, por el otro, se abría la nueva senda que guiaba ahora mi vida. Creía profundamente que la paz comenzaba en nuestro interior, pero no sabía cómo extrapolar esta poderosa convicción al nivel de las naciones. ¿Qué palabras podrían servir de puente entre mi verdad y la suya? ¿Cómo podía hacer que este mensaje de paz interna cobrase sentido y viabilidad en la realidad de estos hombres? ¿Cómo podían mis experiencias personales resultarles relevantes?

—Damos poder a todo aquello contra lo que luchamos —dijo Alberto—. Comprendo por qué queréis usar la fuerza para detener la fuerza, pero ya no creo que esa sea la respuesta. Alguien dijo una vez que *el ojo por ojo deja ciegos a todos*. Mony y yo hemos vivido experiencias muy intensas en nuestro viaje, y en todas las situaciones en las que combatimos lo que no queríamos solo conseguimos fortalecerlo.

A continuación, Alberto compartió su experiencia personal en Turquía, y explicó cómo sus intentos de controlar y erradicar las situaciones difíciles, únicamente consiguieron acrecentarlas. Fue una conversación sincera y un intercambio que nunca hubiera imaginado posible con hombres que mantenían puntos de vista tan extremos. No estaba segura de si les habíamos hecho dudar sobre sus ideas y teorías conspirativas o sobre la necesidad de tomar acciones radicales, pero sí de que les habíamos influido a un nivel personal. Tenía la esperanza de que en algún momento de aquella conversación, el mensaje de paz hubiera depositado su propia simiente, y cumpliera su propósito de introducirse poco a poco en sus vidas. Nos incorporamos para irnos, y mencionamos nuestro entusiasmo ante nuestro próximo cruce fronterizo, por el que entraríamos en Israel para, finalmente, llegar a nuestro destino, Jerusalén.

—La frontera está cerrada —dijo uno de ellos—. No podréis cruzar. Si lo deseáis, podríamos haceros pasar a Israel. Conocemos gente en *Hezbolá* que os podría introducir a escondidas en el lado palestino sin problemas.

Le di las gracias por la generosa oferta, pero le respondí, con sutileza, que preferíamos cruzar legalmente. Nos dejaron sus números de teléfono por si necesitábamos ayuda en esta parte del país, y nos pidieron que orásemos por ellos en Jerusalén.

Entre otras cosas, nuestro último encuentro nos había hecho plantearnos la necesidad de cambiar el mensaje escrito de nuestras mochilas por uno más universal, uno que no se prestara a confusiones. Alberto y yo hablamos sobre ello y acordamos utilizar el símbolo de la paz: el círculo con cuatro líneas en su interior en forma de trípode. Cuando más tarde nos preguntaron si éramos americanos, decidimos no portar ningún mensaje, ya que parecía que cualquier cosa que lleváramos sería susceptible de ser malinterpretada.

Apresuramos nuestro paso y dejamos atrás las localidades costeras de Damour, Sidón y Tiro, adentrándonos cada vez más en territorio de *Hezbolá*. A veces, me sentía como si fuésemos dianas móviles cruzando aquellas áreas fuertemente militarizadas, sin saber a ciencia cierta quién era el enemigo. Conocimos a mucha gente y todos apoyaban nuestro camino y nuestras intenciones, y nos aseguraban que estábamos a salvo allí.

—*Hezbolá* no patrulla las calles disparando a personas indiscriminadamente —sentenció un joven palestino con el que entablamos cierta amistad—. Es verdad que su ala militar lleva a cabo ataques contra Israel, pero el resto son gente de gran influencia que son muy respetados aquí. Pedid ayuda y la recibiréis.

Mi percepción de *Hezbolá* estaba aún fuertemente sesgada, influida por la forma en que los presentaba la prensa internacional, pero estaba descubriendo un aspecto de ellos que jamás había considerado. No estaba de acuerdo con sus ataques militares ni con la forma en que mezclaban la religión y la política, pero decidí mantener la mente abierta por si se presentaba una ocasión en que necesitáramos su ayuda.

50. La última frontera

Una garita blanca. Barracones militares diseminados tras ella. Soldados por todas partes, metralletas colgadas al hombro.

—Este es —dije con entusiasmo—, nuestro último cruce.

—¡Alto! —ordenó el joven centinela con su fusil en ristre—. No pueden pasar por aquí.

Le expliqué en árabe que caminábamos por la paz y que queríamos cruzar a Israel. El joven soldado nos miró confundido, pero luego nos indicó con gestos que le siguiéramos al interior y llamó al capitán.

Nos dirigieron a lo que parecía un área de descanso cubierta con un techo de metal ondulado. Algunos soldados se congregaron allí y nos observaron con curiosidad. Bajo su atenta mirada, nos quitamos despacio las mochilas, las pusimos a nuestro lado, y nos sentamos en las sillas de plástico. «Ojalá tuviéramos ahora nuestro cartel en árabe», me dije con pesar.

Un hombre grande de rasgos oscuros y vestido de civil se acercó a través del lodo. Le seguía de cerca otro individuo más delgado, vestido de uniforme. El más robusto se presentó como el capitán. Sus formas eran abiertas y amistosas; sus ojos, intensos y suspicaces. El uniformado se sentó junto a él.

—¿Cómo puedo ayudaros? —preguntó en francés. El soldado traducía sus palabras al inglés.

Una vez oída nuestra petición, el capitán echó su cabeza hacia atrás y rio con ganas.

—Eso no es posible —dijo.

—Compréndalo —intentó Alberto—. Este mensaje ha cruzado todas las fronteras por las que hemos pasado. No se trata de que nosotros pasemos al otro lado, sino de que lo haga el mensaje de paz.

La sonrisa se esfumó y el capitán nos miró ahora de una manera que, hacía tiempo, habíamos llegado a reconocer como un signo de que habíamos roto el hielo y estábamos llegando hasta él. Pidió a un soldado que trajera un poco de café, y a nosotros que esperásemos mientras llamaba a sus superiores en Beirut. Sonreí sintiéndome más esperanzada. El soldado nos trajo una cafetera y nos animó a que nos sirviésemos, pero rechazamos su oferta con educación y esperamos al capitán.

—Han rehusado vuestro requerimiento —anunció con pesar—. La frontera está físicamente cerrada con minas de tierra, alambradas y barricadas de cemento. Si hubieseis venido unos meses antes puede que hubiera sido posible cruzar en un coche de las Naciones Unidas, pero ahora ni siquiera ellos pueden hacerlo. Es imposible. Lo siento. Esas son mis órdenes.

Traté de no mostrar mi decepción y, en árabe, expliqué que era libanesa. Un audible rumor recorrió el campamento y pronto nuestra improvisada choza se vio llena de soldados. Uno de los hombres estaba justo en mi línea de visión, y su camiseta mostraba el dibujo de una gran águila que volaba majestuosamente. Comprendí la señal de que aquel momento era importante y compartí con ellos la naturaleza de nuestro peregrinaje, nuestras creencias sobre la paz y lo que habíamos aprendido en el camino. También Alberto habló con sinceridad y convicción mientras yo traducía sus palabras. Yo no dejaba de mirar al águila, extrayendo coraje de ella cuando sentía que el mío me fallaba. Aquellos hombres escucharon con atención y quedaron, como otros antes que ellos, sorprendidos de que no tuviéramos patrocinadores ni políticos ni religiosos, y que solo fuéramos dos personas corrientes tratando de hacer algo constructivo por la paz.

—Lo único que os puedo aconsejar —dijo el capitán—, es que os dirijáis hacia el este por las montañas, entréis en Siria y luego paséis a Jordania. Desde allí no tendréis ningún problema para llegar a Palestina.

No tenía un mapa frente a mí, pero sabía que lo que estaba sugiriendo significaba al menos quinientos kilómetros más por terreno montañoso cuando Jerusalén estaba frente a nosotros, a menos de doscientos.

—No podría caminar otro mes más —respondí comenzando a sentirme frustrada—. Estamos cansados también.

Un murmullo de comprensión se oyó entre la multitud.

—Entonces, la alternativa que se me ocurre —ofreció— es que habléis con la FPNUL, la Fuerza Provisional de las Naciones Unidas en el Líbano. En raras ocasiones y bajo situaciones extremas, cruza la frontera para reunirse con oficiales israelíes.

Sentí saltar de alegría mi corazón. No era imposible después de todo; sino meramente difícil. Le dimos las gracias y nos levantamos dispuestos para partir. El capitán tomó mis manos en las suyas. Su mirada era tierna, casi paternal.

—Por favor, rezad por mí en Jerusalén —dijo con sentimiento.

Le prometí que lo haría mientras contenía las lágrimas que comenzaban a brotar, y añadí mentalmente su nombre a la larga lista que llevaba conmigo para esa tarea. Después señaló a un hombre que estaba junto a un coche, y añadió:

—Este hombre es un taxista que os va a llevar a la oficina de la FPNUL en Tiro. El viaje ya está pagado.

Le dimos la mano una vez más y, ante los buenos deseos de los soldados, subimos al taxi. Me sentía tremendamente optimista. No habíamos cruzado todavía la frontera, pero habíamos tocado el corazón de un grupo de personas en este encuentro y esperaba, aunque fuese de forma sutil, haber sembrado en ellas y en aquella zona la energía de la paz.

El personal de las Naciones Unidas se comportó de forma extraordinaria con nosotros. Llamaron en nuestro nombre a la oficina del general que tenía que autorizar nuestro traspaso, y nos procuraron los datos de quienes podrían ayudarnos, incluido un alto funcionario de la embajada española llamado Alejandro, que estuvo de acuerdo en vernos en Beirut al día siguiente.

—Intentaré que os reciba el propio general —prometió Alejandro—, pero no os hagáis muchas ilusiones. Es un hombre difícil de consultar y mucho más de convencer. Os llamaré cuando tenga noticias.

Cuando Alejandro llamó tres días más tarde fue para decirnos que seguía insistiendo, y nos facilitó un contacto en la embajada canadiense y otro de la oficina del embajador del Vaticano. Les llamamos, pero ambos nos respondieron de igual forma, como si tuviesen la respuesta programada de antemano. Llamamos incluso a fray Ante, que también conocía gente en Beirut, pero tampoco pudo ayudarnos.

Los días en la capital libanesa pasaron lentamente. Las señales continuaban animándonos a perseverar, pero era difícil. Nuestra confianza iba y venía con cada llamada de Alejandro, que poco a poco iba agotando sus recursos. Supliqué al Universo para que nos mostrase una señal clara sobre cómo proceder, pero tan solo obtuve silencio por respuesta, lo que aumentó mi grado de frustración.

Nuestras emociones estaban trastornadas. Con frecuencia, nos había ocurrido en nuestro viaje que, cuando uno se sentía deprimido, el otro se encontraba pleno de confianza; lo que resultaba muy beneficioso a la hora de tomar decisiones importantes. Pero aquellos días estábamos los dos confundidos, sin saber lo que el camino de la paz deseaba que hiciéramos. ¿Nos quedábamos más tiempo y seguíamos llamando a otras puertas o buscábamos otro modo de entrar en Israel? Las señales indicaban que nos quedásemos, pero empezamos a dudar de nuestra habilidad para interpretarlas.

Para mantener nuestro enfoque en el camino, compramos dos chaquetas finas impermeables y una mochila pequeña para acomodar la ropa más voluminosa que ahora vestíamos. Enviamos emails a nuestras amistades, pidiéndoles la ayuda o consejos que pudieran ofrecernos. Junto con las muchas respuestas de apoyo, mi amiga Johanna, la peregrina holandesa, respondió: «Ese es el trabajo de la paz. El mensaje está llegando e influyendo a la gente en maneras que no podéis imaginar. Es el proceso de la paz lo que importa, no simplemente el resultado. Tened paciencia y nunca perdáis la esperanza».

Decidí intentarlo y realizar esta labor con el mismo amor y energía que le había dedicado en un principio.

—He estado reflexionando sobre la razón por la que no terminamos de cruzar esta frontera —comentó Alberto una tarde en nuestro cuarto—. Me recuerda a unos amigos míos que durante años intentaron tener un hijo. Utilizaron todos los tratamientos posibles sin ningún éxito. Llegaron a sentirse tan estresados y miserables que, por último, decidieron dejar de intentarlo y optar por ser felices en su simple relación de pareja. Dos meses después, ella se quedó embarazada.

—Cuando se relajaron, la naturaleza pudo al fin hacer su trabajo — añadí, familiarizada con varios casos de amistades que habían pasado por un proceso similar.

—Exacto —coincidió Alberto—. Quizá la magia nos está fallando por la misma razón. ¿Es posible que para manifestar un deseo debamos amarlo y disfrutar de él en cada momento de su proceso, en vez de verlo como una obligación o como una prueba de nuestras habilidades? ¿No será que la magia, como la concepción de una vida, es algo que fluye de manera natural, pero se obstruye cuando la forzamos o hacemos que nuestro valor personal dependa de sus resultados? Tal vez solo tengamos que relajarnos y confiar.

—Puede que sea cierto —medité—, pero creo que existe una razón más elevada por la que estamos experimentando estos obstáculos. No creo que todo dependa de nosotros. Hay otra mano ejerciendo su influencia aquí.

—¿Por qué no pueden ser las dos cosas? —cuestionó Alberto—. Realmente, creo que podemos cruzar a pie esa frontera, pero las dudas y la presión que ejercemos sobre nosotros están minando nuestra alegría e impidiendo que suceda. Mira todas las posibilidades que se siguen presentando cada día. Tengo la sensación de que nuestra fe ha creado todas esas probabilidades y las señales que las apoyan; pero nuestras dudas e inseguridades han cerrado después sus puertas.

«Desde luego que todo no depende de nosotros», reflexioné. «Qué solitario sería el camino si así fuese. Estoy aquí porque me sentí guiada. Señales y coincidencias me trajeron a este camino. Luego tomé la decisión de transitarlo. Lo que Alberto está sugiriendo es lo contrario, que una vez tomada, las señales apoyan mi decisión y me guían hacia ella. No sé ya en qué creer».

—¿De todos modos, por qué nos apegamos tanto a un determinado resultado? —continuó Alberto—. En realidad, ¿por qué nos aferramos a cualquier resultado en esta vida? ¿Qué hay que sea tan importante o fundamental? Si realmente creemos que somos almas en tránsito que hemos venido aquí para crecer y para amar, si realmente creemos que la vida es solo una ilusión, un sueño, un teatro para el alma como en la película *Matrix*, entonces, ¿por qué nos lo tomamos todo con tanta seriedad en vez de vivir sin miedo, con plenitud y alegría?

No respondí y, ausente, encendí la televisión. Para mi sorpresa, la palabra «Matrix» llenó la pantalla, anunciando el inminente comienzo de la película.

«¿Significa esto que Alberto tiene razón? —sopesé—. ¿Está tan descaminada la base de mis creencias?»

Aquella noche vi la película sintiéndome inquieta y confundida como nunca antes.

* * *

13 de diciembre de 2002. Llevábamos en Beirut diez días. Alejandro llamó para confirmar que nuestra petición de reunirnos en persona con el general había sido rechazada y que, si persistíamos en nuestros esfuerzos por cruzar la frontera, nos arrestarían.

Deambulamos por la ciudad durante largo tiempo tratando de decidir qué hacer a continuación. Pasamos frente una agencia de viajes y nos detuvimos. Fingimos leer las ofertas promocionales pero, en verdad, aguardábamos una señal definitiva que nos guiara. El milagro que tan desesperadamente ansiábamos, el mensaje del Universo que nos marcaría el camino, jamás llegó. Finalmente, entramos en la agencia y, tras informarnos de nuestras posibilidades, adquirimos unos billetes de avión para Chipre. Desde allí volaríamos a Tel Aviv. Al salir, nos fijamos en un póster que había en la puerta que, curiosamente, no vimos al entrar. Ambos nos sentimos atraídos por sus palabras: «Mundo de opciones».

—¿Crees que hemos tomado la decisión correcta? —pregunté.

—No lo sé —respondió Alberto—. Esa señal parece indicar que cualquier decisión que tomemos será correcta. Tengo que reflexionar sobre ello, pero no en este momento. Ha llegado la hora de movernos.

51. El fracaso de los magos

Aterrizamos en el aeropuerto de Chipre, tras un corto vuelo de cuarenta minutos. Alberto me dejó un momento para pedir nuestros desayunos en la cafetería principal, y volvió enseguida con el entrecejo fruncido.

—¿Qué pasó? —pregunté.

—Nada —se limitó a decir—. Dos chicas ignorantes que al tomar mi pedido se burlaron por que no pronuncié la palabra «cruasán» correctamente. Y estúpido de mí, les pedí disculpas por mi pobre inglés, en vez de hacer caso omiso de ellas.

—No dejes que eso te afecte —dije, para restarle importancia—. En todas partes hay gente ignorante.

—No. Yo soy el estúpido por sentirme avergonzado y excusarme sin razón para ello —respondió enfadado—. Estoy comprobando que los recientes acontecimientos en Beirut han dañado mi confianza más de lo que suponía. Pensaba que podríamos cruzar la frontera y, al no conseguirlo, me siento ahora como un fracasado, aun cuando sé que no lo soy. No sé por qué todavía me acosan a veces estos sentimientos. Por más que intento superarlos, aparecen justo cuando menos lo espero.

Terminamos de tomarnos el café y fuimos a la zona aduanera. Alberto se colocó en la fila de la Unión Europea y yo en la de *otros visitantes*. De repente, vi cómo un funcionario de aduanas que se había parado a hablar con él salía disparado hacia su cabina mientras le hacía furiosos gestos para que lo siguiese. Alberto me miró y encogió los hombros, confundido, mientras desaparecía de mi vista. Yo quería acercarme, pero había dos personas delante de mí y no quedaban más cabinas abiertas. Esperé mi turno con ansiedad.

Una vez sellado mi pasaporte, salí disparada en busca de Alberto. A través de la ventana de la pequeña oficina lo vi sentado en una mesa frente a un hombre que le gritaba mientras gesticulaba vivamente. Alberto intentaba hablar, pero el hombre lo interrumpía constantemente. El cuerpo de Alberto estaba rígido y su cara encendida. Ese hombre trataba claramente de intimidarle y por alguna razón, lo estaba consiguiendo. Llamé a la ventana de cristal y entré en la habitación sin esperar una respuesta.

—¡Ella puede explicárselo! —gritó Alberto, la rabia ahogaba su voz.

—¡¿Quiénes son ustedes?! —gritó el oficial con un marcado acento.

—Ya le he dicho que somos peregrinos caminando por la paz —dijo Alberto enfadado.

—¿Qué es lo que hacen ustedes por la paz? —se burló— ¿Para qué clase de paz trabajan? ¿Qué es lo que pretenden hacer aquí?

—Estamos caminando por la paz, no trabajando por la paz —respondí con calma—. Alberto extendió su palma frente al hombre y caminó con los dedos de la otra mano sobre ella.

—Entonces, si están caminando, ¿por qué tienen esos sellos turcos de Chipre en sus pasaportes? —exigió, mientras apuntaba al pasaporte abierto de Alberto. ¿No se dan cuenta de que los turcos ocupan tierras que son griegas por derecho?

—Somos peregrinos —expliqué despacio, al tiempo que subía las manos frente a mí en un gesto para que se calmase. Mi corazón palpitaba nervioso en mi pecho—. Comenzamos en Roma y ahora vamos a Jerusalén. Nuestras visas expiraron en Turquía y nos aconsejaron que fuésemos a Chipre a renovarlas.

—Eso es lo que estaba tratando de explicarle —dijo Alberto furioso—, pero ni siquiera me ha dado la oportunidad de hacerlo. No quería escuchar. Usted no tiene derecho a hablarle a la gente de esa manera.

—Oye, cálmate —le ordené en español, mirándole intensamente a los ojos.

—¿Cómo sé que son peregrinos? —preguntó el oficial—. ¿Quién me asegura que no son espías? ¿Qué pruebas tienen de ello?

Con lentitud saqué la carta de fray Ante y le mostré los sellos que habíamos recibido en Croacia y Macedonia. Saqué mi pasaporte y le mostré los sellos de todos los países en los que habíamos entrado, señalando las fechas para corroborar nuestra historia. El hombre miró el pasaporte de Alberto y luego el mío para ver si coincidían las fechas.

—¿Y para qué estáis en Chipre? —dijo en un tono duro, aunque la ira había disminuido.

—Tratamos de cruzar la frontera en el Líbano —continué con calma—. De la única manera que podíamos llegar a Israel era con un vuelo desde aquí a Tel Aviv.

El hombre asintió con la cabeza, su expresión todavía era severa. Abrió un cajón y sacó un sello y un tampón de tinta.

—Ese Chipre turco no existe —declaró, mojando el selló en la tinta y estampándolo varias veces en nuestros pasaportes—. No son una nación y no tienen derecho a sellar ningún pasaporte.

Le expliqué que no teníamos idea de este conflicto y que ciertamente no queríamos ofenderle a él ni a nadie. El hombre anduvo hasta la puerta y la abrió para dejarnos marchar.

—Bienvenidos a Chipre —dijo con educación, devolviéndonos nuestros pasaportes.

—Adiós —gruñó Alberto y se alejó echando chispas. Le di las gracias al hombre y corrí tras él.

—¡No puedo creerlo! —exclamó—. ¡Este es exactamente el tipo de actitud que crea las guerras y la violencia en este mundo! ¡No quería escuchar ni comprender! ¡Solo pretendía intimidarme, y lo consiguió, maldita sea!

Callada, le seguí el paso hasta que se detuvo bruscamente. Abrió su pasaporte y en el mismo tono enojado me lo puso enfrente de la cara.

—¡Mira esto! —dijo, a la par que señalaba una de las páginas. Encima del sello del Chipre turco sobresalía la palabra «CANCELADO» en grandes letras de color rojo. Miré al mío y encontré lo mismo.

—¿Qué derecho tiene para hacer algo así? —protestó—. Estoy en la Comunidad Europea donde debería sentirme más que bienvenido y es precisamente aquí donde he recibido el peor trato de todo mi viaje.

Echó a andar hacia adelante otra vez y yo le seguí hasta que nos quedamos sin más aeropuerto que recorrer.

—Tenemos que conseguir nuestros billetes para Tel Aviv —dije con suavidad.

Se detuvo un momento y me miró, pero no estaba segura de si me veía. En una de las agencias reservamos el primer vuelo que pudimos encontrar, pero no salía hasta dentro de quince horas. Regresamos a la cafetería y nos sentamos en una mesa del rincón, lejos de miradas curiosas. No había palabras para apaciguar a Alberto, así que le dejé a solas y paseé por mi cuenta, sintiéndome ocasionalmente observada por los guardas de seguridad, que trataban de ser discretos sin conseguirlo. Volví un rato más tarde y lo encontré escribiendo en su diario. Cuando por fin levantó la mirada, sus ojos se veían cargados de tristeza.

—Traté de explicarme ante ese hombre furioso con mi escaso inglés, pero no me dejaba —susurró Alberto—, y cuando tuve ocasión de abrir la boca no pude encontrar las palabras adecuadas. Mi mente se quedó en blanco y noté que me temblaban las manos. Sentí una profunda sensación de injusticia e impotencia al no ser capaz de expresarme.

Su rostro reflejaba ahora su tortura interior.

—Tenía que ocurrir esto justo cuando intentaba levantarme y recuperar mi confianza. ¿Qué hice mal? No desconfié de nadie esta vez. ¿Por qué tuvo que pasarme esto a mí?

—No lo sé —traté de calmarle. Me partía el corazón verlo sufrir.

—Creo que lo peor de todo fue cuando vi temblar mis manos —continuó, mientras las observaba—, y saber que él también lo vio. En ese momento, Alberto el peregrino, el mago, desapareció como si nunca hubiese existido y, en su lugar, solo quedó la penosa imagen de un niño asustado.

Sus húmedos ojos capturaron los míos de nuevo.

—Qué fácil resulta olvidar —concluyó, descansando su cabeza sobre la mesa.

Las horas siguientes hasta que abordamos nuestro vuelo parecieron interminables. Había sido un día turbulento que remataba a la perfección una semana emocionalmente agotadora. Había esperado llegar a Israel llena de luz y energía, pero pocas veces antes me había sentido tan derrotada.

310

Alberto, en cambio, parecía estar de mejor humor y al preguntarle a qué se debía, simplemente dijo:

—Si no puedo amar el lobo que veo en mí, ¿cómo podré jamás amar el lobo en los demás?

52. Tierra Santa, un camino interior

—Síganme, por favor —dijo la oficial de aduanas en inglés, tomando nuestros documentos. Mi corazón se aceleró. Amigos que habían visitado Israel nos habían advertido de que las fuerzas de seguridad israelíes no nos permitirían entrar si veían sellos de Siria o el Líbano en nuestros pasaportes.

Seguimos a la oficial a través del amplio y moderno aeropuerto que, a esa avanzada hora de la noche, estaba lleno de viajeros. Nos detuvimos en una oficina cercana y llamó a la puerta. Dos jóvenes mujeres que no tendrían más de veinticinco años, vestidas con uniformes militares, nos abrieron. La oficial que nos acompañaba les entregó nuestros pasaportes mientras intercambiaban unas palabras y, después, se fue.

Entramos en un sobrio espacio amueblado con un escritorio de metal y varias sillas. Hojearon nuestros documentos, y examinaron cada sello. Pensé que el corazón iba a salirme por la boca, pero traté de mantener la calma.

—¿Por qué están aquí? —preguntó una de ellas en un tono profesional.

Me tembló la voz, pero enseguida se recuperó al ver cómo sonreían ante mi explicación. Cuando les contamos que habían impedido nuestra entrada en la frontera libanesa, se mostraron extrañadas.

—No entiendo por qué no les dejaron cruzar —dijo una—. No tenemos problemas con que ustedes entren en nuestro país.

Había asumido desde un principio que serían los israelíes quienes no nos permitirían entrar, jamás pensé que serían mis compatriotas los que me pondrían obstáculos para salir. Me pregunté qué otros malentendidos me quedaban por desvelar.

Las jóvenes fueron respetuosas y, aunque pasamos bastante tiempo en su compañía, no estaba segura de haberles llegado al corazón. Sentí el cansancio en ellas, tal vez de escuchar a demasiada gente hablar sobre la paz.

El 15 de diciembre de 2002 entramos oficialmente en el estado de Israel con un visado de tres meses. Las mujeres nos guiaron a un kiosco de información y turismo donde obtuvimos un mapa del país y los horarios ferroviarios. De la larga lista de alojamientos disponibles, elegimos uno al azar, y reservamos una habitación. A continuación, pasamos por más controles de seguridad hasta que finalmente salimos del aeropuerto. La noche de Tel Aviv era húmeda y gris, sin embargo, nuestro entusiasmo prometía un amanecer colmado de esperanzas. Por fin habíamos llegado.

* * *

A la mañana siguiente, tomamos un taxi rumbo a la estación de tren. Nuestro destino era Haifa, la ciudad más al norte del país, a unos cuarenta kilómetros de la frontera libanesa, desde donde comenzaríamos a caminar por Israel. El mensaje de la paz no cruzó la frontera, pero llegaría tan cerca de ella como le fuese posible.

Lo que más me llamó la atención de Tel Aviv fue su verdor. Siempre había imaginado a Israel como un gran desierto y me sorprendió descubrir sus cuidados jardines entre amplias avenidas y modernos edificios. Las multitudes y el tráfico me recordaron a cualquier gran ciudad occidental. No obstante, los numerosos jóvenes, hombres y mujeres, con metralletas colgadas a sus espaldas, desmintieron muy pronto aquella primera impresión. La mayoría parecían estudiantes que habían sustituidos sus mochilas por fusiles. Muchos vestían uniformes militares, pero la gran mayoría llevaba ropa de calle.

Solo había conocido el rostro palestino del conflicto y su sufrimiento. Por primera vez, mientras observaba desde la ventana trasera de nuestro taxi, me paré a pensar en cómo este conflicto estaría afectando al pueblo israelí. Me pregunté seriamente cómo sería vivir aterrorizados todos los días, sin saber si el próximo autobús que tomasen o el coche con el que se fuesen a cruzar, iría a explotar. Empecé a comprender su miedo y, por primera vez en mi vida, sentí una profunda empatía hacia ellos.

—¿De dónde sois? —preguntó el taxista.

313

Se lo explicamos brevemente. Nos miró por encima del hombro y se rio.

—Sois unos ingenuos —dijo, moviendo la cabeza—. Los palestinos no quieren la paz, solo quieren vernos muertos.

—Seguro que no todos los palestinos, ¿no le parece? —le pregunté.

—Los radicales son el verdadero problema —afirmó—. No se puede negociar con ellos. Es todo o nada. Queremos vivir en paz, pero no descansarán hasta que desaparezcamos del mapa. La única solución es acabar con todos los extremistas.

La intensidad de su respuesta me cortó la respiración.

—¿De verdad piensa que el conflicto terminará si exterminan a esas minorías? —preguntó Alberto.

El hombre no contestó ni se giró. Condujo en silencio, su mandíbula rígida y sus ojos fijos en la calzada. No obstante, cuando llegamos a la estación de tren, nos sorprendió al desearnos un feliz viaje, e incluso nos ayudó a colgarnos nuestras mochilas.

Tomé asiento en nuestro vagón, hipnotizada por la cantidad de gente que portaba metralletas. Nunca había visto un arma tan de cerca. Parecía casi un juguete. Sin embargo, sentada tan próxima a ellas no me creía más protegida. De hecho, cuanto más transcurría el tiempo, más insegura comencé a sentirme. Ninguno de aquellos muchachos y muchachas miraba alrededor con nerviosismo ni parecía estar a la caza de terroristas. Leían sus libros y periódicos, miraban distraídamente al exterior, o se quedaban dormidos durante el trayecto. La escena podía haber sido tomada en cualquier ferrocarril de Europa o Norteamérica. Yo echaba una mirada nerviosa a todo el que subía a nuestro vagón, preguntándome si serían terroristas. Todo el mundo era sospechoso. Empecé a sentir claustrofobia y deseaba salir de allí lo antes posible. Expresé mis miedos a Alberto en español.

—No creo que hayamos caminado casi cinco mil kilómetros para saltar por los aires en un tren —dijo—. Y si así fuera, supongo que habríamos acabado nuestro trabajo y sería hora de marcharse.

A veces era un incordio que estuviera tan en lo cierto.

Aparté mi vista de las armas y de la gente, y la enfoqué en el fugaz paisaje. Cuando llegamos a Haifa, ya estaba más relajada, pero salí a toda prisa de la estación. En el taxi que nos llevaba al hostal, el amistoso conductor apoyó con entusiasmo nuestro camino.

—Vuestro mensaje de paz será bien recibido —nos aseguró—. No tengáis miedo. Id a Jerusalén. Aquí estáis a salvo.

Era mi primer día en Israel, esta *tierra santa* por la que había caminado tanto y por tan largo tiempo. Había sido testigo de hechos que desafiaban mi preconcebida opinión sobre Israel y su gente, y revelaban mis prejuicios. Ya no estaba tan segura de que los palestinos fueran los más perjudicados en este conflicto, ni podía calificar de irracional la actitud de los israelíes por más tiempo. La gente más agresiva que había conocido, casi siempre albergaba profundos temores, generalmente, el miedo a la pérdida. Era fácil ver cuánto tenían que perder los israelíes; no solo tierras, sino un sueño que les había traído aquí a través de los siglos. Era fácil entender su deseo de defenderse a toda costa.

—¿Crees que deberíamos llevar los letreros? —pregunté a Alberto.

—No estoy seguro.

—Yo tampoco —añadí—. Ya no sé distinguir entre lo que está bien y lo que está mal. Siento una gran pesadez en mi alma y deseos de llorar en un momento que debería estar celebrando. Cuando empecé a caminar, solo quería pregonar el mensaje de paz a los cuatro vientos. Ahora que estoy aquí, noto mi voz debilitada y disminuida mi certeza. Siento la necesidad de escuchar más que de hablar, y de caminar en silencio. También estoy nerviosa. Este es un lugar impregnado de dolor y no sé cómo será recibido nuestro mensaje.

—Yo también tengo mis dudas —respondió Alberto—. Las emociones son poderosas aquí, pero por encima de eso, siento la necesidad de reflexionar sobre mi viaje, y prefiero caminar solamente para mí.

Estuvimos de acuerdo en continuar sin el mensaje y estar abiertos a la posibilidad de volver a llevarlo. Por ahora, el camino exterior por la paz cedería su paso al interior.

* * *

El 17 de diciembre de 2002, tras más de dos semanas sin caminar, emprendimos nuestros primeros pasos en Israel, partiendo de Haifa. Abandonamos la ciudad fácilmente y nos dejamos llevar por la autovía que bordeaba la costa. Atrajimos muchas miradas, pero sin nuestros carteles, solo éramos dos extraños personajes que caminaban por el arcén de la carretera. Nadie habló con nosotros. Nadie se detuvo a hacerlo. Tuvimos toda la tranquilidad que podía ofrecernos una vía tan transitada como aquella.

Dondequiera que íbamos, las fuertes medidas de seguridad no pasaban desapercibidas, y teníamos que atravesar escáneres y puestos de control a menudo, incluso en lugares tan comunes o populares como McDonald's.

Nos quedamos esa noche en un albergue juvenil, en Tirat Carmel, y continuamos hacia el sur al día siguiente en dirección a Zikhron Ya'akov. El verde dominaba el paisaje y, junto con el aire fresco, convertía el paseo en una delicia. Llegamos al cruce que nos llevaría hasta el pueblo, y nos desanimó comprobar que se encontraba a cinco kilómetros colina arriba, lejos de la carretera principal. Alberto mencionó que estaba recibiendo señales para que prestáramos atención. Nos quedamos en la parada del autobús y esperamos. A los pocos minutos, se detuvo a nuestro lado un pequeño automóvil en el que viajaba una joven pareja.

—¿Queréis que os llevemos arriba? —El conductor, que tendría unos veintitantos años, había preguntado en inglés, y aceptamos de inmediato. Tras colocar las mochilas en el maletero, entramos en el coche y nos presentamos.

—Ah, sois de España —dijo el joven llamado Dvir en español, y a continuación nos explicó que había recorrido con su mochila toda América central y Sudamérica, y que por ese motivo había reconocido el acento de Alberto fácilmente.

—Paré porque pensé que erais mochileros —exclamó cuando le dijimos que habíamos caminado desde Roma—. Con vuestra llamativa ropa blanca, imaginé que poca gente se detendría.

Entre risas, volvimos a explicar nuestro accidente con la lejía a Dvir, este hombre amable con el que nos sentimos a gusto de inmediato, y aceptamos la invitación de conocer a su familia esa misma noche.

A la hora señalada, Dvir nos recogió en la entrada de nuestro hostal y recorrimos en su coche la corta distancia que nos separaba de su casa. Allí conocimos a su encantadora esposa Anat y a su hijo pequeño. Nos encantó saber que eran profesores de yoga y que incluso habían viajado por la India cuando Anat estaba embarazada. Sentí que nuestros compañeros de conversación eran buscadores como nosotros, exploradores en el camino del autodescubrimiento; así que no nos sorprendió que compartiésemos una concepción similar y abierta de la espiritualidad.

—¿Cómo podéis vivir vuestras libres creencias en un país tan sumido en la religión? —pregunté.

—No creáis todo lo que se afirma de Israel —declaró Anat—. Hay un creciente movimiento en este país, pero permanece soterrado por ahora. Está compuesto por buscadores como nosotros, que desafían las creencias tradicionales y apuestan por una nueva conciencia basada en la apertura, la tolerancia y, sobre todo, el amor. Están yendo más allá de las religiones para encontrar lo que nos une en lugar de lo que nos separa. No sois los únicos que pensáis así, y no es tan insensato como os parece mostrar vuestro mensaje de paz aquí. No estáis solos.

Aunque habíamos acordado no llevar el cartel expuesto en la mochila, el encuentro con la joven pareja nos hizo cambiar de idea. Vimos una oportunidad para unir nuestras voces a las de aquellos que estaban instaurando una nueva era, así como nuevos cimientos para la paz. Nuestro mensaje proclamaría una sola palabra: «Paz», escrita en las tres lenguas del lugar: inglés, árabe y hebreo. *Peace, Salam y Shalom* compartirían ahora el mismo espacio en nuestra mochila.

Cuando la noche tocaba a su fin, Dvir mencionó que su familia poseía un apartamento en Jerusalén y nos ofreció que nos alojásemos allí mientras se hallaban fuera de la ciudad. Aceptamos con mucho gusto sintiendo una vez más la magia del camino y cómo las fuerzas del Universo facilitaban nuestra travesía por esta tierra dividida. Me sentí inspirada como nunca e ilusionada con la idea de portar nuestro nuevo letrero.

Tras aquel fabuloso encuentro, continuamos hacia Hadera y, después, pasamos Kfar Sava en dirección a Ramla, dirigiéndonos más y más hacia el interior. En Ramla encontramos finalmente el papel adhesivo que necesitábamos para nuestro cartel. No era el vistoso amarillo que habíamos llevado desde Italia, sino de un azul claro que contrastaba con la oscura cubierta de plástico. Una vez recortadas, las palabras lucían de forma espectacular.

A la mañana siguiente nos movimos hacia el este, en dirección Latrun, y si todo se desarrollaba como esperábamos, entraríamos en Jerusalén al próximo día. Caminé entusiasmada, orgullosa de llevar nuevamente el cartel. Nuestra ruta nos llevó por una vía tranquila bordeada de huertos, viñedos y campos abiertos. Las pequeñas granjas y aldeas salpicaban el idílico paisaje, pero fue el olor celestial de las flores y la brisa fresca que lo acarreaba lo que más amenizó nuestro recorrido aquella bella mañana de diciembre.

Por alguna razón, decidí caminar detrás de Alberto para variar, y me encontraba apreciando la belleza y la precisión con la que había diseñado las letras, cuando noté que una de ellas se veía ligeramente despegada. Le pedí a Alberto que parase un momento y la presioné para adherirla bien al impermeable. Le di una palmadita en la mochila y continuamos. Poco después, otra letra comenzó a despegarse y casi colgaba cuando llegué a alcanzarla. Volví a presionarla con firmeza, pero unos pasos más adelante, otras letras comenzaron a caer al suelo. Las recogí y, una por una, traté de pegarlas de nuevo, pero no se adherían.

—¿Qué está pasando? —exclamé afligida mientras las letras se escurrían entre mis dedos. Alberto sacudió la cabeza con incredulidad. Lenta y tristemente, retiré el resto de las letras, plegué cuidadosamente

318

la cubierta y lo coloqué todo en el interior de la mochila. Era la primera vez que sucedía algo así, y me pregunté con desaliento por qué tenía que ocurrir ahora que estábamos tan cerca de nuestro destino.

Pasamos la noche en un monasterio de Latrun. Como un nostálgico recuerdo de nuestros añorados tiempos en Italia, dispusimos de camas y abundante comida, pero no de calefacción ni agua caliente. Parecía que cuanto más nos acercábamos al final, más nos aproximábamos al principio. El monje que nos había acompañado a nuestra habitación regresó más tarde para saber cómo estábamos, y mencionó que nos encontrábamos en la antigua área de Emaús; el lugar donde Jesús se apareció a dos de sus discípulos después de su resurrección. Algo en relación a ese nombre me resultaba familiar, y después de que se fuera, busqué en mi diario.

—¿Recuerdas al padre Natalino en Venecia? —dije entusiasmada. Alberto asintió—. Nos dijo que le recordábamos a un cuadro de su iglesia llamado *Cena en Emaús*. Pues resulta que ahora estamos en Emaús y esta es nuestra última cena antes de llegar a Jerusalén.

—Estoy seguro de que no es casualidad —dijo con aire pensativo.

—Además, mañana es Nochebuena —añadí.

—¿Qué curioso, verdad? —respondió Alberto—. Siempre me he preguntado por qué los discípulos no reconocieron a Jesús si había caminado con ellos todo el camino hasta Emaús. Si recuerdo bien la historia, los discípulos pensaban que el que les acompañaba era tan solo otro peregrino. Durante el trayecto, se lamentaron por los sucesos acaecidos en Jerusalén y le expresaron su decepción por el hecho de que Jesús no resultó ser el salvador que tanto habían esperado. A pesar de todo lo que Jesús les había enseñado, tan solo lograron reconocerlo cuando bendijo el pan durante la cena.

—¿Qué quieres decir?

—Estaba pensando que ese pasaje parece, más bien, una parábola como las que contaba Jesús —prosiguió Alberto—, un relato metafórico que guarda una gran enseñanza mística: *el Cristo estuvo con ellos todo el tiempo, pero eran incapaces de verlo*. La historia no se refiere a Jesús sino al Cristo Interior, a la Consciencia divina que habita en cada uno de nosotros. Ella es nuestro verdadero Ser que, invisible a los ojos, aguarda a la espera de ser reconocido.

»Jesús fue un gran maestro que descubrió su divinidad interior y la manifestó en este mundo. Él superó la muerte como demostración definitiva de su dominio sobre la materia física, de su poder para manipular y trascender esta ilusión, un poder que nos aseguró que todos poseemos.

»Eso es lo que significa, para mí, ser un mago, alguien que observa con los ojos del alma; alguien cuya búsqueda va más allá del velo de esta realidad, que se ocupa en conocer y dominar su mundo interior y, al hacerlo, su mundo exterior cambia en consecuencia.

»Por eso ambos sentimos ahora la necesidad de caminar en silencio. Necesitamos redirigir el mensaje de paz hacia nuestro mundo interno y enfocarnos en nuestra transformación personal. Hemos dicho con frecuencia que la paz empieza dentro de nosotros. Ahora, en vísperas de nuestra entrada a Jerusalén, se nos ha recordado de manera muy poderosa.

«Tal vez haya sido ese el motivo por el que la letras se desprendieron hoy», reflexioné. «¿Será posible que este camino jamás haya tenido que ver con la paz en Jerusalén?, ¿que solo se tratase de un medio para crear la paz en mi mundo interior?», el pensamiento me cogió por sorpresa, y me estremecí.

53. Jerusalén

La lluvia caía sin descanso, y la carretera no cesaba de elevarse, pero ni una ni otra pudieron frenar nuestra tenaz y alegre marcha hacia Jerusalén en nuestro último día de camino. La pendiente se niveló y aparecieron a la vista modernos edificios y aceras. Traté de ignorar mi decepción al no vislumbrar todavía la ciudad de mis sueños y continuamos adelante siguiendo las señales de tráfico que apuntaban hacia un lugar llamado *Citadel*, «ciudadela» en inglés, con la esperanza de que nos llevasen al casco antiguo de la ciudad. Y así fue.

Me quedé parada en la intersección, mirando las imponentes murallas de piedra que rodeaban las arcaicas torres y edificaciones. No estaba segura de cómo me sentía. Los semáforos cambiaron de color repetidas veces, pero mis pies no se movieron. La visión, que desde tan lejos había venido a contemplar, ahora me atemorizaba. Tocar sus muros y caminar a través de sus puertas significaba terminar un viaje que había dado sentido a mi vida durante más de un año. Había esperado llegar llena de respuestas, pero mis revelaciones parecían insignificantes en comparación con las insondables preguntas que habían surgido en su lugar. La marcha por la paz que me había planteado al comienzo de mi camino ahora me parecía inocente, casi ingenua.

Finalmente, crucé la avenida con Alberto a mi lado, que se había mantenido en silencio, consciente de mi necesidad de absorber el momento. Me moví despacio hacia uno de los arcos de entrada, hasta que me coloqué debajo de su protectora bóveda. Acaricié sus paredes, frías y húmedas por la lluvia, y luego descansé mi frente sobre una de ellas. Quería que aquella fuera la escena final de mi película, deshacerme en lágrimas de alegría y triunfo; pero las lágrimas no llegaron a brotar. Me sentía entumecida, como si hubiera llegado a otro centro de peregrinación más, y mañana fuera a continuar el camino.

Alberto me rodeó con sus brazos y me miró con ternura.

—Lo hicimos —dijo.

Me acurruqué en su pecho por largo tiempo, incapaz de sumar palabras a aquel instante inolvidable. Luego, cogidos de la mano, recorrimos los alrededores de la entrada buscando algún cartel que nos informara de dónde nos encontrábamos. Una placa indicaba que estábamos en la Puerta de Jaffa, una de las siete puertas de la antigua ciudad de Jerusalén. En árabe se llamaba *Bab Al-Khalil*. La miré asombrada recordando lo que nos habían contado sobre el nombre de Khalil. Jamás imaginé que, de todos los accesos por lo que podíamos haber entrado en la Ciudad Santa esa víspera de Navidad, llegaríamos a hacerlo a través de la *puerta de Alberto*. ¿Estaba el Universo invitándome a entrar en Jerusalén por El Camino del Mago?

Allí mismo nos enteramos de que Belén, que normalmente estaba vedada por las fuerzas israelíes, se encontraba abierta esa noche para los turistas y peregrinos que habían ido a celebrar la Nochebuena. Decidimos ir, ya que consideramos la coincidencia demasiado importante para dejarla pasar. Nuestro taxista palestino nos llevó en su vehículo hasta que divisamos la barricada israelí. Aparcó a unos cientos de metros y nos informó nervioso de que no podía acercarse más. Caminamos la distancia que nos separaba de los centinelas y, con un saludo, nos dejaron continuar hacia la ciudad.

La carretera y los campos circundantes se veían devastados. Los pocos edificios que se alzaban estaban acribillados por las balas o habían perdido parte de su estructura. Restos de farolas se mantenían en pie, fieles a su solitaria vigilia. El esqueleto calcinado de un automóvil yacía a un lado de la calzada añadiendo un toque más al dantesco paisaje que se mostraba a mis ojos. Impresionada, apresuré mis pasos y estuve a punto de tropezar con una alambrada de espinos medio oculta en la oscuridad. Poco a poco fuimos vislumbrando gente y edificios a medida que nos acercábamos a la zona habitada. A nuestro paso, comprobamos que las pocas tiendas que había abiertas disponían de una escasa selección de enseres y alimentos.

Por fin llegamos a *Manger Square*, la Plaza del Pesebre, y, de inmediato, los niños nos rodearon tratando de vendernos cualquier cosa. Sentí que la angustia empezaba a dominarme y me vi incapaz de mantener una perspectiva imparcial. Mi corazón se hizo uno con el suyo y no pude evitar sentir su sufrimiento como si fuese el mío propio. Aun así, la plaza se hallaba atestada de gente, peregrinos en su mayoría, que habían venido desde todos los confines del mundo para celebrar aquella noche tan especial para ellos.

Como dos turistas más, fuimos a ver todos los monumentos y lugares de visita obligada y, ya por último, nos unimos a la multitud y a los equipos de televisión reunidos en la iglesia de la Natividad para asistir a la famosa Misa del Gallo, que sería emitida internacionalmente. Pero, de alguna manera, sentíamos que esa no era la forma apropiada de acabar nuestro peregrinaje o de conmemorar aquella noche sagrada. Así que regresamos a nuestra habitación del hotel.

—Recuerdo una conversación que tuvimos hace exactamente un año sobre el significado de la Navidad —dijo Alberto.

—Estábamos con don Giovanni —recordé con cariño—, el padre *Juan*, y hablamos por primera vez sobre la Consciencia Crística.

—Y ahora nos encontramos en Belén, conmemorando la noche en la que el Cristo interior nació en Jesús —añadió Alberto—. Eso es lo que me gustaría celebrar esta noche: el reconocimiento de la luz divina que es nuestra verdadera esencia.

Hizo una pausa y, por un momento, pude sentir aquella luz brillar entre nosotros.

—Pero primero —sonrió mientras tomaba en sus manos la botella de champán de dos dólares que habíamos comprado en uno de los almacenes—, un pequeño brindis.

Descorchó la botella y llenó dos vasos de plástico.

—Por el final del camino —brindó mientras mantenía en alto su improvisada copa.

—Y por el comienzo de uno nuevo —dije tocándola con la mía.

Enlazamos nuestros brazos y bebimos cada uno de la copa del otro.

A continuación, pusimos los vasos a un lado y apagamos las luces. La habitación resplandecía bajo la tenue luz de una vela. Nos sentamos en la cama, frente a frente, y nos cogimos las manos con suavidad. Cerré los ojos. Dentro de mí, y en la quietud que nos rodeaba, sentí la mano del amor. Era hermosa en su sencillez, exquisita en su pureza y gentil en su tacto. Permití que ese sentimiento floreciese, que esa luz se expandiera hasta que me llenó por completo. No podía imaginar lo que habían sentido María y José la noche que presenciaron el nacimiento de su hijo, pero estaba segura de que, en sus corazones, reverberaba también ese resplandor. Le di las gracias a esa luz, a ese amor que despertaba ahora lágrimas en mis ojos. Cuando al fin dejé ir las manos de Alberto, fue con la sensación de que habíamos celebrado la esencia de lo que realmente nació aquella noche.

* * *

Al despertar la mañana salimos a dar una vuelta por la famosa plaza, y vimos que estaba abarrotada de camiones y automóviles con el logo de distintas televisiones internacionales. Reporteros con micrófonos y cámaras vagaban entre la multitud parando a la gente al azar para entrevistarla. Cuando lográbamos hacernos camino entre la muchedumbre, un reportero de rasgos árabes me miró con una sonrisa. Entonces colocó el micrófono frente a mi rostro al tiempo que el cámara comenzaba a grabar.

—Hola —dijo en un tono amistoso.

Los sonoros latidos de mi corazón cubrieron el resto de sus palabras hasta que por fin escuché:

—¿Podemos haceros algunas preguntas?

—Puede que este no sea el tipo de historia que tengáis en mente publicar —respondí.

—¿Por qué no me dejáis que sea yo quien lo juzgue? —dijo con seguridad.

—Está bien —dije respirando profundamente —. Soy canadiense de origen libanés y mi compañero es español. Acabamos de finalizar una marcha a pie de cinco mil kilómetros desde Roma hasta Jerusalén, portando un mensaje de paz.

El reportero se burló.

—¿Paz? ¿Dónde está la paz aquí? —comentó en tono sarcástico mientras extendía los brazos a su alrededor.

—Hemos caminado por trece países diferentes y jamás hemos estado tan seguros de que la paz comienza dentro de ti, de mí, y de cada persona que realiza una pequeña contribución para alcanzarla —afirmé.

—Lo que estás diciendo está totalmente desconectado de la realidad que te rodea —insistió. Me resentí, pero mantuve la serenidad. Después de todo, la cámara seguía grabando.

—El mensaje de la paz interior es más relevante que nunca —añadió Alberto—. Todos buscamos la solución más fácil, que alguien la instaure por nosotros, pero la clave y el poder para crear esa paz reside en nuestro interior, y en las decisiones que tomamos.

El periodista retiró el micrófono y nos dio las gracias con aire ausente al tiempo que sus ojos vagaban por la plaza en busca de otro candidato. El joven cámara, en cambio, nos regaló una sonrisa cómplice y continuó grabándonos mientras nos alejábamos. Alberto tomó mi mano entre las suyas, yo reposé mi cabeza sobre su hombro y, juntos, desaparecimos entre la muchedumbre.

54. Ítaca

Desde la comodidad del apartamento de la familia de Dvir, a escasos diez minutos del centro histórico, exploramos Jerusalén. Nos perdimos en el laberinto de calles más allá de sus muros, y encontramos oculta entre ellas el alma eterna de la ciudad. Dejamos nuestra huella sobre los gastados adoquines sumando nuestros pasos a los de millones que, antes que nosotros, la habían recorrido. El tiempo parecía detenerse aquí, pero el eco de la gloria y la turbulencia de esta ciudad milenaria resonaba en cada muro de piedra.

Me sorprendió ver el casco antiguo dividido en cuatro distritos: cristiano, armenio, musulmán y judío. El distrito judío era el más moderno, tranquilo y aseado. La mayoría de las tiendas estaban cerradas y había pocas señales de vida en sus calles y plazas. Las fuerzas de seguridad eran especialmente visibles, y patrullaban las calles en parejas con chalecos antibalas, cascos y metralletas.

El barrio musulmán era con diferencia el más animado, especialmente durante los días del mercado al aire libre. Entonces, sus calles ya no se veían repletas de suvenires para los turistas sino de productos básicos de primera necesidad como ropa, comida y utensilios domésticos. El aroma de las especias exóticas se diluía con el olor a sudor y a aglomeración humana. Tejidos de colores brillantes se reflejaban alegres en las bandejas y cazuelas de latón y plata. Hombres jóvenes y mayores entrechocaban sus diminutas tazas de café, e invitaban a la gente a que lo tomase; un ritual tan antiguo como la llamada a la oración. Durante ese tiempo, la ciudad cobraba vida, impulsada por una magia que hubiera deseado ver en todos sus rincones.

Pero fuera de esos días, el barrio musulmán se veía tan solitario como el resto. Los vendedores pulían y limpiaban sus artículos, sentados en sus taburetes afuera de sus tiendas, saludaban a los viandantes en todas las lenguas imaginables y les invitaban a tomar té, tratando de atraerles para que comprasen algo. La tristeza y el cansancio flotaban en el aire y teñían de melancolía cada encuentro que teníamos.

Visitamos todos los lugares bíblicos e históricos de la ciudad y sus alrededores. Todo era grandioso y bello, pero ya había visto suficientes monumentos materiales en nuestro camino, y ahora buscaba una conexión espiritual más profunda, algo que pudiese inspirarme una nueva sabiduría o una revelación sobre mis futuros pasos. En todos los lugares que visitábamos, me detenía a meditar, y trataba de sentir la presencia no solo de Jesús, sino de todos los grandes profetas que habían pasado por allí.

Reservamos tiempo para hacer una visita especial a la iglesia del Sagrado Sepulcro, que según afirman los católicos, está levantada sobre la tumba y el lugar donde Jesús fue crucificado. Pensamos que aquel era el sitio apropiado para dejar los muchos objetos que nos habían confiado a lo largo de nuestra peregrinación: fotos de seres queridos fallecidos, una vela croata por la paz, dos corazones de plata de unos distanciados amantes, una moneda de euro para encender una llama por la paz... Un sacerdote ortodoxo hizo honor a nuestra petición y nos ofreció velas que encendimos por nuestros amigos y familiares. De esta manera, cumplimos con la promesa que le hicimos a todos aquellos que habían depositado en nosotros sus mayores esperanzas y deseos.

Pero estaba lejos todavía de descubrir lo que quería hacer con mi vida. Había imaginado que llegaría a Jerusalén rebosante de confianza y de respuestas para luego trabajar en proyectos relacionados con la resolución del conflicto. Ahora que me encontraba aquí, no estaba segura de que ese siguiera siendo mi sueño. Busqué en internet organizaciones que trabajaban por la paz y me sorprendió descubrir la cantidad de grupos multiculturales y ecuménicos que dedicaban sus esfuerzos a crear la concordia entre Israel y Palestina. «¿Por qué los medios de comunicación no difunden su labor?», me preguntaba enojada.

No obstante, cuanto más buscaba menos interés sentía. Su trabajo era admirable, pero no me inspiraba de la manera que yo había imaginado. Me sentía cansada e inquieta, desesperada por hallar una respuesta precisa, y frustrada por no encontrarla en mis antiguos sueños e ideales.

Alberto siempre me apoyaba.

—Sabes que no siento ninguna atracción por vivir en Jerusalén —dijo con dulzura una noche, después de pasar largas horas en un cibercafé—, pero si vivir aquí y trabajar por la paz en esta tierra fue el sueño que te inspiró a comenzar este camino, sigue buscando hasta encontrar algo con lo que te sientas a gusto y se ajuste a quién eres. Te apoyaré en cualquier cosa que elijas.

Lloré en sus brazos aquella noche, consolada por su amor y devastada por mi indecisión. Era libre para vivir mi sueño. El único problema era que ya no sabía cuál era mi sueño.

La búsqueda de Alberto estaba más enfocada hacia el interior que la mía, y profundizaba en asuntos esotéricos que yo no entendía. Parecía especialmente intrigado por una comunidad espiritual y etérea conocida popularmente como la Hermandad Blanca que, según me explicó, estaba formada por sabios maestros que habían vivido en la Tierra, pero que en algún momento trascendieron este mundo físico para ayudar ahora a la evolución de la humanidad desde otras dimensiones espirituales más allá del velo de esta realidad.

—¿Recuerdas que te comenté que mucho antes de que nos conociéramos hice al Universo la promesa de ser un instrumento del amor? —preguntó de forma retórica una noche mientras cenábamos, después de haberme hablado sobre las enseñanzas de otro maestro.

Tras mi gesto de afirmación, continuó.

—Realicé mi promesa con la ayuda de un libro que recibí por *casualidad* y que me impactó profundamente. En la ceremonia espiritual que el libro describía, prometí poner mi vida al servicio del amor, y así abrirme a recibir ayuda y guía desde planos superiores de conciencia.

Con un incontenible entusiasmo, prosiguió.

—Mony, hoy, mientras navegaba por internet descubrí que hice esa promesa a esta Hermandad Blanca. Ahora me doy cuenta de que la ayuda que he estado recibiendo en el camino, esos amigos invisibles a los que frecuentemente me refería, eran ellos.

Mi recelosa y poco entusiasta respuesta no enfrió su ávido interés por seguir investigando. Mientras yo me sentía estancada y batallaba con mi futuro incierto, Alberto parecía recibir mensajes cada vez más claros sobre su camino a seguir. Una mañana noté cómo se despertaba y alcanzaba raudo su bloc de notas para comenzar a escribir con frenesí.

—Ayer por la noche, antes de acostarme —dijo—, pedí recordar mis sueños para recibir a través de ellos cualquier mensaje que necesitara oír en este momento. Acabo de tener uno en el que me veía excavando en algún lugar del desierto y encontraba una llave. Presiento que el sueño está indicándome que estoy a punto de hallar el mayor de los tesoros.

A la mañana siguiente, me desperté para descubrir a Alberto visiblemente conmovido garabateando de nuevo en su diario.

—He tenido otro sueño —dijo—. Esta vez, volvía a encontrar la llave del tesoro. Pero ahora estaba situada debajo del colchón donde dormimos, justo bajo mi cuerpo. ¿Lo entiendes? Tal y como ocurre en el *Alquimista*, de Paulo Coelho, el tesoro que vinimos a buscar a Jerusalén estuvo siempre con nosotros, pero, como su protagonista, necesitábamos recorrer todo el camino para descubrirlo.

—Entonces, ¿para qué seguir buscando si todas las respuestas están dentro de ti? —pregunté.

—Porque quiero encontrar a aquellos que lo averiguaron antes que yo —contestó apasionado—. Una cosa es saber que soy un creador, y otra vivirlo. Por ejemplo, sé que un maestro iluminado habría sido capaz de cruzar la frontera con Israel. Quiero saber en qué fallé. Intenta comprender que para mí no se trata solo de cruzar una frontera, sino de ser capaz de trascender la ilusión de la materia. En internet estoy encontrando el ejemplo de muchos maestros que lo han conseguido, y no solo Jesús o Buda. Los francmasones, los teósofos, el movimiento metafísico cristiano y muchos otros grupos han tenido contacto con los que, presumo, son estos mismos *maestros ascendidos*. Todos ellos imparten la misma enseñanza, pero de forma diferente: una sola verdad, muchos caminos. Fueron personas como nosotros que trascendieron este mundo ilusorio, y ascendieron. Y ahora nos están ayudando desde el otro lado a hacer lo mismo.

Aquello era demasiado para mí. Él me hablaba sobre la ascensión y la maestría cuando yo solo quería saber que hacer a continuación. Parecía que vivíamos en mundos diferentes.

Dominus Flavit, donde Jesús lloró por Jerusalén, se había convertido en nuestro lugar favorito. Pasamos mucho tiempo allí, disfrutando de las magníficas vistas sobre la ciudad. Quizás, lo que más me atraía de aquel lugar fuera que yo también me sentía afligida por una terrible pérdida, incapaz de comprender por qué había caminado desde tan lejos a Jerusalén para descubrir que ya no me atraía en absoluto. Fue durante una de esas visitas, mientras estábamos sentados sobre el áspero muro con los pies colgando sobre el valle, cuando Alberto me entregó una hoja de papel.

—He encontrado algo en internet que puede ayudarte en tu búsqueda —dijo—. Las primeras líneas de este texto han viajado conmigo durante todo el camino; pero hasta hoy no supe que formaban parte de todo un poema de Constantino Kavafis, llamado «Ítaca». Léelo, por favor.

Cuando te encuentres de camino a Ítaca,
desea que sea largo tu viaje,
lleno de aventuras, lleno de experiencias.

No has de temer ni a los lestrigones ni a los cíclopes,
ni la cólera del airado Poseidón.
Nunca tales seres hallarás en tu ruta,
si tu pensamiento es elevado,
si selecta es la emoción que sustentas
en tu alma y en tu cuerpo.

Ítaca

Ni a los lestrigones ni a los cíclopes
ni al fiero Poseidón encontrarás,
si no los llevas dentro de tu alma,
si tu alma no los conjura ante ti.

Desea que sea largo tu viaje;
que sean muchas las mañanas estivales,
en que arribes con gozo y alegría,
a puertos antes nunca vistos.
Detente en los emporios de Fenicia
y adquiere hermosas mercancías,
nácar y coral, ámbar y ébano,
y toda suerte de perfumes sensuales.
Acude a las ciudades de Egipto
para aprender, y aprender de sus sabios.

Conserva siempre a Ítaca en tu pensamiento;
tu llegada allí es tu destino.
Mas no apresures nunca tu viaje;
mejor será que dure muchos años,
y que, ya anciano, recales en la isla,
enriquecido de cuanto ganaste en el camino.
No has de esperar que Ítaca te enriquezca.
Ítaca te concedió el hermoso viaje.
Sin ella jamás habrías partido;
mas no tiene otra cosa que ofrecerte.

Y si la encuentras pobre, Ítaca no te ha engañado.
Así, sabio como te hiciste, con tanta experiencia,
sin duda sabrás ya qué significan las Ítacas.

55. El regreso

Me senté junto a la ventana, y contemplé cómo Jerusalén desaparecía. Nuestras tres semanas en la Ciudad Santa habían pasado con rapidez, y ahora teníamos que volver a nuestros hogares. Canadá sería nuestro destino final, tras pasar por España para conocer a la familia de Alberto. Sin embargo, este vuelo nos llevaría antes a Holanda, y a mi amiga peregrina Johanna a la que había visitado antes de emprender mi camino. Parecía que había pasado toda una vida desde entonces. Con ella esperaba vivir un corto periodo de transición, un paso intermedio entre el mundo de peregrinos que dejábamos atrás y el mundo en el que estábamos a punto de adentrarnos.

Pasamos varios días con Johanna, tratando de plasmar en nuestra conversación los sentimientos y experiencias de un peregrinaje que todavía tenía que ser digerido. Comprendió nuestras largas pausas y contradicciones y nos escuchó, con el solo consejo de que fuéramos pacientes. Admitió las dificultades que ella misma sufrió para encajar de nuevo en su propio mundo, y la necesidad del transcurso del tiempo para poder ver reflejados en sus experiencias externas y en sus relaciones los profundos cambios que se habían producido en su interior.

Tomar el té juntos se había convertido en una amena costumbre, así que nos sentamos una de esas tardes en el salón de su casa para disfrutar de esta reconfortante tradición. En un mueble cercano a nuestra mesa, me llamó la atención un pequeño retrato con la regia imagen de un indio americano que lucía sobre su cabeza un tocado de plumas blancas. Recordaba haber visto esa pintura antes, posiblemente en una librería de la ciudad. Algo en su presencia, la manera en que sus ojos miraban, llenos de compasión y amor, me obligó a preguntar a Johanna por aquel personaje.

—Su nombre es Águila Blanca —dijo Johanna, y comencé a temblar—. Es un sabio, un maestro ascendido, y parte de un gran grupo de seres de luz que sirve a la humanidad desde el reino espiritual. Se les conoce como la Hermandad Blanca.

No pude articular palabra. Alberto también estaba atónito. Johanna calló de repente, y sus ojos se llenaron de lágrimas.

—¡Dios mío! —susurró—. Está aquí.

Su mirada estaba fija más allá de donde nos encontrábamos sentados.

—Lo veo ahí de pie, y siento una tremenda efusión de amor, especialmente hacia ti, Alberto.

—¿Puedes hablar con él? —susurré.

—No lo sé —contestó Johanna—. Nunca lo había visto antes.

—¿Él nos conoce? —pregunté—. Johanna asintió con la cabeza, despacio, sus ojos aún miraban fijos hacia el mismo lugar.

—Dice que conoce a Alberto, pero a ti todavía no, Mony.

Luego, con una voz cargada de emoción, dijo:

—Oh, Alberto, ojalá pudieras verlo, y sentir la corriente de amor puro que te está dirigiendo.

Las lágrimas resbalaron por el rostro de Johanna, mezclándose con la sonrisa de satisfacción que ahora cruzaba sus labios.

—Lo siento, no suelo tener estas reacciones —dijo ella enjugándose los ojos—, pero su presencia era especialmente abrumadora. He tenido visiones anteriormente, pero jamás con él.

Sacó varios libros de su biblioteca, y algunos más de la habitación de invitados donde dormíamos.

—Había dejado estos libros junto a vuestra cama sin razón aparente —dijo—. Ahora ya sé por qué.

Una descarga indescriptible de sensaciones recorrió todo mi cuerpo cuando leí que Águila Blanca usaba como base de sus enseñanzas el evangelio de San Juan, que revelaba cómo desplegar la luz interior que existe en cada uno de nosotros, de tal manera que podamos elevar y sanar nuestro mundo con ella. A esta luz espiritual la denominaba la *Luz Crística*; una luz universal que no está vinculada a ninguna religión en concreto, y que representa nuestra divinidad interior, nuestro verdadero y último Ser. Hablaba de Jesús como de un hermano y gran maestro que había venido al mundo para despertar la maestría en cada uno de nosotros, y para ser el ejemplo viviente de todas sus enseñanzas.

El símbolo de la luz espiritual y de la Hermandad Blanca era la estrella de seis puntas, que representaba el equilibrio perfecto entre el mundo espiritual y el físico.

Las señales que había seguido con fidelidad: el águila, la estrella de seis puntas y el nombre de «Juan»; se habían reunido de una manera más que inesperada, revelando un camino extraordinario que comenzaría desde ese momento a explorar.

Pensamientos finales

Con el tiempo y la distancia, llegaría a entender que, en realidad, estuve inmersa en un viaje iniciático, cuyo propósito no fue nunca crear paz en Jerusalén de forma específica, sino dar los pasos necesarios para desplegar mi luz interior, al destapar las capas de limitaciones y miedos que dificultaban su expresión plena.

Ahora comprendo que mi camino por la paz fue mi laboratorio personal para descubrir el alcance de esos temores y poder llegar a sanarlos definitivamente. Hoy sé que a medida que mejora mi capacidad para aceptarlos e integrarlos sin rechazo alguno como parte de quien soy, más brillante resplandece esa luz. Cuanto más me adiestro en el dominio de mis pensamientos y emociones más espacio dejo para que mi intuición y mi sabiduría me guíen. Y cuando mis conceptos sobre la paz evolucionan, puedo disfrutar de una mayor presencia de esta en mi vida, y aplicarla así a las situaciones de mi realidad cotidiana.

Todas las enseñanzas conducen a la maestría, pero es la maestría sobre uno mismo el último de todos los destinos. Y ese es un viaje que todos compartimos.

Al igual que los Reyes Magos, yo había seguido una estrella hasta Belén, y fui testigo del nacimiento de la Luz Crística; pero esa luz jamás estuvo fuera de mí. La Jerusalén Santa hacia la que había caminado, también estuvo siempre en mi interior; un estado de gracia, paz y perfección, que sé que un día se verá reflejado en la Jerusalén de mi mundo externo.

* * *

Mi tía Yolla falleció en octubre de 2003, a causa de su enfermedad.

Al poco tiempo, mi madre también nos dejó mientras dormía. Una hermosa sonrisa en sus labios fue su despedida.

Un mes más tarde, el 5 de diciembre de 2003, nació nuestra hija Sylvana María, exactamente dos años después del día en que Alberto y yo comenzamos a caminar juntos. Nuestro camino por la paz continúa ahora con ella.